Personalrecht 2023

Inhaltsverzeichnis

Arbeitsrecht

Arbeitshilfen

Aktuelle Entwicklungen im Personalrecht

Arbeitsrecht

1 Änderung des Infektionsschutzgesetzes – Urlaub und Absonderung

Hat der Arbeitnehmer bereits Urlaub bewilligt erhalten, muss er sich dann während des Urlaubs aufgrund einer Absonderungsanordnung oder einer Regelung des Infektionsschutzgesetzes in Quarantäne begeben, stellt sich die Frage, ob diese Zeiten der Absonderung auf den Jahresurlaubsanspruch anzurechnen sind. In Fachliteratur und Rechtsprechung ist die Frage nicht abschließend geklärt. So wird zum einen vertreten, dass urlaubsstörende Ereignisse zum persönlichen Lebensrisiko des Arbeitnehmers gehören. Auf der anderen Seite wird eine entsprechende Anwendung von § 9 BUrlG befürwortet, wonach der Urlaub während einer Erkrankung dem Arbeitnehmer „gutgeschrieben wird".

Das BAG hat diese Frage dem EuGH vorgelegt (BAG, Beschluss v. 16.8.2022, 9 AZR 76 / 22 (A)). Dieser sollte klären, ob der Arbeitsgeber aus dem Unionsrechtverpflichtet ist, einem Arbeitnehmer bezahlten Erholungsurlaub nachzugewähren, der zwar während des Urlaubs selbst nicht erkrankt ist, in dieser Zeit aber eine behördlich angeordnete häusliche Quarantäne einzuhalten hatte. Diese Entscheidung des EuGH steht noch aus.

Die Frage stellt sich jedoch nur, wenn der Arbeitnehmer während der Absonderung nicht erkrankt ist. Hat sich der Arbeitnehmer mit Corona infiziert, ist er arbeitsunfähig krank und die Regelung des § 9 BUrlG findet unmittelbar Anwendung. Noch nicht abschließend geklärt ist allerdings die Frage, ob ein Arbeitnehmer auch dann arbeitsunfähig erkrankt ist, wenn er mit dem Covid-19-Virus infiziert ist, aber keinerlei Symptome aufweist. Die praktischen Anwendungsfälle dürften daher momentan selten sein, denn eine Absonderung als Kontaktperson stellt nach den jeweiligen Landesregelungen die Ausnahme dar.

Zwischenzeitlich hat der Gesetzgeber gehandelt und einen neuen § 59 IfSG geschaffen. Dort heißt es nun: „Wird ein Beschäftigter während seines Urlaubs nach § 30, auch i. V. m. § 32, abgesondert oder hat er sich aufgrund einer nach § 36 Abs. 8

Satz 1 Nr. 1 erlassenen Rechtsverordnung auszusondern, so werden die Tage der Absonderung nicht auf den Jahresurlaub angerechnet.“

Die Regelung ist am 17.9.2022 in Kraft getreten. Damit ist die vorliegend dargestellte Frage für die Zukunft weitgehend geklärt.

Der Arbeitnehmer muss nachweisen, dass er tatsächlich mit Covid-19 infiziert ist und dass die Voraussetzungen für eine Absonderung vorliegen. Diese richten sich nach den jeweiligen landesrechtlichen Regelungen.

Nicht eindeutig sind aber die Fälle, in denen sich der Arbeitnehmer im Urlaub im Ausland nach dem jeweiligen nationalen Recht in Absonderung begeben muss. § 59 IfSG gilt eindeutig nur für eine Absonderung aufgrund deutscher Rechtsvorschriften, nicht aufgrund von ausländischen Rechtsvorschriften. Bei einer Absonderung im Urlaub aufgrund der Vorschriften des Rechtes des ausländischen Urlaubsortes gilt § 59 IfSG nicht. Hier kann allerdings auch von Bedeutung sein, welche Entscheidung der europäische Gerichtshof trifft.

In den Fällen vor dem 17.9.2022 sowie in Fällen, in denen der Arbeitnehmer sich im Ausland in Absonderung begeben muss, ist dem Arbeitgeber zu raten, den Urlaub zunächst nicht gutzuschreiben, sondern mit dem Arbeitnehmer zu vereinbaren, dass die Entscheidung des EuGH abgewartet wird.

2 Wiederauflage der Corona-Arbeitsschutzverordnung (Corona-ArbSchV)

Vom 1.10.2022 bis zum 7.4.2023 gilt eine neue Corona-ArbSchV. Im Gegensatz zu ihrer Vorgängerin (gültig bis Frühjahr 2022) enthält sie weniger zwingende Vorgaben für die Betriebe.

Auch in der neuen Corona-ArbSchV ist der Dreh- und Angelpunkt der Schutzmaßnahmen die betriebliche Gefährdungsbeurteilung. Aus dieser muss ein betriebliches Hygienekonzept abgeleitet werden. Grundlage dafür sind die §§ 3 ff. ArbSchG. Bei der Ausgestaltung im Einzelnen besteht ein Mitbestimmungsrecht des Betriebsrates nach § 87 Abs. 1 Nr. 7 BetrVG.

Nach § 2 Abs. 1 Corona-ArbSchV hat der Arbeitgeber auf der Grundlage der Gefährdungsbeurteilung nach den §§ 5 und 6 des Arbeitsschutzgesetzes in einem betrieblichen Hygienekonzept die erforderlichen Schutzmaßnahmen zum betrieblichen Infektionsschutz festzulegen und umzusetzen. Das betriebliche Hygienekonzept ist auch in den Pausenbereichen und während der Pausenzeiten umzusetzen.

Bei der Gefährdungsbeurteilung hat der Arbeitgeber nach § 2 Abs. 2 Corona-ArbSchV insbesondere zu prüfen:

- die Einhaltung eines Mindestabstands von 1,5 Metern zwischen zwei Personen,
- die Sicherstellung der Handhygiene,
- die Einhaltung der Hust- und Niesetikette,
- das infektionsschutzgerechte Lüften von Innenräumen,
- die Verminderung von betriebsbedingten Personenkontakten
- das Angebot gegenüber Beschäftigten, geeignete Tätigkeiten in ihrer Wohnung auszuführen, wenn keine betriebsbedingten Gründe entgegenstehen.

Im Vergleich zur Rechtslage im Frühjahr 2022 besteht keine Angebotspflicht mehr, sondern nur eine Pflicht zur Prüfung, ob das Angebot von Homeoffice für den betrieblichen Infektionsherd notwendig ist.

Zur Minderung des betrieblichen Infektionsrisikos muss der Arbeitgeber gemäß § 2 Abs. 2 Nr. 7 Corona-ArbSchV prüfen, ob er ein Angebot an die Beschäftigten macht sich regelmäßig auf das Corona-Virus testen. Gegenüber Beschäftigten, die ausschließlich von zuhause aus arbeiten besteht diese Pflicht nicht.

Auch hier besteht ein deutlicher Unterschied zur Rechtslage im Frühjahr 2022, weil auch wieder nur eine Prüfpflicht, aber keine Testangebotspflicht des Arbeitgebers besteht.

Steht nach der Gefährdungsbeurteilung fest, dass bei Unterschreiten des Mindestabstandes von 1,5 m technische und organisatorische Maßnahmen zum Schutz der Beschäftigten nicht ausreichen, muss der Arbeitgeber seinen Beschäftigten medizinische Gesichtsmasken, FFP2-Masken oder vergleichbare Masken bereitstellen. Diese Masken sind dann von den Beschäftigten verpflichtend zu tragen.

Wichtig: TOP-Regel

Der Arbeitgeber muss zunächst **technische** Maßnahmen ergreifen, danach folgen **organisatorische** Maßnahmen ergreifen muss und nur dann, wenn diese nicht ausreichen, darf der Arbeitgeber auch zu **persönlichen** Maßnahmen greifen, z. B. zur Anordnung einer Maskenpflicht.

Weiterhin muss der Arbeitgeber den Arbeitnehmenden eine Impfung gegen das Corona-Virus während der Arbeitszeit ermöglichen.

Noch offen ist, ob die einrichtungsbezogene Impfpflicht nach § 20a IfSG über den 31.12.2022 hinaus verlängert wird. Das erscheint angesichts der politischen Forderungen, insbesondere aus den großen Bundesländern, unwahrscheinlich.

3 Verlängerung des Kinder- , Kranken- und Betreuungsgeldes

Die Regelung des § 45 SGB V wird in zweifacher Hinsicht verlängert:

Zum einen besteht nach § 45 Abs. 2a SGB V der verlängerte Anspruch auf „Kinder-Krankengeld" von längstens 30 Arbeitstagen je Kind, für Alleinerziehende längstens 60 Arbeitstage je Kind (begrenzt auf 65 bzw. 130 Arbeitstage) auch für das ganze Jahr 2023.

Zeitlich begrenzt besteht der Anspruch auch bis zum 7.4.2023 besteht der Anspruch auch, wenn das Kind nicht krank ist, sondern aufgrund von Schließung von Betreuungseinrichtung zu Hause betreut werden muss.

Anders, wenn der Elternteil und das zu betreuende Kind nicht beide gesetzlich krankenversichert sind: der Anspruch für Arbeitnehmende, der nach § 56 Abs. 1a IfSG ohne Feststellung einer epidemischen Situation durch den Deutschen Bundestag einen Entschädigungsanspruch vorgesehen hat ist nicht über den 23.9.2022 hinaus verlängert worden.

4 Der Gesetzesentwurf des Hinweisgeberschutzgesetz (HinSchG)

4.1 Umsetzung der EU-Richtlinie

Die Umsetzung der EU-Whistleblower-Richtlinie (Richtlinie zum Schutz von Personen, die Verstöße gegen das Unionsrecht melden, Richtlinie (EU) 2019/1937) in deutsches Recht hätte bis zum 17.12.2021 erfolgen müssen; im Hinblick auf diesen Verstoß ist ein Vertragsverletzungsverfahren gegen die Bundesrepublik Deutschland beim Europäischen Gerichtshof anhängig.

Ein Entwurf der Bundesregierung (BR-Drucks. 372/22) ist am 27.7.2022 vorgelegt worden. Hierzu gab der Bundesrat eine Stellungnahme am 16.9.2022 (BR-Drucks. 373/22) mit Änderungsvorschlägen ab. Die Beratung des Entwurfes der Bundesregierung erfolgte am 29.9.2022 in erster Lesung; die Gegenäußerung der Bundesregierung zur Stellungnahme des Bundesrates steht aus. Geplantes Inkrafttreten des Gesetzes ist Frühjahr 2023 (3 Monate nach der Verkündung).

4.2 Wesentlicher Inhalt des Gesetzes

Das Gesetz regelt, dass bestimmte Personen (dazu zählen auch die Arbeitnehmenden), die auf vom Gesetz vorgegebenen Wegen („Meldekanäle") eine Meldung über Verstöße gegen vom Gesetz aufgezählte Rechtsvorschriften melden, vor Repressalien (z. B. Kündigung) geschützt sind.

Mit dem neuen Gesetz zum Schutz hinweisgebender Personen soll deren bislang lückenhafter und unzureichender Schutz ausgebaut werden. Hinweisgeber leisten einen wichtigen Beitrag zur Aufdeckung und Ahndung von Missständen. Ziel des Gesetzes ist es, eine Benachteiligung auszuschließen und Hinweisgebern Rechtssicherheit zu geben.

Das Gesetz sieht folgende zentrale Regelungselemente vor (Gesetzesbegründung BR-Drucks. 372/22 S. 2):

- Der persönliche Anwendungsbereich (§ 1 HinSchG) umfasst alle Personen, die in ihrem beruflichen Umfeld Informationen über Verstöße erlangt haben.
- Der sachliche Anwendungsbereich (§ 2 HinSchG) greift die durch die HinSch-RL vorgegebenen Rechtsbereiche auf, nämlich die Meldung von Verstößen gegen das Europäische Recht. Der Regierungsentwurf geht aber darüber hinaus. So wurden insbesondere das Strafrecht und bestimmte Ordnungswidrigkeiten einbezogen und die durch die HinSch-RL vorgegebenen Rechtsbereiche in begrenztem Umfang auf korrespondierendes nationales Recht ausgeweitet.
- Für hinweisgebende Personen werden mit **internen und externen Meldekanälen zwei gleichwertig nebeneinanderstehende Meldewege vorgesehen, zwischen denen sie frei wählen können** (§§ 7–31 HinSchG).
- In Umsetzung der Anforderungen der HinSch-RL und unter Beachtung der Rechtsprechung des EGMR werden die **Voraussetzungen festgelegt, unter denen eine hinweisgebende Person Informationen über Verstöße öffentlich zugänglich machen darf** (§ 32 HinSchG).

- Sofern hinweisgebende Personen die Anforderungen des HinSchG an eine Meldung oder Offenlegung einhalten, werden **sie umfangreich vor Repressalien, wie z. B. einer Kündigung oder sonstigen Benachteiligungen, geschützt.** (§§ 33–39 HinSchG).

4.2.1 Persönlicher Geltungsbereich

In § 1 HinSchG regelt das Gesetz den Schutz von natürlichen Personen, die im Zusammenhang mit ihrer beruflichen Tätigkeit oder im Vorfeld einer beruflichen Tätigkeit Informationen über Verstöße erlangt haben und diese an die nach diesem Gesetz vorgesehenen Meldestellen melden oder offenlegen (hinweisgebende Personen). Darüber hinaus werden Personen geschützt, die Gegenstand einer Meldung oder Offenlegung sind, sowie sonstige Personen, die von einer Meldung oder Offenlegung betroffen sind.

Geschützt sind demnach nicht nur Arbeitnehmer, sondern auch Selbständige oder Lieferanten.

4.2.2 Sachlicher Geltungsbereich

Das Gesetz unterscheidet zwischen der Meldung von Informationen an interne oder externe Meldestellen (§ 3 Abs. 4 HinSchG) und die Offenlegung von Informationen. Darunter ist das Zugänglichmachen von Informationen über Verstöße gegenüber der Öffentlichkeit zu verstehen (§ 3 Abs. 5 HinSchG).

Hinweis: Strafanzeige
Gesetzlich ungeregelt bleibt, ob und unter welchen Umständen Beschäftigte eine **Strafanzeige** gegen den Arbeitgeber oder seine Repräsentanten stellen dürfen.

4.2.3 Vom Gesetz erfasste Meldungen von Verstößen

§ 2 HinSchG zählt auf, welche Meldungen oder Offenlegungen von Informationen in den Anwendungsbereich des Gesetzes fallen. Das sind (auszugsweise und verkürzt):

- Verstöße, die strafbewehrt sind,
- Verstöße, die bußgeldbewehrt sind, soweit die verletzte Vorschrift dem Schutz von Leben, Leib oder Gesundheit oder dem Schutz der Rechte von Beschäftigten oder ihrer Vertretungsorgane dient,

- (auszugsweise) sonstige Verstöße gegen Rechtsvorschriften des Bundes und der Länder sowie unmittelbar geltende Rechtsakte der Europäischen Union mit Vorgaben:
  - zur Produktsicherheit und -konformität,
  - zur sicheren Beförderung gefährlicher Güter
  - zum Umweltschutz, Strahlenschutz und zur kerntechnischen Sicherheit,
  - zur Förderung der Nutzung von Energie aus erneuerbaren Quellen und der Energieeffizienz,
  - zur Lebensmittel- und Futtermittelsicherheit, zur ökologischen Produktion und zur Kennzeichnung von ökologischen Erzeugnissen, sowie zur Tiergesundheit und zum Tierschutz
- Verstöße gegen für Körperschaften und Personenhandelsgesellschaften geltende steuerliche Rechtsnormen und Verstöße in Form von Vereinbarungen, die darauf abzielen, sich in missbräuchlicher Weise einen steuerlichen Vorteil zu verschaffen, der dem Ziel oder dem Zweck des für Körperschaften und Personenhandelsgesellschaften geltenden Steuerrechts zuwiderläuft.

4.2.4 Hinweisgeberschutz und Schutz von Geschäftsgeheimnissen

§ 4 HinSchG regelt das Verhältnis zu anderen gesetzlichen Bestimmungen mit Bezug zum Schutz von Hinweisgebern. § 6 HinSchG befasst sich mit dem Verhältnis vom Gesetz zum Schutz von Geschäftsgeheimnissen.

Danach gilt: Beinhaltet eine Meldung oder eine Offenlegung ein Geschäftsgeheimnis im Sinne des Hinweisgeberschutzgesetzes, so ist die Weitergabe des Geschäftsgeheimnisses an eine zuständige Meldestelle oder dessen Offenlegung erlaubt. Jedoch nur sofern die hinweisgebende Person hinreichenden Grund zu der Annahme hatte, dass die Weitergabe oder die Offenlegung des Inhalts dieser Informationen notwendig ist, um einen Verstoß aufzudecken, und die hinweisgebende Person zum Zeitpunkt der Meldung oder Offenlegung hinreichenden Grund zu der Annahme hatte, dass die von ihr gemeldeten oder offengelegten Informationen der Wahrheit entsprechen.

4.2.5 Der Weg für die Meldung durch eine hinweisgebende Person

Nach § 7 Abs. 1 HinSchG haben Personen, die beabsichtigen, Informationen über einen Verstoß zu melden die Wahlmöglichkeit, ob sie sich an eine interne Meldestelle (§ 12) oder eine externe Meldestelle (§§ 19–24) wenden. Sie können die Meldung auch mündlich erstatten. Wenn einem intern gemeldeten Verstoß nicht abgeholfen wurde, bleibt es der hinweisgebenden Person unbenommen, sich an eine externe Meldestelle zu wenden. § 7 Abs. 2 regelt ausdrücklich, dass es verboten ist, Meldungen oder die auf eine Meldung folgende Kommunikation zwischen hinweisgebender Person und Meldestelle zu behindern oder dies zu versuchen. Die Meldestellen haben die Vertraulichkeit der Identität der meldenden Person zu wahren (§ 8 HinSchG), es sei denn, dass diese vorsätzlich oder grob fahrlässig unrichtige Informationen über Verstöße meldet (§ 9 Abs. 1 HinSchG). Darüber hinaus regelt § 9 Abs. 2 bis 4 HinSchG weitere Ausnahmen von diesem Vertraulichkeitsgebot. Nach § 11 Abs. 1 HinSchG sind die Meldungen zu dokumentieren. Der hinweisgebenden Person ist Gelegenheit zu geben, das Protokoll zu überprüfen, gegebenenfalls zu korrigieren und durch ihre Unterschrift oder in elektronischer Form zu bestätigen. Wird eine Tonaufzeichnung zur Anfertigung eines Protokolls verwendet, so ist sie zu löschen, sobald das Protokoll fertiggestellt ist.

4.2.6 Pflicht zur Einrichtung von internen Meldestellen durch die Arbeitgeber

Beschäftigungsgeber sind (nach § 3 Abs. 9 HinSchG), sofern mindestens eine Person bei ihnen beschäftigt ist, rechtsfähige Personengesellschaften und sonstige rechtsfähige Personenvereinigungen. Damit ist nicht nur die Beschäftigung mindestens einer natürlichen Person gemeint, sondern auch die Beschäftigung einer juristischen Person des öffentlichen oder privaten Rechts. Die Beschäftigungsgeber haben dafür zu sorgen, dass bei ihnen mindestens eine Stelle für interne Meldungen eingerichtet ist und betrieben wird, an die sich Beschäftigte einschließlich der Leiharbeitnehmerwenden können, um Verstöße zu melden (interne Meldestelle). Die Beschäftigungsgeber erteilen der internen Meldestelle die notwendigen Befugnisse, um ihre Aufgaben wahrzunehmen, insbesondere um Meldungen zu prüfen und Folgemaßnahmen zu ergreifen. Der Verstoß hiergegen ist bußgeldbewehrt (bis zu 20.000 EUR) nach § 40 Abs. 2 HinSchG.

Diese Pflicht gilt nur für Beschäftigungsgeber mit jeweils in der Regel **mindestens 50 Beschäftigten**. Abweichend von § 12 Abs. 1 HinSchG müssen private Beschäftigungsgeber mit in der Regel **50 bis zu 249** Beschäftigten ihre internen Meldestellen erst ab dem **17.12.2023** einrichten.

Die internen Meldestellen betreiben Meldekanäle und führen das Verfahren nach Meldungen und ergreifen Folgemaßnahmen. Wie die Meldekanäle ausgestaltet sind, können die jeweiligen Meldestellen weitgehend selbst bestimmen. Online gestützte Meldeportale, Ansprechpersonen bzw. Adressaten für mündliche oder schriftliche Meldungen und eine besondere E-Mail-Adresse sind denkbare Möglichkeiten.

Die internen Meldestellen halten für Beschäftigte klare und leicht zugängliche Informationen über externe Meldeverfahren und einschlägige Meldeverfahren von Organen, Einrichtungen oder sonstigen Stellen der Europäischen Union bereit (§ 13 HinSchG).

Eine interne Meldestelle kann eingerichtet werden, indem eine bei dem jeweiligen Beschäftigungsgeber beschäftigte Person, eine aus mehreren beschäftigten Personen bestehende Arbeitseinheit oder ein Dritter mit den Aufgaben einer internen Meldestelle betraut wird. Die Betrauung eines Dritten mit den Aufgaben einer internen Meldestelle entbindet den betrauenden Beschäftigungsgeber nicht von der Pflicht, selbst geeignete Maßnahmen zu ergreifen, um einen etwaigen Verstoß abzustellen. Mehrere private Beschäftigungsgeber mit in der Regel 50 bis 249 Beschäftigten können für die Entgegennahme von Meldungen eine gemeinsame Stelle einrichten und betreiben. Die Pflicht, Maßnahmen zu ergreifen, um den Verstoß abzustellen, und die Pflicht zur Rückmeldung an die hinweisgebende Person verbleiben bei dem einzelnen Beschäftigungsgeber.

Die mit den Aufgaben einer internen Meldestelle beauftragten Personen sind bei der Ausübung ihrer Tätigkeit unabhängig. Sie dürfen neben ihrer Tätigkeit für die interne Meldestelle andere Aufgaben und Pflichten wahrnehmen. Es ist dabei sicherzustellen, dass derartige Aufgaben und Pflichten nicht zu Interessenkonflikten führen. Die mit den Aufgaben einer internen Meldestelle beauftragten Personen müssen über die notwendige Fachkunde verfügen.

4.2.7 Das Verfahren und die Arbeitsweise der internen Meldestelle

Das Verfahren und die Arbeitsweise der internen Meldestellen regeln §§ 16 bis 18 HinSchG:

Die interne Meldestelle

1. bestätigt der hinweisgebenden Person den Eingang einer Meldung spätestens nach 7 Tagen,
2. prüft, ob der gemeldete Verstoß in den sachlichen Anwendungsbereich nach § 2 fällt,
3. hält mit der hinweisgebenden Person Kontakt,
4. prüft die Stichhaltigkeit der eingegangenen Meldung,
5. ersucht die hinweisgebende Person erforderlichenfalls um weitere Informationen und
6. ergreift angemessene Folgemaßnahmen nach § 18.

Die interne Meldestelle gibt der hinweisgebenden Person innerhalb von 3i Monaten nach der Bestätigung des Eingangs der Meldung oder, wenn der Eingang nicht bestätigt wurde, spätestens 3 Monate und 7 Tage nach Eingang der Meldung eine Rückmeldung. Die Rückmeldung umfasst die Mitteilung geplanter sowie bereits ergriffener Folgemaßnahmen sowie die Gründe für diese.

Darüber hinaus kann die Meldestelle Folgemaßnahmen nach § 18 HinSchG ergreifen, insbesondere interne Untersuchungen bei dem Beschäftigungsgeber durchführen und betroffene Personen und Arbeitseinheiten kontaktieren. Sie kann die hinweisgebende Person an andere zuständige Stellen verweisen, das Verfahren aus Mangel an Beweisen oder aus anderen Gründen abschließen oder das Verfahren zwecks weiterer Untersuchungen an eine bei dem Beschäftigungsgeber für interne Ermittlungen zuständige Arbeitseinheit oder eine zuständige Behörde abgeben.

4.2.8 Das Verfahren und die Arbeitsweise der externen Meldestelle

Der Bund errichtet beim Bundesamt für Justiz eine Stelle für externe Meldungen (externe Meldestelle des Bundes, § 19 HinSchG). Auch die externen Meldestellen eröffnen Meldekanäle für hinweisgebende Personen über Verstöße. Externe Meldekanäle müssen Meldungen in mündlicher und in Textform ermöglichen. Mündliche Meldungen müssen per Telefon oder mittels einer anderen Art der Sprachübermittlung möglich sein. Auf Ersuchen der hinweisgebenden Person ist für eine Meldung innerhalb einer angemessenen Zeit eine persönliche Zusammenkunft mit den für die Entgegennahme einer Meldung zuständigen Personen der externen Meldestelle zu ermöglichen (§ 27 HinSchG). Auch sie können Folgemaßnahmen ergreifen.

4.2.9 Ausnahmsweise: Offenlegung von Informationen durch hinweisgebende Beschäftigte (§ 32 HinSchG)

Personen, die Informationen über Verstöße offenlegen, fallen unter die Schutzmaßnahmen dieses Gesetzes, wenn sie zunächst eine externe Meldung erstattet haben und hierauf innerhalb der Fristen für eine Rückmeldung keine geeigneten Folgemaßnahmen nach § 29 ergriffen wurden oder wenn sie keine Rückmeldung über das Ergreifen solcher Folgemaßnahmen erhalten haben.

Systematisch stehen die Meldungen an die Meldestellen gemeinsam auf einer unmittelbar offenstehenden ersten Stufe des neuen Hinweisgebersystems, während der Gang an die Öffentlichkeit (Medien, soziale Netzwerke) nur unter engen Voraussetzungen als Ausnahme konzipiert ist.

Eine Offenlegung fällt auch dann unter das HinSchG, wenn die hinweisgebende Person hinreichenden Grund zu der Annahme hatte,

- dass der Verstoß wegen eines Notfalls, der Gefahr irreversibler Schäden oder vergleichbarer Umstände eine unmittelbare oder offenkundige Gefährdung des öffentlichen Interesses darstellen kann,
- im Fall einer externen Meldung Repressalien zu befürchten sind oder
- Beweismittel unterdrückt oder vernichtet werden könnten, Absprachen zwischen der zuständigen externen Meldestelle und dem Urheber des Verstoßes bestehen könnten oder aufgrund sonstiger besonderer Umstände die Aussichten gering sind, dass die externe Meldestelle wirksame Folgemaßnahmen nach § 29 einleiten wird.

Hinweis: Schadensersatz bei Offenlegung unrichtiger Informationen

Das Offenlegen unrichtiger Informationen über Verstöße ist verboten und eine Ordnungswidrigkeit (§ 40 Abs. 1 HinSchG). Die hinweisgebende Person ist zum Ersatz des Schadens verpflichtet, der aus einer vorsätzlichen oder grob fahrlässigen Meldung oder Offenlegung unrichtiger Informationen entstanden ist (§ 38 HinSchG).

4.2.10 Schutz der hinweisgebenden Personen vor Repressalien

Hinweisgebende Personen werden vor Repressalien, insbesondere vor Kündigungen oder Schadensersatzforderungen, durch die §§ 35 bis 37 HinSchG besonders geschützt. Der Schutz besteht aber nur, wenn sie entsprechend den Vorgaben dieses Gesetzes in den vorangegangenen Abschnitten intern oder extern Meldung erstattet oder einen Verstoß offengelegt haben. Hierdurch werden konkrete Anforderungen an die hinweisgebende Person gestellt in Bezug darauf, wie sie mit der ihr bekannt gewordenen Information über einen Verstoß umgeht. Nur wenn sie sich beim Umgang mit dieser Information innerhalb des dadurch gesteckten Rahmens bewegt, wird die Person geschützt.

Der Schutz der hinweisgebenden Personen ist wie folgt geregelt:

Sie kann nicht für die Beschaffung von oder den Zugriff auf Informationen, die sie gemeldet oder offengelegt hat, rechtlich verantwortlich gemacht werden, sofern die

Beschaffung nicht als solche oder der Zugriff nicht als solcher eine eigenständige Straftat darstellt.

Ebenso verletzt sie keine Offenlegungsbeschränkungen und kann nicht für die bei einer Meldung oder Offenlegung erfolgte Weitergabe von Informationen rechtlich verantwortlich gemacht werden, sofern sie hinreichenden Grund zu der Annahme hatte, dass die Weitergabe der Informationen erforderlich war, um einen Verstoß aufzudecken.

Nach § 36 HinSchG sind gegen sie gerichtete Repressalien verboten.

Das gilt auch für die Androhung und den Versuch, Repressalien auszuüben. Erleidet eine hinweisgebende Person nach einer Meldung oder Offenlegung eine Benachteiligung im Zusammenhang mit ihrer beruflichen Tätigkeit, so wird **vermutet**, dass diese Benachteiligung eine Repressalie ist. In diesem Fall hat die Person, die die hinweisgebende Person benachteiligt hat, zu beweisen, dass die Benachteiligung auf hinreichend gerechtfertigten Gründen basierte oder, dass sie nicht auf der Meldung oder Offenlegung beruhte.

Diese Vorschrift ist insbesondere im Zusammenhang mit Arbeitnehmern von Bedeutung. Sie werden gegen alle ungerechtfertigten Nachteile wie beispielweise Kündigung, Versagung einer Beförderung, geänderte Aufgabenübertragung, Disziplinarmaßnahmen, Diskriminierung oder Mobbing gezählt. Von besonderer Bedeutung ist die Umkehrung der Beweislast.

Ein Verstoß gegen das Verbot von Repressalien führt nach § 38 HinSchG zu einer Schadensersatzpflicht (bis zu 100.000 EUR, § 40 Abs. 2 HinSchG). Es besteht kein Anspruch auf die Begründung eines Beschäftigungsverhältnisses.

5 Änderungen bei Elternteilzeit und Pflegezeit durch das Vereinbarkeitsrichtlinienumsetzungsgesetz (VRUG)

Der Bundestag hat am 22.9.2022 den Entwurf des Gesetzes zur weiteren Umsetzung der Vereinbarkeitsrichtlinie ((EU) 2019/1158 des Europäischen Parlaments und des Rates v. 20.6.2019) und zur Aufhebung der Elternzeit-Richtlinie (2010/18/EU des Rates) beraten. Da das Gesetz nicht zustimmungspflichtig ist, ist mit einem baldigen Inkrafttreten nach der 2. und 3. Lesung im Bundestag zu rechnen.

Das Gesetz nimmt Änderungen im Elternzeitrecht und im Pflegezeitrecht vor.

Es wird eine Begründungspflicht des Arbeitgebers bei Ablehnung eines Antrags auf Elternzeitteilzeit nach § 15 Abs. 5 BEEG auch im Kleinunternehmen (weniger als 16 Arbeitnehmern) eingeführt. Die Begründung der Ablehnung ist formlos möglich. An den Inhalt der Begründung sind keine hohen Anforderungen zu stellen.

Welchen Folgen drohen, wenn diese Ablehnung nicht fristgerecht oder nicht begründet erfolgt, sagt das Gesetz nicht. Allerdings ist in § 15 Abs. 7 Satz 5 BEEG ausdrücklich geregelt, dass bei Arbeitgebern mit mehr als 15 Beschäftigten (§ 15 Abs. 7 Satz 1 Nr. 1 BEEG) die nicht form- und fristgerechte Ablehnung des Verlangens nach Elternzeitteilzeit dazu führt, dass eine entsprechende Vereinbarung als getroffen gilt. Da der Gesetzgeber für das Konsensverfahren in § 15 Abs. 5 BEEG eine solche Folge aber gerade nicht vorsieht und das auch dem Sinn des Konsensverfahrens widersprechen würde, dürfte eine Verletzung der Ablehnungspflicht im Kleinunternehmen mit 15 oder weniger Beschäftigten folgenlos sein.

Für größere Arbeitgeber beginnt die Frist für die Ablehnung mit der Geltendmachung des Rechtsanspruchs durch den Arbeitnehmer.

Im Pflegezeit- und Familienpflegezeitgesetz wird für Arbeitgeber mit in der Regel 15 oder weniger Beschäftigten (§ 3 Abs. 1 Satz 2 PflegeZG), bzw. mit in der Regel 25 oder weniger ausschließlich der zu ihrer Berufsbildung Beschäftigten (§ 2 Abs. 1 Satz 4 FamPfZG), also für Kleinbetriebe, die Verpflichtung eingeführt, Anträge der Beschäftigten auf den Abschluss einer Vereinbarung über eine Freistellung nach dem Pflegezeit- sowie Familienpflegezeitgesetz innerhalb von 4 Wochen nach Zugang des Antrags zu beantworten und im Fall der Ablehnung zu begründen.

Beschäftigte von Arbeitgebern mit in der Regel 15 oder weniger Beschäftigten haben wegen der Regelung des § 3 Abs. 1 Satz 2 PflegeZG keinen Rechtsanspruch auf die Inanspruchnahme einer Pflegezeit nach § 3 Abs. 1 Satz 1 PflegeZG oder einer sonstigen Freistellung nach § 3 Abs. 5 Satz 1 oder Abs. 6 Satz 1 PflegeZG. Im Fall der einvernehmlichen Vereinbarung einer solchen Freistellung kann ihnen jedoch gemäß § 3 Abs. 1 Satz 2 FamPflZG auf Antrag für die Dauer der Freistellung ein zinsloses Darlehen gewährt werden. Mit Satz 1 des neu eingeführten § 3 Absatz 6a PflegeZG wird klargestellt, dass auch diese Beschäftigten bei ihrem Arbeitgeber den Abschluss einer Vereinbarung über eine Pflegezeit oder eine sonstige Freistellung beantragen können. Mit der Neuregelung in Abs. 6a werden Arbeitgeber mit in der Regel 15 bzw. im Falle der Familienpflegezeit 25 oder weniger Beschäftigten dazu verpflichtet, solche Anträge zu beantworten. Die Antwort muss **innerhalb von 4 Wochen nach Zugang** des Antrags erfolgen. Möchte der Arbeitgeber den Antrag ablehnen, muss er nach Satz 3 der Regelung die Ablehnung begründen. Damit sollen die Umstände für den Arbeitnehmer transparent gemacht werden, die zur Ablehnung des Antrages führten. Eine unterbliebene Antwort oder eine nicht sachlich begründete Ablehnung **führt jedoch nicht zu einer Fiktion der Zustimmung** des Arbeitgebers zur beantragten Freistellung.

In Kleinunternehmen mit nicht mehr als 15 bzw. 25 Beschäftigten besteht der besondere Kündigungsschutz für Beschäftigte in Pflegezeit erst mit Beginn der Freistellung (und nicht schon mit der Antragstellung).

6 Änderungen des Nachweisgesetzes (NachwG)

Durch das Gesetz zur Umsetzung der Richtlinie (EU) 2019/1152 des Europäischen Parlaments und des Rates vom 20.6.2019 über transparente und vorhersehbare Arbeitsbedingungen in der EU im Bereich des Zivilrechts ist vor allem das Nachweisgesetz, aber auch das Teilzeit- und Befristungsgesetz und einige weitere Gesetze geändert worden. Die Gesetzesänderungen sind bereits zum 1.8.2022 in Kraft getreten.

6.1 Überblick

Die weitreichendsten Änderungen gibt es im Nachweisgesetz. Dieses Schon seit 1995 existierende Gesetz führte bisher ein gewisses Schattendasein, weil seine Missachtung arbeitsrechtlich weitgehend folgenlos blieb. Eine der wesentlichen Änderungen des Nachweisgesetzes besteht nunmehr darin, dass Verstöße bußgeldbewehrt sind. Darüber hinaus hat der Gesetzgeber den Katalog der nachweispflichtigen Tatbestände erheblich erweitert. An der Grundstruktur des Nachweises nach dem Nachweisgesetz ändert sich dagegen nichts. Die Vereinbarung der Arbeitsbedingungen ist nach wie vor weitgehend formlos möglich (Ausnahme die Vereinbarung der Befristung, § 14 Abs. 4 TzBfG). Das Nachweisgesetz verpflichtet den Arbeitgeber nur einseitig, die arbeitsvertraglich getroffenen wesentlichen Vereinbarungen in eine Niederschrift aufzunehmen, diese zu unterzeichnen und dem Arbeitnehmer auszuhändigen.

Es bleibt im Übrigen bei der bisherigen Regelung, die jetzt in § 2 Abs. 5 NachwG enthalten ist, wonach die Verpflichtung zur Erteilung einer Niederschrift entfällt, wenn dem Arbeitnehmer ein schriftlicher Arbeitsvertrag ausgehändigt worden ist, soweit der Vertrag die in § 2 Abs. 1 bis 4 NachwG geforderten Angaben enthält.

Aus diesem Grunde sollte jeder Arbeitgeber erwägen, Arbeitsverträge schriftlich, also von Arbeitnehmer und Arbeitgeber unterzeichnet abzuschließen. Der Vorteil liegt darin, dass die zusätzliche Arbeit der Erstellung einer Niederschrift nach dem Nachweisgesetz entfällt. Zudem besteht nicht die Gefahr, dass zwischen der arbeitsvertraglichen Vereinbarung und dem Inhalt der Niederschrift nach dem Nachweisgesetz eine inhaltliche Diskrepanz entsteht.

Insbesondere ist ein schriftlicher Arbeitsvertrag auch ein für den Arbeitgeber geeignetes Beweismittel, um nachzuweisen, dass bestimmte vertragliche Vereinbarungen getroffen worden sind. Demgegenüber ist die Niederschrift nach dem Nachweisgesetz nur für den Arbeitnehmer als Beweismittel geeignet, denn sie trägt ausschließlich die Unterschrift des Arbeitgebers, nicht aber die des Arbeitnehmers.

6.2 Schriftform

Die Niederschrift muss vom Arbeitgeber eigenhändig unterzeichnet worden sein. Die elektronische Form ist ausgeschlossen, es reicht die Textform.

Da ein schriftlicher Arbeitsvertrag auch in elektronischer Form unterzeichnet werden kann (damit ist § 126b BGB gemeint, nicht aber die Textform, die z. B. durch E-Mails oder durch Signier-Programme gewährleistet ist), würde auch ein elektronisch signierter Arbeitsvertrag eine Niederschrift nach dem Nachweisgesetz ersetzen.

6.3 Inhalt der Niederschrift

Seit dem 1.8.2022 ist in die Niederschrift aufzunehmen:

1. der Name und die Anschrift der Vertragsparteien,
2. der Zeitpunkt des Beginns des Arbeitsverhaltnisses,
3. bei befristeten Arbeitsverhältnissen: das Enddatum oder die vorhersehbare Dauer des Arbeitsverhältnisses.

Anmerkung
Diese Angaben sind schon allein deshalb erforderlich, weil ansonsten ein befristetes Arbeitsverhältnis nicht wirksam begründet werden kann.

4. der Arbeitsort oder, falls der Arbeitnehmer nicht nur an einem bestimmten Arbeitsort tätig sein soll, ein Hinweis darauf, dass der Arbeitnehmer an verschiedenen Orten beschäftigt werden oder seinen Arbeitsort frei wählen kann,

Anmerkung

Grundsätzlich obliegt es dem Weisungsrecht des Arbeitgebers, dem Arbeitnehmer einen bestimmten Arbeitsort zuzuweisen. Daran ändert auch Nr. 4 nichts.

5. eine kurze Charakterisierung oder Beschreibung der vom Arbeitnehmer zu leistenden Tätigkeit,
6. sofern vereinbart, die Dauer der Probezeit,

Anmerkung

Hier ist die Neuregelung des § 15 Abs. 3 TzBfG zu beachten, nach der in einem befristeten Arbeitsverhältnis die Dauer der Probezeit nicht unverhältnismäßig zur Dauer des Arbeitsverhältnisses an sich sein darf.

7. die Zusammensetzung und die Höhe des Arbeitsentgelts einschließlich der Vergütung von Überstunden, der Zuschläge, der Zulagen, Prämien und Sonderzahlungen sowie anderer Bestandteile des Arbeitsentgelts, die jeweils getrennt anzugeben sind, und deren Fälligkeit sowie die Art der Auszahlung,

Anmerkung

Hierzu kann auf eine geltende Betriebsvereinbarung oder einen geltenden Tarifvertrag Bezug genommen werden (§ 2 Abs. 4 NachwG). Aus der Vorschrift ergibt sich keine Verpflichtung, dass der Arbeitgeber derartige Lohnbestandteile zahlt. Besteht auf sie aber ein Anspruch, sind sie entsprechend aufgeschlüsselt anzugeben. Die Vorschrift verpflichtet den Arbeitgeber nicht, Überstundenzuschläge zu zahlen. Sie verpflichtet ihn auch nicht, Überstunden abzugelten. Es bleibt weiterhin eine vertragliche Klausel zulässig, nach der mit dem Gehalt eine konkret zu benennende Zahl von Mehrarbeitsstunden abgegolten ist.

8. die vereinbarte Arbeitszeit, vereinbarte Ruhepausen und Ruhezeiten sowie bei vereinbarter Schichtarbeit das Schichtsystem, der Schichtrhythmus und Voraussetzungen für Schichtänderungen,

Anmerkung
Auch hier kann auf eine geltende Betriebsvereinbarung oder einen geltenden Tarifvertrag Bezug genommen werden. Ist das nicht der Fall sein, sondern erteilte Arbeitgeber eine Niederschrift, so muss er in der Niederschrift die entsprechenden Angaben machen. Hier ist wichtig, dass der Arbeitgeber auch deutlich macht, dass er sich das Recht vorbehält, diese Angaben durch sein Weisungsrecht jederzeit auch wieder abzuändern. Es darf nicht der Eindruck entstehen, dass beispielsweise die Lage der Ruhepausen oder auch das Schichtsystem und der Schichtrhythmus arbeitsvertraglich vereinbart sind und damit nur durch eine Änderungskündigung wieder beseitigt werden können.

9. bei Arbeit auf Abruf nach § 12 TzBfG:

   a) die Vereinbarung, dass der Arbeitnehmer seine Arbeitsleistung entsprechend dem Arbeitsanfall zu erbringen hat,

   b) die Zahl der mindestens zu vergütenden Stunden,

   c) der Zeitrahmen, bestimmt durch Referenztage und Referenzstunden, der für die Erbringung der Arbeitsleistung festgelegt ist, und

   d) die Frist, innerhalb derer der Arbeitgeber die Lage der Arbeitszeit im Voraus mitzuteilen hat.

Anmerkung
Siehe hierzu den Hinweis auf die Änderungen im TzBfG.

10. sofern vereinbart, die Möglichkeit der Anordnung von Überstunden und deren Voraussetzungen,

Anmerkung

Überstunden können grundsätzlich nur angeordnet werden, wenn sich der Arbeitgeber diese Möglichkeit im Arbeitsvertrag vorbehalten hat. Das genügt aber nicht, sondern er muss auch die Voraussetzungen beschreiben, z. B. bei Vorliegen eines kurzfristigen Mehrbedarfs an Arbeitskraft.

11. die Dauer des jährlichen Erholungsurlaubs,
12. ein etwaiger Anspruch auf vom Arbeitgeber bereitgestellte Fortbildung,
13. wenn der Arbeitgeber dem Arbeitnehmer eine betriebliche Altersversorgung über einen Versorgungsträger zusagt, der Name und die Anschrift dieses Versorgungsträgers; die Nachweispflicht entfällt, wenn der Versorgungsträger zu dieser Information verpflichtet ist,
14. das bei der Kündigung des Arbeitsverhältnisses von Arbeitgeber und Arbeitnehmer einzuhaltende Verfahren, mindestens das Schriftformerfordernis und die Fristen für die Kündigung des Arbeitsverhältnisses, sowie die Frist zur Erhebung einer Kündigungsschutzklage; § 7 des Kündigungsschutzgesetzes ist auch bei einem nicht ordnungsgemäßen Nachweis der Frist zur Erhebung einer Kündigungsschutzklage anzuwenden,

Anmerkung

Hierbei handelt es sich nicht um eine vertragliche Vereinbarung, sondern letztendlich um die Information über elementare Vorgänge im Zusammenhang mit einer Kündigung. Es bleibt zunächst dem Arbeitgeber überlassen, ob er hierzu einen gesonderten Nachweis nach dem Nachweisgesetz erstellt und jedem Arbeitnehmer aushändigt, der dann aber von ihm eigenhändig unterschrieben sein muss. Alternativ dazu kann diese Information auch als solche in den schriftlichen Arbeitsvertrag aufgenommen werden, sodass dem Nachweisgesetz Genüge getan ist. Nach § 2 Abs. 4 NachwG reicht hier ein Hinweis auf die gesetzlichen Vorschriften. Das sind bzgl. der Kündigungsfrist § 622 BGB, bzgl. der Schriftform § 623 BGB, bzgl. der Erhebung der Kündigungsschutzklage §§ 4–7 KSchG. Ob auch auf die Regelungen in Bezug auf die Klage gegen die Befristung eines Arbeitsverhältnisses eine Information erfolgen muss ist streitig. Wer als Arbeitgeber sichergehen will, weist auch noch auf die Klagefrist nach § 17 TzBfG hin. Arbeitgeber sollte dieser Hinweispflicht ernst nehmen, denn es besteht ansonsten die Gefahr, dass der Arbeitnehmer zwar die Frist für die Erhebung einer Kündigungsschutzklage von 3 Wochen versäumt hat, er jedoch geltend macht, der Arbeitgeber habe ihn nicht über diese Klagefrist belehrt und deswegen sei die Kündigungsschutzklage entweder nachträglich zuzulassen. Oder der Arbeitgeber schulde ihm Schadensersatz, weil der Arbeitnehmer in Unkenntnis der Klagefrist keine Kündigungsschutzklage erhoben habe und dadurch sein Arbeitsverhältnis verloren habe. Diese Fragen wird in Zukunft erst die Rechtsprechung klären können. Um kein Risiko einzugehen, sollte der Arbeitgeber darauf achten, dass die entsprechenden Informationen den Arbeitnehmer über den schriftlichen Arbeitsvertrag oder mindestens einen Nachweis nach dem Nachweisgesetz erreichen. In dem Zusammenhang ist der Abdruck des Gesetzestextes im Arbeitsvertrag denkbar und wurde ebenfalls die Verpflichtungen nach dem Nachweisgesetz erfüllen.

15. ein in allgemeiner Form gehaltener Hinweis auf die auf das Arbeitsverhältnis anwendbaren Tarifverträge, Betriebs- oder Dienstvereinbarungen sowie Regelungen paritätisch besetzter Kommissionen, die auf der Grundlage kirchlichen Rechts Arbeitsbedingungen für den Bereich kirchlicher Arbeitgeber festlegen.

Diese Aufstellung des Gesetzes sollte der Arbeitgeber bei der Vereinbarung des Arbeitsvertrages bzw. bei der Erstellung der Niederschrift nach dem Nachweisgesetz gewissermaßen als Checkliste benutzen, damit alle nachzuweisenden Punkte aufgenommen werden.

Nach § 2 Abs. 4 NachwG besteht auch weiterhin die Möglichkeit, bestimmte Vertragsbedingungen durch einen Verweis auf die für das Arbeitsverhältnis anwendbaren Tarifverträge bzw. Betriebs- oder Dienstvereinbarungen nachzuweisen. Findet ein (vor allem allgemeinverbindlicher) Tarifvertrag auf das Arbeitsverhältnis Anwendung und enthält diese Ausschlussfristen, sollte der Arbeitgeber ausdrücklich auf diese Ausschlussfristen hinweisen.

Die bis 31.7.2022 geltende Frist von einem Monat nach dem vereinbarten Beginn des Arbeitsverhältnisses gilt nicht mehr. Seit dem 1.8.2022 gibt es 3 Fristen:

- Die Angaben nach § 2 Abs. 1 Nr. 1, 7 und 8 NachwG (Name und Anschrift der Parteien, Entgelt, Arbeitszeit, Pausen) müssen bereits **am ersten Tag der Arbeitsleistung** in Schriftform nachgewiesen werden.
- Spätestens **7 Kalendertage nach vereinbartem Beginn des Arbeitsverhältnisses** sind die in § 2 Abs. 1 Nr. 2 bis 6, 9 und 10 NachwG genannten Vertragsbedingungen (Beginn, Befristungen, Arbeitsort, Tätigkeit, Probezeit, Arbeit auf Abruf, Überstunden) nachzuweisen.
- Spätestens **einen Monat nach dem vereinbarten Beginn des Arbeitsverhältnisses** sind die in § 2 Abs. 1 Nr. 11 bis 15 NachwG (Urlaub, Fortbildung, Altersversorgung, Kündigungsverfahren, Tarifverträge, Betriebsvereinbarungen u. a.) nachzuweisen.

Praxis-Tipp: Fristversäumnis vorbeugen

Der entsprechende Nachweis sollte direkt zu Beginn des Arbeitsverhältnisses erteilt bzw. der schriftliche Arbeitsvertrag sollte spätestens am ersten Tag des Arbeitsverhältnisses vereinbart werden.

6.4 Persönlicher Geltungsgereich und Übergangsregelung

Den Anspruch auf Erteilung einer Niederschrift nach dem Nachweisgesetz haben Arbeitnehmer im Sinne des § 611a BGB, nicht jedoch freie Mitarbeiter. Für Azubis gilt § 11 BBiG, für Leiharbeitnehmer gilt zusätzlich § 11 AÜG. Auch Arbeitnehmer, die nur sehr kurzfristig eingesetzt werden, haben einen entsprechenden Anspruch. Die noch bis zum 31.7.2022 geltende Ausnahme für Aushilfen wurde gestrichen.

Die Neuregelungen des NachwG gelten für alle Arbeitsverträge bzw. Arbeitsverhältnisse mit einem Beginn ab 1.8.2022.

Bei Arbeitsverhältnissen, die am 1.8.2022 bereits bestanden haben, können die Arbeitnehmer vom Arbeitgeber einen den (neuen) gesetzlichen Anforderungen entsprechenden Nachweis verlangen (§ 5 NachwG).

Macht ein Arbeitnehmer von diesem Recht Gebrauch, sind ihm oder ihr vom Arbeitgeber die Angaben nach § 2 Abs. 1 Nr. 1 bis 10 NachwG spätestens am siebten Tag nach Zugang der Aufforderung in Schriftform auszuhändigen; die übrigen Angaben spätestens einen Monat nach Zugang der Aufforderung, soweit diese nicht schon in einem Nachweis oder einem schriftlichen Arbeitsvertrag enthalten sind.

6.5 Bußgeld

Verstößt der Arbeitgeber gegen seine Pflichten aus dem Nachweisgesetz, droht ihm für jeden Fall der Zuwiderhandlung eine Geldbuße von bis zu 2.000 EUR. Das gilt auch dann, wenn die Niederschrift nicht eigenhändig unterzeichnet ist.

7 Änderungen im Teilzeit- und Befristungsgesetz (TzBfG)

Der Gesetzgeber hat auch zweiwichtige Änderungen im TzBfG zur Umsetzung der Arbeitsbedingungen Richtlinie vornehmen müssen.

7.1 Dauer der Probezeit im befristeten Arbeitsverhältnis

Wird für ein befristetes Arbeitsverhältnis eine Probezeit vereinbart, so muss diese seit 1.8.2022 im Verhältnis zu der erwarteten Dauer der Befristung und der Art der Tätigkeit stehen, § 15 Abs. 3 TzBfG. Die neue Regelung setzt die Vorgaben von Art. 8 Abs. 2 Satz 1 der EU-Arbeitsbedingungenrichtlinie um. Aus § 622 Abs. 3 BGB ergibt sich bereits eine zeitliche Begrenzung einer vereinbarten Probezeit auf 6 Monate, nur innerhalb dieses Zeitraums kann von der dort vorgesehenen verkürzten Kündigungsfrist Gebrauch gemacht werden. Diese allgemeine Regelung gilt grundsätzlich auch für befristete Arbeitsverhältnisse. Allerdings muss aufgrund des neuen § 15 Abs. 3 TzBfG bei befristeten Arbeitsverträgen mit einer Probezeit jetzt immer noch geprüft werden, ob die vereinbarte Dauer der Probezeit im Verhältnis sowohl zur Dauer der Befristung als auch zu der Art der vertraglich geschuldeten Tätigkeit steht.

Ist die Dauer der vereinbarten Probezeit unverhältnismäßig, hat dies zur Folge, dass diese Probezeit als nicht wirksam vereinbart angesehen wird und damit die verkürzte Kündigungsfrist des § 622 Abs. 3 TzBfG nicht greift. Da ein befristetes Arbeitsverhältnis aber nur dann der ordentlichen Kündigung nach § 15 Abs. 4 TzBfG unterliegt, wenn das ausdrücklich vereinbart worden ist, kann die Unwirksamkeit der Probezeitregelung dazu führen, dass die Kündigungsmöglichkeit ganz entfällt, wenn sich diese Möglichkeit nicht aus anderen Vorschriften des befristeten Arbeitsverhältnisses ergibt. Bei der Vertragsgestaltung ist also darauf zu achten, dass zunächst isoliert die Möglichkeit der ordentlichen Kündigung des befristeten Arbeitsverhältnisses geregelt wird und davon getrennt eine Probezeit mit einer entsprechenden verkürzten Kündigungsfrist festgehalten wird.

7.2 Arbeit auf Abruf

Nach der Neuregelung von § 12 Abs. 3 TzBfG ist der Arbeitgeber verpflichtet, den Zeitrahmen, bestimmt durch Referenzstunden und Referenztage, festzulegen, in dem auf seine Aufforderung hin Arbeit stattfinden kann (z. B.: „montags, dienstags, donnerstags zwischen 8:00 und 18:30 Uhr“). Diese Änderung des TzBfG wird flankiert durch § 2 Abs. 1 Satz 2 Nr. 9 Buchst. c. NachwG. Dabei steht die Festlegung des Zeitrahmens nach der Gesetzesbegründung grundsätzlich in der Gestaltungsmacht des Arbeitgebers (kritisch dazu Bayreuther, NZA 2022, 951, 956). Damit soll es für den Arbeitnehmer vorhersehbarer werden, wann sie oder er gegebenenfalls zur Arbeit herangezogen wird. Dass der Abruf im Rahmen des Direktionsrechts des Arbeitgebers erfolgt, ändert sich dadurch nicht. Der Arbeitnehmer ist allerdings in der Folge nur zur Arbeitsleistung verpflichtet, wenn der Arbeitgeber ihm die Lage seiner Arbeitszeit – wie bisher – jeweils mindestens 4 Tage im Voraus mitteilt und – jetzt neu – die Arbeitsleistung im zuvor festgelegten Zeitrahmen zu erfolgen hat. Hat der Arbeitgeber die Festlegung des Referenzzeitraums unterlassen, besteht für den Arbeitnehmer keine Arbeitspflicht. Das kann dazu führen, dass der Arbeitgeber jedenfalls am Ende des Bezugszeitraumes für die zu leistende Arbeit (Woche oder Monat) in Annahmeverzug gerät und Vergütung ohne Arbeitsleistung zu zahlen hat. Der vom Arbeitgeber festgelegte Referenzzeitraum unterliegt dabei der Kontrolle nach § 106 GewO dahingehend, ob das billige Ermessen bei seiner Bestimmung gewahrt worden ist. Je geringer die Wochenarbeitszeit des Arbeitnehmers ist, desto länger muss der Referenzzeitraum sein, damit der Arbeitnehmer nicht durch den Referenzzeitraum in der anderweitigen Verwertung seiner Arbeitskraft blockiert wird.

7.3 Wunsch der Verlängerung der Arbeitszeit und Entfristungswunsch

Bereits bisher hat der Arbeitgeber mit dem Teilzeit-Arbeitnehmer dessen Wunsch nach Veränderung von Dauer, Lage oder von Dauer und Lage seiner vertraglich vereinbarten Arbeitszeit zu erörtern, § 7 Abs. 2 Satz 1 TzBfG. Seit 1.8.2022 hat der Arbeitgeber einem Teilzeit-Arbeitnehmer, dessen Arbeitsverhältnis länger als 6 Monate bestanden und der ihm in **Textform** den Wunsch nach Veränderung von Dauer oder Lage oder von Dauer und Lage seiner vertraglich vereinbarten Arbeitszeit angezeigt hat, innerhalb eines Monats nach Zugang der Anzeige eine begründete Antwort in Textform (§ 126b BGB) mitzuteilen (§ 7 Abs. 3 Satz 1 TzBfG). Hat der Arbeitgeber in den letzten 12 Monaten vor Zugang der Anzeige bereits einmal einen in Textform geäußerten entsprechenden Wunsch in Textform begründet beantwortet, ist eine mündliche Erörterung ausreichend (§ 7 Abs. 3 Satz 2 TzBfG). Diese Neuregelung setzt die Vorgaben von Art. 12 der EU-Arbeitsbedingungenrichtlinie um. Das Gesetz sieht keine Rechtsfolge vor, wenn der Arbeitgeber die Pflicht zur Antwort nicht oder nicht ordnungsgemäß erfüllt. Auf keinen Fall tritt die vom Arbeitnehmer gewünschte Modifizierung der Arbeitszeit (fiktiv) ein, wie z. B. in § 8 Abs. 5 Satz 2 TzBfG vorgesehen. Denkbar wäre allerdings ein Schadensersatzanspruch des Arbeitnehmers nach §§ 280 Abs. 1, 251 Abs. 1, 252 BGB.

Nach der Neuregelung des § 18 Abs. 2 TzBfG hat der Arbeitgeber einem befristet beschäftigten Arbeitnehmer, dessen Arbeitsverhältnis länger als 6 Monate bestanden und der ihm in Textform den Wunsch nach einem auf unbestimmte Zeit geschlossenen Arbeitsvertrag angezeigt hat, innerhalb eines Monats nach Zugang der Anzeige eine begründete Antwort in Textform (§ 126b BGB) mitzuteilen. Dies gilt nicht, sofern der Arbeitnehmer dem Arbeitgeber diesen Wunsch in den letzten 12 Monaten vor Zugang der Anzeige bereits einmal angezeigt hat. Auch hier sieht das Gesetz keine Rechtsfolge vor, falls der Arbeitgeber dieser nicht nachkommt. Denkbar sind aber auch hier Schadensersatzansprüche des Arbeitnehmers, z. B. wenn ihm der Arbeitgeber nicht mitteilt, dass eine geeignete freie Stelle vorhanden ist, der Arbeitnehmer eine Bewerbung unterlässt und diese Bewerbung voraussichtlich erfolgreich gewesen wäre.

8 Update Mindestlohn

Der gesetzliche Mindestlohn ist bereits zum 1.10.2022 auf 12 EUR brutto je geleistete Arbeitsstunde angehoben worden. Eine weitere Erhöhung erfolgt nach einem entsprechenden Beschluss des unabhängigen Mindestlohnkommission erst zum 1.1.2024. Die Entgeltgrenze für eine geringfügig entlohnte Beschäftigung (sog. Minijob) wurde im Zuge der Erhöhung des gesetzlichen Mindestlohns auf 520 EUR angehoben und dynamisiert, um eine Wochenarbeitszeit von 10 Stunden zu ermöglichen.

9 Aktuelle Rechtsprechung

9.1 Pflicht zur Aufzeichnung der Arbeitszeit

9.1.1 Aufzeichnung und Mitbestimmung des Betriebsrats

Der Fall

Arbeitgeber und Betriebsrat stritten darüber, ob der Betriebsrat die Bildung einer Einigungsstelle verlangen kann, um auf diesem Wege die Einführung einer elektronischen Zeiterfassung zu erreichen. Arbeitgeber und Betriebsrat bildeten eine solche Einigungsstelle, der Arbeitgeber hielt aber seinen Einwand, der Betriebsrat habe kein Mitbestimmungsrecht zur Einführung einer elektronischen Zeiterfassung weiter aufrecht. Nachdem sich Arbeitgeber und Betriebsrat in der Einigungsstelle nicht einigen konnten, wandte sich der Betriebsrat an das Arbeitsgericht. Dort beantragte er, festzustellen, dass ihm bezüglich der Einführung einer elektronischen Zeiterfassung ein Mitbestimmungsrecht zustehe, das auch umfasse, eine Regelung durch die Einigungsstelle zur Einführung der elektronischen Zeiterfassung zu verlangen (sogenanntes Initiativrecht). Das Landesarbeitsgericht gab ihm Recht.

Die Entscheidung (BAG, Beschluss v. 13.9.2022, 1 ABR 22/21)

Die gegen diese Entscheidung gerichtete Rechtsbeschwerde der Arbeitgeber hatte vor dem Ersten Senat des BAG Erfolg. Der Betriebsrat kann die **Einführung** einer elektronischen Zeiterfassung nach § 87 BetrVG nicht über eine Einigungsstelle erzwingen. Das Bundesarbeitsgericht hat den Antrag des Betriebsrates so ausgelegt, dass sich das Initiativrecht nicht lediglich auf die Ausgestaltung – das „Wie" – einer Arbeitszeiterfassung („elektronisch"), sondern auch darauf beziehen soll, dass sämtliche Arbeitszeiten der Arbeitnehmer des Betriebs – also Beginn und Ende ihrer täglichen Arbeitszeit einschließlich der Überstunden – systematisch erfasst werden.

Der Betriebsrat hat nach § 87 Abs. 1 Eingangssatz BetrVG in sozialen Angelegenheiten nur mitzubestimmen, soweit eine gesetzliche oder tarifliche Regelung nicht besteht. Bei unionsrechtskonformer Auslegung von § 3 Abs. 2 Nr. 1 ArbSchG ist der Arbeitgeber schon gesetzlich verpflichtet, die Arbeitszeiten der Arbeitnehmenden zu erfassen. Dies schließt ein – ggf. mithilfe der Einigungsstelle durchsetzbares – Initiativrecht des Betriebsrats zur Einführung eines Systems der Arbeitszeiterfassung aus.

Bedeutung für die Praxis

Die als Paukenschlag apostrophierte Entscheidung verdient diesen Titel nicht. Es war schon vorher aufgrund der Entscheidung des Europäischen Gerichtshofes in der Rechtssache CCOO (EuGH, Urteil v. 14.5.2019, C 55/18), klar, dass die Arbeitgeber verpflichtet sind, die Arbeitszeit ihrer Arbeitnehmer zu erfassen, um den Gesundheitsschutz der Arbeitnehmer zu verwirklichen. Dabei sind sie relativ frei, wie sie diese Zeiterfassung durchführen.

Dass das BAG diese Verpflichtung des Arbeitgebers nun in den Vordergrund stellt, ist nur insoweit überraschend, als dass der deutsche Gesetzgeber bisher nicht geschafft hat, eine Aufzeichnungspflicht im Arbeitszeitgesetz zu verankern. Das Arbeitszeitgesetz sieht bis heute nur vor, dass die über 8 Stunden hinausgehende tägliche Arbeitszeit zu erfassen ist (§ 16 Abs. 2 ArbZG). Insofern hat das BAG mit seiner Entscheidung zwar den Gesetzgeber „überholt", aber nichts von den Arbeitgebern verlangt, was nicht grundsätzlich sowieso schon Pflicht ist. Auch der Hinweis des BAG, die Aufzeichnungspflicht ergebe sich nicht aus dem Arbeitszeitgesetz, sondern bereits aus § 3 ArbSchG ist nicht überraschend, weil der europäische Gerichtshof in der genannten Entscheidung zur Begründung auch die entsprechenden Arbeitsschutzregelungen der Europäischen Union herangezogen hat.

Das BAG hat das Initiativrecht des Betriebsrates, ggf. mithilfe der Einigungsstelle nach § 76 Abs. 5 BetrVG eine Regelung über ein elektronische Arbeitszeiterfassung herbeizuführen, nicht grundsätzlich ausgeschlossen. Es ist auf Grund der Auslegung des Antrags zu dem Ergebnis gelangt, dass es dem Betriebsrat darum gehe, generell bei der Einführung einer Arbeitszeiterfassung – und nicht nur bei deren Ausgestaltung – mitzubestimmen. Allerdings hat der Betriebsrat bei der Ausgestaltung der Arbeitszeiterfassung nach § 87 Abs. 1 Nr. 7 BetrVG auch ein Initiativrecht, das er allerdings nicht – wie hier – auf die Ausgestaltung in Form der elektronischen Zeiterfassung beschränken kann.

Aus der Entscheidung und ihrer Begründung ergeben sich wichtige Hinweise für die Praxis:

1. Die Pflicht zur Arbeitszeiterfassung nach § 3 Abs. 2 Nr. 1 ArbSchG gilt für alle Arbeitnehmer des Betriebes im Sinne von § 5 Abs. 1 BetrVG, auch für solche, die unter die §§ 18 bis 21 ArbZG fallen.

2. Europarechtlich muss die Arbeitszeit nicht zwingend elektronisch erfasst werden, sondern auch Aufzeichungen in Papierform können genügen. Außerdem kann die Aufzeichnung ggf. an die Arbeitnehmer delegiert werden.

3. Wenn Arbeitgeber entgegen der Entscheidung des BAG die Arbeitszeit der Arbeitnehmer nicht aufzeichnen, droht zunächst kein Bußgeld. Erst dann, wenn die Aufsichtsbehörde eine Auflage erlässt, wonach der Arbeitgeber die Arbeitszeit zu erfassen hat, und der Arbeitgeber diese dann nicht umsetzt, droht ein Bußgeld.

4. Das Mitbestimmungsrecht des Betriebsrates nach § 87 Abs. 1 Nr. 1 und 6, ggf. auch nach Nr. 7 BetrVG, wird durch die Entscheidung des BAG nicht berührt. Jedenfalls dann, wenn die Arbeitnehmer eine elektronische Zeiterfassung auf Wunsch des Arbeitgebers bedienen sollen, hat der Betriebsrat ein Mitbestimmungsrecht nach § 87 Abs. 1 Nr. 6 BetrVG. Er kann die Einführung einer elektronischen Zeiterfassung nur nicht von sich aus verlangen. Das entspricht der Rechtsprechung des BAG aus dem Jahre 1989.

5. Die Möglichkeit, rechtskonform Vertrauensarbeitszeit zu vereinbaren, besteht auch weiterhin. Allerdings war auch in der Vergangenheit Vertrauensarbeitszeit nicht in dem Sinne zulässig, dass der Arbeitnehmer zur Erfüllung seiner Arbeitsaufgaben mehr als durchschnittlich 48 Stunden pro Woche entgegen § 3 ArbZG arbeiten musste. Ebenso wenig bedeutete Vertrauensarbeitszeit, dass der Arbeitnehmer ohne entsprechende Vereinbarung keinen Anspruch auf Vergütung von Mehrarbeit hatte. Unter Beachtung dieser rechtlichen Rahmenbedingungen ist Vertrauensarbeitszeit aber auch weiterhin in dem Sinne möglich, dass der Arbeitnehmer zwar seine Arbeitszeit erfassen muss, aber völlig frei bestimmen kann, wann er arbeitet und in welchem Umfang er welche Arbeitsaufgaben erledigt. Letztendlich bedeutet Vertrauensarbeitszeit Gleitzeitarbeit, ohne dass weitergehende Vorgaben als die des Arbeitszeitgesetzes gemacht werden.

9.1.2 Aufzeichnungspflicht der Arbeitszeit und Überstundenprozess

In einem weiteren Rechtsstreit hatte das BAG zu entscheiden, ob die unterlassene Aufzeichnung der Überstunden des Arbeitnehmers sich auf die Beweislast im Überstundenprozess auswirkt.

Der Fall

Der Arbeitnehmer verlangt vom Arbeitgeber die Vergütung von Überstunden. Er war dort als Auslieferungsfahrer beschäftigt. Er erfasst die Arbeitszeit, aber nur Beginn und Ende. Die Pausen zu erfassen ist technisch nicht möglich.

Aus einer vom Arbeitgeber erteilten Auskunft ergibt ein positiver Saldo der Zeit Aufzeichnungen von 348 Überstunden. Der Arbeitnehmer macht geltend, er habe die gesamte aufgezeichnete Zeit als Lkw-Fahrer gearbeitet, Pausen habe er nicht gemacht, weil sonst die Auslieferungsaufträge nicht hätten abgearbeitet werden können. Der Arbeitgeber hat dagegen eingewandt, die Arbeitszeitdokumentation würde nur die sog. „Kommt-und-Geht-Zeit" erfassen. Der Arbeitnehmer sei angewiesen worden, arbeitstäglich Pausen zu nehmen und habe diese Pausen auch eingelegt. Der Arbeitnehmer macht weiter geltend, die Beweislast dafür, dass der Arbeitnehmer nicht gearbeitet habe, liege beim Arbeitgeber, weil der pflichtwidrig keine korrekte Zeiterfassung veranlasst habe.

Die Entscheidung (BAG, Urteil v. 4.5.2022, 5 AZR 359/21)

Das BAG hat die Klage abgewiesen. Der Arbeitnehmer könne keinen Anspruch auf die Vergütung weiterer 348 Überstunden geltend machen. Zwar habe er dargestellt, wie viele Überstunden er gemacht hat. Er habe aber nicht dargestellt, dass der Arbeitgeber diese Überstunden in zurechenbarer Weise veranlasst habe, indem er sie angewiesen habe, geduldet habe oder indem jedenfalls die Leistung der Überstunden erforderlich war, um die zugewiesene Arbeit überhaupt erledigen zu können.

Der Umstand, dass der Arbeitgeber keine (vollständige) Arbeitszeiterfassung betreibe, ändere nichts daran, dass der Arbeitnehmer die Veranlassung der Mehrarbeit durch den Arbeitgeber im Rechtsstreit darzulegen hat. Die CCOO Entscheidung des EuGH (EuGH, Urteil v. 14.5.2019, C 55/18) ändere daran nichts. Diese Entscheidung betreffe nur die aus dem Arbeitsschutzrecht herzuleitende Verpflichtung des Arbeitgebers die Arbeitszeit der Arbeitnehmenden zu erfassen, um den Gesundheitsschutz der Arbeitnehmenden zu verwirklichen. Sie treffen aber keine Aussage darüber, welche Darlegung und Beweislast den Arbeitnehmer im Kündigungsrechtsstreit treffe, weil der europäische Gesetzgeber hierfür keine Regelungskompetenz habe.

Allein in dem Umstand, dass es bei der Zeiterfassungsanlage nicht möglich war, die Pausenzeiten zu erfassen, liegt noch nicht die Billigung, dass der Arbeitnehmer keine Pausen macht, sondern durcharbeitet.

Bedeutung für die Praxis

Die Verpflichtung des Arbeitgebers ein System zur Erfassung der täglichen effektiven Arbeitszeit einzurichten, hat keine Auswirkung auf die Verteilung der Darlegungs- und Beweislast im Überstundenprozess. Hier bleibt es bei der bisherigen Rechtsprechung des BAG.

Der Arbeitnehmer muss zunächst vortragen, an welchen Tagen wie viele Stunden gearbeitet worden ist. Die Behauptung, es seien keine Pausen gemacht worden, ist stellt auch einen schlüssigen Vortrag dar.

Damit hat der Arbeitnehmer der Darlegungslast aber noch nicht genügt. Vielmehr muss zusätzlich darlegt werden, dass der Arbeitgeber diese Mehrarbeitsstunden auch veranlasst hat und sie ihm deswegen zuzurechnen sind, womit er diese Stunden auch zu vergüten hat. Veranlasst hat der Arbeitgeber die Überstunden dann, wenn er sie ausdrücklich angewiesen hat, oder dem Arbeitnehmer so viel Arbeit zuweist, dass diese nur durch Mehrarbeitsstunden erledigt werden kann. Eine Veranlassung liegt auch dann vor, wenn der Arbeitgeber die Überstunden nachträglich genehmigt oder sie in Kenntnis ihrer Leistung gebilligt hat, was auch durch eine bloße Duldung geschehen kann.

Aufgedrängte Mehrarbeit muss der Arbeitgeber nicht vergüten. Arbeitnehmende können sich nicht über die vertraglichen Vereinbarungen hinaus selbst Arbeit „geben“ bzw. den Arbeitsumfang (eigenmächtig) erhöhen.

9.2 Update Urlaubsrecht – Hinweispflichten des Arbeitgebers zum Verfall des Urlaubs

Die Befristung des Urlaubsanspruchs nach § 7 Abs. 3 BUrlG auf das Kalenderjahr setzt grundsätzlich voraus, dass der Arbeitgeber konkret und in völliger Transparenz dafür Sorge trägt, dass der Arbeitnehmer tatsächlich in der Lage ist, seinen bezahlten Jahresurlaub zu nehmen. Dazu muss er den Arbeitnehmer – erforderlichenfalls förmlich – auffordern, seinen Urlaub zu nehmen und ihm klar und rechtzeitig mitteilen, dass der Urlaub mit Ablauf des Kalenderjahrs oder Übertragungszeitraums verfällt, wenn er ihn nicht beantragt (BAG, Urteil v. 19.2.2019, 9 AZR 423/16, Rzn. 39 ff.). Hat der Arbeitgeber diesen Mitwirkungsobliegenheiten nicht entsprochen, tritt der am 31.12. des Urlaubsjahrs nicht verfallene Urlaub zu dem Urlaubsanspruch hinzu, der am 1.1. des Folgejahrs entsteht. Für ihn gelten, wie für den neu entstandenen Urlaubsanspruch, die Regelungen des § 7 Abs. 1 Satz 1 und Abs. 3 BUrlG. Der Arbeitgeber kann deshalb das uneingeschränkte Kumulieren von Urlaubsansprüchen aus mehreren Jahren dadurch vermeiden, dass er seine Mitwirkungsobliegenheiten für den Urlaub aus zurückliegenden Urlaubsjahren im aktuellen Urlaubsjahr nachholt (BAG, Urteil v. 19.2.2019, 9 AZR 423/16, Rz. 44).

Aus dieser Rechtsprechung, die grundsätzlich auch für die Vergangenheit gilt, ergeben sich eine Reihe von Folgefragen, die Gegenstand weiterer Entscheidungen des europäischen Gerichtshofs und des BAG waren.

9.3 ... Und er verjährt doch nicht!

Hat der Arbeitgeber seinen Hinweispflichten bezüglich des Verfalls des Erholungsurlaubes nicht genügt, verfällt der Urlaub nicht am Jahresende, sondern wird dem Erholungsurlaub des Folgejahres zugeschlagen. Nach der auch dann nicht genommen, bleibt er dem Arbeitnehmer weiterhin erhalten und wird dem Urlaub des dann folgenden Jahres zugeschlagen.

Da die Hinweispflicht des Arbeitgebers durch die Rechtsprechung erst im Jahre 2019 entwickelt worden ist, aber gleichwohl auch für die Vergangenheit gilt, kommt es zu Situationen, in denen Arbeitnehmer, die in der Vergangenheit über Jahre hinweg nicht den vollen Erholungsurlaub in Anspruch genommen haben, nun – insbesondere, wenn sie ausscheiden – nachträglich diese nicht genommenen Urlaubstage verlangen.

Da der Arbeitgeber in aller Regel den Arbeitnehmer nicht über den Verfall des Urlaubs hinreichend belehrt hat, kann er sich auch nicht darauf berufen, dass der Urlaub am Jahresende nach § 7 Abs. 3 BUrlG verfallen ist. So kann es dazu kommen, dass wie im nachfolgenden Fall eine große Zahl an Urlaubstagen nicht erfüllt worden ist.

Der Fall

Die Arbeitnehmerin war vom 1.11.1996 bis zum 31.7.2017 bei B beschäftigt. Nach Beendigung des Arbeitsverhältnisses verlangte sie von B für die von ihr zwischen 2013 und 2017 nicht genommenen 101 Tage bezahlten Jahresurlaubs Urlaubsabgeltung.

B lehnte es ab, ihr den Jahresurlaub abzugelten und berief sich u. a. auf die Verjährung.

Das BAG (BAG, Urteil v. 29.9.2020, 9 AZR 266/20 (A)) war der Ansicht, nach § 7 Abs. 3 BUrlG seien die Ansprüche der Arbeitnehmerin für die Jahre 2013–2016 nicht erloschen, weil B die Arbeitnehmerin nicht in die Lage versetzt habe, ihren bezahlten Jahresurlaub tatsächlich zur gebotenen Zeit zu nehmen. Jedoch wird darauf hingewiesen, dass B eine Einrede der **Verjährung** nach § 194 BGB erhoben hat. Nach §§ 195 und 199 BGB verjähren die Ansprüche eines Gläubigers 3 Jahre nach dem Schluss des Jahres, in dem sein Anspruch entstanden ist. Deshalb hat es den Fall dem EuGH zur Entscheidung vorgelegt. Damit stellt sich die Frage, ob Urlaubsansprüche auch dann verjähren, wenn der Arbeitgeber seinen Hinweispflichten auf den Verfall des Urlaubs am Jahresende nicht nachgekommen ist.

Die Entscheidung (EuGH, Urteil v. 22.9.2022, C-120/21)

Der Anspruch auf bezahlten Jahresurlaub, den ein Arbeitnehmer oder eine Arbeitnehmerin für einen Bezugszeitraum erworben hat, verjährt nicht nach Ablauf einer Frist von 3 Jahren, deren Lauf mit dem Schluss des Jahres beginnt, in dem dieser Anspruch entstanden ist, wenn der Arbeitgeber den Arbeitnehmer **nicht tatsächlich in die Lage versetzt hat**, diesen Anspruch wahrzunehmen. Der EuGH führt wörtlich aus:

„Ließe man zu, dass sich der AG auf die Verjährung der Ansprüche des AN berufen kann, ohne ihn tatsächlich in die Lage versetzt zu haben, diese Ansprüche wahrzunehmen, würde man unter diesen Umständen im Ergebnis ein Verhalten billigen, das zu einer unrechtmäßigen Bereicherung des AG führt und dem eigentlichen von Art. 31 II GRCh verfolgten Zweck, die Gesundheit des AN zu schützen, zuwiderläuft."

Bedeutung für die Praxis

Die Entscheidung des EuGH hat vor allem Bedeutung für Sachverhalte, in denen die Arbeitnehmer vor dem Jahr 2019 ihren jeweiligen Jahresurlaub nicht vollständig genommen haben. Wie der Ausgangsfall zeigt, können hier über Jahre hinweg zahlreiche offene Urlaubstage zusammenkommen. Bisher konnte sich der Arbeitgeber „notfalls" auf den Verfall des Urlaubs nach § 7 Abs. 3 BUrlG berufen. Seit der EuGH, und mit ihm das BAG verlangt, dass der Arbeitgeber die Arbeitnehmenden zuvor über den Verfall des Urlaubs belehrt haben muss, ist dieser Weg versperrt. Die Rechtsprechung bezüglich der Hinweispflichten gilt auch für Altfälle, ab dem Jahr 2003 (Inkrafttreten der Richtlinie 2003/88). Ungeklärt war noch, ob der Arbeitgeber sich in diesen Fällen nicht wenigstens darauf berufen konnte, dass der Urlaub nach 3 Jahren ab Ende des Urlaubsjahres verjährt ist. Die Möglichkeit der Verjährung hat der EuGH zwar nicht ausgeschlossen, aber davon abhängig gemacht, ob der Arbeitgeber seinen Hinweispflichten über den Verfall des Urlaubs nachgekommen ist. Damit ist es ausgeschlossen, dass sich der Arbeitgeber auf die Verjährung des Urlaubs für die Vergangenheit beruft, wenn er nicht über den Verfall zum Jahresende belehrt hat. Damit ist für Fallgestaltungen, in denen der Arbeitnehmer den Urlaub regelmäßig nicht vollständig genommen hat, andererseits aber der Arbeitgeber ihn nicht über den Verfall des Urlaubs belehrt hat der Ausweg über die Verjährung ausgeschlossen und der Arbeitgeber hat auch in diesen Fällen erhebliche Abgeltung- oder Nachgewährungsansprüche zu erfüllen.

Diese Rechtsprechung gilt aber nur für Urlaubsansprüche – und hier auch nur für den gesetzlichen Mindesturlaub. Ist der Arbeitnehmer oder die Arbeitnehmerin zwischenzeitlich aus dem Arbeitsverhältnis ausgeschieden, so stehen ihm oder ihr lediglich Urlaubsabgeltungsansprüche zu. Diese unterliegen als reine Entgeltansprüche Ausschlussfristen bzw. der gesetzlichen Verjährung (Zuletzt BAG, Urteil v. 24.5.2022, 9 AZR 461/21).

9.4 Verfall des Urlaubs bei Langzeiterkrankung

In einer weiteren Entscheidung des EuGH ging es um die Frage, ob der Urlaub im Falle einer Langzeiterkrankung des Arbeitnehmers über mehrere Jahre auch ohne

Belehrung des Arbeitgebers über den Verfall des Urlaubs auch in dem Jahr verfällt, in dem der Arbeitnehmer noch einen Teil des Jahres gearbeitet hat bevor er dauerhaft arbeitsunfähig erkrankt ist.

Der Fall

Der Arbeitnehmer ist seit dem Jahr 2000 beschäftigt. Er bezieht seit dem 1.12.2014 eine Rente wegen voller, aber nicht dauerhafter Erwerbsminderung, die zuletzt bis zum 31.8.2022 verlängert wurde. Im Jahr 2014 arbeitete er bis er aufgrund seiner Erkrankung die Erwerbsminderungsrente erhielt. Der Arbeitnehmer erhob Klage auf die Feststellung, dass ihm 34 Tage bezahlter Jahresurlaub aus dem Jahr 2014 zustehen. Diese Urlaubstage habe er aufgrund seines Gesundheitszustands nicht in Anspruch nehmen können. Die Arbeitgeberin ihrer Obliegenheit nicht nachgekommen, an der Gewährung und Inanspruchnahme des Urlaubs mitzuwirken. Das BAG hat dem Europäischen Gerichtshof diesen Fall vorgelegt und angefragt, ob auch hier ein Verfall des Urlaubs deswegen ausgeschlossen ist, weil der Arbeitgeber seinen Hinweispflichten über den Verfall des Urlaubs am Jahresende nicht nachgekommen ist. Die Frage drängte sich deshalb auf, weil der Arbeitnehmer nach dem Jahr 2014 ununterbrochen arbeitsunfähig erkrankt war und auch im Falle einer Belehrung der Urlaub möglicherweise dennoch am 31.3.2016 (also 15 Monate nach Ende des Jahres 2014) verfallen wäre.

Die Entscheidung (EuGH, Urteil v. 22.9.2022, C-518/20, C-727/20)

Der EuGH hat die Vorlagefrage des BAG dahin beantwortet, dass im vorliegenden Fall der Urlaub nicht verfällt, weil der Arbeitgeber seinen Hinweispflichten nicht nachgekommen ist. Art. 7 RL 2003/88 und Art. 31 II GRCh sind dahin auszulegen, dass sie einer nationalen Regelung entgegenstehen, nach der der Anspruch eines Arbeitnehmers auf bezahlten Jahresurlaub, den er in einem Bezugszeitraum erworben hat, in dessen Verlauf er tatsächlich gearbeitet hat, bevor er voll erwerbsgemindert oder aufgrund einer seitdem fortbestehenden Krankheit arbeitsunfähig geworden ist, entweder nach Ablauf eines nach nationalem Recht zulässigen Übertragungszeitraums oder später auch dann erlöschen kann, wenn der Arbeitgeber den Arbeitnehmer nicht rechtzeitig in die Lage versetzt hat, diesen Anspruch auszuüben. Die Befristung des Urlaubsanspruchs nach § 7 Abs. 3 BUrlG setzt grundsätzlich voraus, dass der Arbeitgeber konkret und in völliger Transparenz dafür Sorge trägt, dass der Arbeitnehmer tatsächlich in der Lage ist, seinen bezahlten Jahresurlaub zu nehmen. Dazu muss er den Arbeitnehmer – erforderlichenfalls förmlich – auffordern, seinen Urlaub zu nehmen, und ihm klar und rechtzeitig mitteilen, dass der Urlaub mit Ablauf des Kalenderjahrs oder Übertragungszeitraums verfällt, wenn er ihn nicht beantragt (BAG 19.2.2019, 9 AZR 423/16, Rzn. 39 ff.). Hat der Arbeitgeber diesen Mitwirkungsobliegenheiten nicht entsprochen, tritt der am 31.12. des Urlaubsjahrs nicht verfallene Urlaub zu dem Urlaubsanspruch hinzu, der am 1.1. des Folgejahrs entsteht. Für ihn gelten, wie für den neu entstandenen Urlaubsanspruch, die Regelungen des § 7 Abs. 1 Satz 1 und Abs. 3 BUrlG. Der Arbeitgeber kann deshalb das uneingeschränkte Kumulieren von Urlaubsansprüchen aus mehreren Jahren dadurch vermeiden, dass er seine Mitwirkungsobliegenheiten für den Urlaub aus zurückliegenden Urlaubsjahren im aktuellen Urlaubsjahr nachholt (BAG 19.2.2019, 9 AZR 423/16, Rz. 44).

Bedeutung für die Praxis

Die Entscheidung betrifft nur den Fall, dass die Arbeitnehmerinnen und Arbeitnehmer erst im Laufe eines Kalenderjahres arbeitsunfähig erkranken und dann lange Zeit arbeitsunfähig bleiben. Sind Arbeitnehmende während des ganzen Kalenderjahres arbeitsunfähig und werden auch bis zum Ablauf des erweiterten Übertragungszeitraumes von 15 Monaten (also bis zum 31. März des übernächsten Jahres) nicht wieder arbeitsfähig, so verfällt der Urlaub auch dann, wenn der Arbeitgeber seinen Hinweispflichten nicht nachgekommen ist. Das hatte das BAG bereits entschieden und mit Urteil vom 7.9.2021 (BAG, Urteil v. 7.9.2021, 9 AZR 3/21) auch nochmals bestätigt. Dem Arbeitgeber ist zu raten, bei langzeitkranken Arbeitnehmern die Belehrung für das Jahr, in dem die langandauernde Arbeitsunfähigkeit begonnen hat, nachzuholen. Ob das die Rechtsprechung akzeptiert, ist noch offen. In jedem Fall sollte der Arbeitgeber die Belehrung nachholen, wenn der Arbeitnehmer oder die Arbeitnehmerin wieder arbeitsfähig wird. Dann ist darauf zu achten, dass die Belehrung das richtige Datum für den Verfall des Urlaubs angibt, wobei es dem Arbeitgeber unbenommen ist, eine großzügigere Verfallfrist mitzuteilen.

9.5 Verfall des Zusatzurlaubs für schwerbehinderte Menschen

Diese Regeln gelten auch für den Zusatzurlaub für Schwerbehinderte Menschen. Besonderheiten bestehen allerdings dann, wenn der Arbeitgeber von der Schwerbehinderung oder einer entsprechenden Antragstellung nichts weiß.

Der Fall

Der Arbeitnehmer verlangt den Zusatzurlaub für schwerbehinderte Menschen aus 2017 (2 Tage) und aus 2018 (5 Tage). Er teilt der Arbeitgeberin mit, dass er einen Antrag auf Anerkennung als schwerbehinderter Mensch bestellt hat. Nachdem der Antrag mit Bescheid vom 24.11.2017 abgelehnt worden ist, teilt der Arbeitnehmer auch das der Arbeitgeberin mit. Er erhebt dann vor dem Sozialgericht Klage, wovon die Arbeitgeberin jedoch keine Kenntnis erhält. Dort obsiegt er und wird rückwirkend ab 11.8.2017 als schwerbehinderter Mensch anerkannt. Darüber informiert der Arbeitnehmer die Arbeitgeberin am 5.3.2019.

Der Arbeitnehmer machte geltend, der Urlaub sei nicht verfallen, weil die Arbeitgeberin ihn nicht entsprechend unterrichtet habe.

Die Entscheidung (BAG, Urteil v. 26.4.2022, 9 AZR 367/21)

Die Befristung (Verfall am Jahresende) des Anspruchs auf Zusatzurlaub für schwerbehinderte Menschen setzt, wie die des gesetzlichen Mindesturlaubs, grundsätzlich voraus, dass der Arbeitgeber den Arbeitnehmer durch Erfüllung seiner Aufforderungs- und Hinweisobliegenheiten über den Verfall des Urlaubs belehrt hat.

Hat der Arbeitgeber aber **keine Kenntnis von der Schwerbehinderung** des Arbeitnehmers und ist diese nicht offenkundig, verfällt der Anspruch auf Zusatzurlaub auch dann gemäß § 7 Abs. 3 BUrlG mit Ablauf des Urlaubsjahrs bzw. Übertragungszeitraums, wenn der Arbeitgeber seinen Aufforderungs- und Hinweisobliegenheiten nicht nachgekommen ist. Der Arbeitgeber hat unter diesen Voraussetzungen keinen Anlass, vorsorglich auf einen Zusatzurlaub hinzuweisen und den Arbeitnehmer aufzufordern, diesen in Anspruch zu nehmen. Entsprechendes gilt, wenn der Arbeitnehmer einen Antrag auf Anerkennung der Eigenschaft als schwerbehinderter Mensch gestellt hat, ohne seinen Arbeitgeber darüber zu unterrichten und ohne, dass die Schwerbehinderung offensichtlich ist. **Unterrichtet der (objektiv schwerbehinderte) Arbeitnehmer den Arbeitgeber jedoch über seinen (noch nicht beschiedenen) Antrag auf Anerkennung der Schwerbehinderteneigenschaft, setzen Befristung und Verfall des Anspruchs auf Zusatzurlaub grundsätzlich die Erfüllung der Aufforderungs- und Hinweisobliegenheiten durch den Arbeitgeber voraus.**

Besonderheiten ergeben sich im vorliegenden Fall, weil der der Arbeitgeberin bekannte Antrag auf Anerkennung der Schwerbehinderung zunächst durch behördlichen Bescheid zurückgewiesen und die Schwerbehinderung aufgrund eines vom Arbeitnehmer eingelegten Rechtsbehelfs oder Rechtsmittels später rückwirkend festgestellt wird. Die Aufforderungs- und Hinweisobliegenheiten des Arbeitgebers bestehen in einem solchen Fall zunächst bis zu der ablehnenden Entscheidung der zuständigen Behörde. Ist der Arbeitgeber vor dem Erlass des ablehnenden Bescheids seinen Mitwirkungsobliegenheiten nicht rechtzeitig nachgekommen, unterliegt der Zusatzurlaubsanspruch, über den der Arbeitgeber den Arbeitnehmer bis dahin hätte rechtzeitig belehren können, nicht dem Verfall. Ansprüche auf Zusatzurlaub, hinsichtlich derer der Arbeitgeber nicht rechtzeitig vor Ablehnung des Antrags seinen Mitwirkungsobliegenheiten nachkommen konnte, erlöschen – auch ohne, dass der Arbeitgeber zuvor seine Mitwirkungsobliegenheit erfüllt hat – mit Ablauf der gesetzlichen Verfallfristen, wenn der Arbeitnehmer den Arbeitgeber nicht rechtzeitig über den weiteren Gang des Anerkennungsverfahrens unterrichtet. Dem Arbeitnehmer obliegt es, den Arbeitgeber unverzüglich über die ablehnende Entscheidung der zuständigen Behörde sowie darüber zu informieren, ob er dagegen einen Rechtsbehelf eingelegt hat oder dies beabsichtigt (Orientierungssätze BAG, Urteil v. 26.4.2022, 9 AZR 367/21, juris).

Bedeutung für die Praxis

Ist die Schwerbehinderung des Arbeitnehmers oder der Arbeitnehmerin offenkundig oder erfährt der Arbeitgeber davon, dass ein Antrag auf Anerkennung als schwerbehinderter Mensch gestellt wurde, sollte er vorsorglich für den Fall, dass dem Anerkennungsantrag stattgegeben wird, den Arbeitnehmer oder die Arbeitnehmerin ordnungsgemäß über den Verfall des Urlaubs am Jahresende belehren.

9.6 Neues zum Kündigungsrecht und Beendigung von Arbeitsverhältnissen

9.6.1 Krankheitsbedingte Kündigung und betriebliches Eingliederungsmanagement

Spricht der Arbeitgeber eine krankheitsbedingte Kündigung aus, ohne vorher ein betriebliches Eingliederungsmanagement durchgeführt zu haben, ist es fast aussichtslos, einen entsprechenden Kündigungsschutzprozess zu gewinnen. Zwar ist Durchführung des betrieblichen Eingliederungsmanagements keine formelle Wirksamkeitsvoraussetzung für den Ausspruch einer krankheitsbedingten Kündigung. Allerdings hat das BAG, dass der Arbeitgeber aufgrund seiner gesetzeswidrigen Untätigkeit keine Vorteile im Rechtsstreit erlangen dürfe. Daher müsse er vortragen, dass auch bei Durchführung eines betrieblichen Eingliederungsmanagements kein für den Arbeitnehmer geeigneter Arbeitsplatz gefunden worden wäre. Das musste für alle Arbeitsplätze des Betriebes vortragen.

Oft reagieren Arbeitnehmer auf das Angebot eines betrieblichen Eingliederungsmanagements nicht oder es führt zu keinem Ergebnis. Es stellt sich dann die Frage, wie lange mit einer krankheitsbedingten Kündigung zugewartet werden kann, bevor ein neues betriebliches Eingliederungsmanagement angeboten oder durchgeführt werden muss.

Der Fall

Der gegen eine Kündigung klagende Arbeitnehmer war im Jahr 2017 an 40 Arbeitstagen, im Jahr 2018 an 61 Arbeitstagen und im Jahr 2019 an 103 Arbeitstagen arbeitsunfähig erkrankt. Der Beklagte hatte ihn zu einem betrieblichen Eingliederungsmanagement (BEM) eingeladen und ein BEM-Gespräch wurde am 5.3.2019 durchgeführt. Nach diesem Termin war der Arbeitnehmer weitere 79 Tage arbeitsunfähig krank. Der beklagte Arbeitgeber kündigte das Arbeitsverhältnis mit Schreiben vom 26.2.020 ordentlich und personenbedingt. Der Kläger erhob Kündigungsschutzklage.

Die Entscheidung (BAG, Urteil v. 18.11.2021, 2 AZR 138/21)

Die Klage war erfolgreich: Der Arbeitgeber hat grundsätzlich ein neuerliches BEM durchzuführen, wenn der Arbeitnehmer innerhalb eines Jahres nach Abschluss eines BEM erneut länger als 6 Wochen durchgängig oder wiederholt arbeitsunfähig erkrankt war. Die Durchführung des betrieblichen Eingliederungsmanagements beeinflusst die Darlegungslast. Dem beklagten Arbeitgeber hätte die Darlegung oblegen, dass auch mit Hilfe eines (weiteren) BEM keine milderen Mittel als die Beendigung des Arbeitsverhältnisses hätten erkannt oder entwickelt werden können. Der Beklagte war nach § 167 Abs. 2 S. 1 SGB IX verpflichtet, die Initiative für ein erneutes BEM zu ergreifen, selbst wenn er bereits am 5.3.2019 ein BEM mit dem Kläger durchgeführt hatte. Dieser Verpflichtung ist er nicht nachgekommen. Die Kündigung wurde für unverhältnismäßig erachtet.

Bedeutung für die Praxis

Die „Haltbarkeitszeit" eines betrieblichen Eingliederungsmanagements ist damit vom BAG klargestellt worden. Sie geht nur so lange, bis wieder erneut 6 Wochen Arbeitsunfähigkeit zusammengekommen sind. Für die Praxis ist von Bedeutung, dass ein BEM-Verfahren bei entsprechenden Arbeitsunfähigkeitszeiten immer wieder und wiederholt angeboten und durchgeführt werden muss. Bei Arbeitnehmerinnen und Arbeitnehmern, die langzeitkrank sind, muss das BEM theoretisch alle 6 Wochen angeboten werden. Das ist lebensfremd. Solange der Arbeitgeber keine Kündigung beabsichtigt, ist das unterlassene Angebot zunächst ohne Konsequenzen. Vor Ausspruch einer Kündigung ist das BEM dann auf jeden Fall nochmals (korrekt) anzubieten.

In einer weiteren Entscheidung (BAG, Urteil v. 7.9.2021, 9 AZR 571/20) hat das BAG entschieden, dass der einzelne Arbeitnehmer keinen individuellen Anspruch auf die Durchführung eines betrieblichen Eingliederungsmanagements hat nach dem eindeutigen Gesetzeswortlaut des § 167 Abs. 2 SGB IX steht ein solcher Anspruch nur der Arbeitnehmervertretung zu. Das bedeutet allerdings nicht, dass der Arbeitgeber sich der Pflicht zur Durchführung eines betrieblichen Eingliederungsmanagements stets folgenlos entziehen kann. Ein über einen längeren Zeitraum hinweg unterlassenes betriebliches Eingliederungsmanagement kann zur Schadensersatzpflicht führen, wenn bei zeitgerechter und zeitnahe Durchführung des Eingliederungsmanagements für den Arbeitnehmer eine Beschäftigungsmöglichkeit gefunden worden wäre. Höchstrichterlich ist diese Frage aber noch nicht geklärt.

9.7 Aufhebungsvertrag und „faires Verhandeln"

Im Jahr 2016 hat das BAG in einer aufsehenerregenden Entscheidung den Grundsatz des „fairen Verhandelns" entwickelt, der insbesondere bei Verhandlungen über Aufhebungsverträge zu beachten sei. Er ergibt sich aus § 241 Abs. 2 BGB. Er besagt vor allem, dass bei Verhandlungen nicht erkennbare geistige oder körperliche Schwächen des Vertragspartners ausgenutzt werden dürften. Wird hiergegen verstoßen, mache sich der Vertragspartner schadensersatzpflichtig. Der Ausgleich des Schadens besteht darin, dass der unterzeichnete Vertrag unwirksam ist.

Diese Rechtsprechung führte dazu, dass bei Rechtsstreitigkeiten über Aufhebungsverträge immer wieder das Argument vorgetragen wurde, der Arbeitgeber habe gegen das Gebot des fairen Verhandelns verstoßen. In einer neueren Entscheidung hat das BAG dieses Gebot nunmehr präzisiert und klargestellt.

Der Fall

Der Arbeitnehmerin war in einem unangekündigt anberaumten Gespräch mit Geschäftsführer und externem Rechtsanwalt vorgeworfen worden, Einkaufspreise in der internen Kalkulation dahingehend abgeändert zu haben, dass der Verkaufsgewinn höher ausfalle.

Dann schwiegen sich die Parteien in Folge ca. 10 Minuten an, bevor die Arbeitnehmerin dann den vorbereiteten Aufhebungsvertrag unterschrieb, der u. a. eine Beendigung zum Monatsende regelte. Im Nachgang erklärte die klagende Arbeitnehmerin die Anfechtung des Aufhebungsvertrages und berief sich im Übrigen darauf, der Arbeitgeber habe gegen das Gebot fairen Verhandelns verstoßen. Schließlich habe man ihr mit Kündigung und Strafanzeige gedroht und eine längere Bedenkzeit trotz Nachfrage verwehrt.

Die Entscheidung (BAG, Urteil v. 24.2.2022, 6 AZR 333/21)

Die Anfechtung des Aufhebungsvertrages ging ins Leere, da man im vorliegenden Fall sowohl die Erklärung einer fristlosen Kündigung als auch die Erstattung einer Strafanzeige in Erwägung ziehen durfte. Somit erwies sich die Drohung nicht als widerrechtlich.

Auch habe der Arbeitgeber nicht unfair verhandelt und dadurch gegen seine Pflichten aus § 311 Abs. 2 Nr. 1 BGB i. V. m. § 241 Abs. 2 BGB verstoßen. Eine Verletzung dieses Gebotes sei nämlich nur im Ausnahmefall anzunehmen und dieser Ausnahmefall sei zumindest dann nicht gegeben, wenn das Angebot zu dem Abschluss eines Aufhebungsvertrages nur sofort angenommen werden könne. Schließlich hätte die Arbeitnehmerin diesbezüglich immer noch die freie Wahl gehabt, dieses Angebot auch abzulehnen.

Bedeutung für die Praxis

Es war zu erwarten, dass die Anfechtung der Arbeitnehmerin ins Leere geht. Stellt der Arbeitgeber dem Arbeitnehmer oder der Arbeitnehmerin für den Fall des Nichtzustandekommens eines Aufhebungsvertrags eine außerordentliche Kündigung in Aussicht und durfte ein verständiger Arbeitgeber eine solche ernsthaft in Erwägung ziehen, ist diese Drohung nicht widerrechtlich. Das ist gängige Rechtsprechung.

Positiv ist, dass ein Angebot aber nicht nur deswegen als unfair eingestuft wird, weil es nur sofort angenommen werden kann. Andernfalls wären Arbeitgeber zukünftig gezwungen, grundsätzlich eine Bedenkzeit für den Abschluss von Aufhebungsverträgen einzuräumen.

Arbeitgeber sollten auch zukünftig die Umstände einer Verhandlung von Aufhebungsverträgen gut dokumentieren, um später darlegen zu können, dass keine psychische Drucksituation geschaffen oder ausgenutzt wurde, bzw. die freie und überlegte Entscheidung der Arbeitnehmerinnen und Arbeitnehmer nicht eingeschränkt worden ist.

Ein „unfaires Verhandeln“ ist zukünftig vor allem dann anzunehmen, wenn der Arbeitgeber eine körperliche oder geistige Schwäche (Erschöpfung, Krankheit, Angstzustände) der Arbeitnehmerinnen und Arbeitnehmer ausnützt.

9.8 Schwerbehindertenrecht – Benachteiligung von schwerbehinderten Menschen

Immer wieder beschäftigen Schadensersatzansprüche schwerbehinderter Menschen die Gerichte. Diese Schadensersatzansprüche werden regelmäßig darauf gestützt, dass der Arbeitgeber Vorschriften zum Schutz von schwerbehinderten Menschen aus dem SGB IX nicht beachte und damit eine Vermutung nach § 22 AGG dafür bestehe, dass der Schwerbehinderte Mensch wegen seiner Behinderung benachteiligt worden ist.

Zwei neue Entscheidung des BAG weit in die Problematik aus.

9.8.1 Kündigung ohne Zustimmung des Integrationsamtes

Der Fall

Der Arbeitnehmer war seit dem 11.2.2018 arbeitsunfähig erkrankt. Mit Schreiben vom 29.3.2018 kündigte der Arbeitgeber das Arbeitsverhältnis mit der Begründung, der Auftrag sei gekündigt worden. Die Kündigungsschutzklage wurde durch einen Vergleich vor dem Arbeitsgericht erledigt.

Der Arbeitnehmer macht sodann im April 2018 gegenüber dem Arbeitgeber einen Anspruch auf Zahlung einer Entschädigung wegen einer Diskriminierung wegen seiner Schwerbehinderung geltend. Er begründet das damit, dass der Arbeitgeber in Kenntnis seiner offenkundigen Schwerbehinderung ohne Zustimmung des Integrationsamtes gekündigt habe.

Der Arbeitnehmer hatte 11.2.2018 einen Schlaganfall erlitten und befand sich mit einer halbseitigen Lähmung auf der Intensivstation. Auf seinen Antrag vom 17.10.2018 hin wurde er als schwerbehinderter Mensch mit einem GdB von 50 befristet anerkannt.

Die Entscheidung (BAG, Urteil v. 2.6.2022, 8 AZR 191/21)

Das BAG hat die Klage abgewiesen. Allerdings hat es anerkannt, dass die Kündigung eines schwerbehinderten Menschen durch den Arbeitgeber ohne vorherige Zustimmung des Integrationsamtes die Vermutung nach § 22 AGG begründen kann, dass der Schwerbehinderte wegen seiner Behinderung diskriminiert werde.

Da der Arbeitnehmer jedoch zum Zeitpunkt der Kündigung noch nicht als schwerbehinderter Mensch anerkannt war und auch noch keinen entsprechenden Antrag gestellt hatte, wäre die Zustimmung des Integrationsamtes nur erforderlich gewesen, wenn seine Schwerbehinderung offenkundig gewesen sei. Das war im vorliegenden Fall nicht gegeben. Es fehlt bereits an einem Beweisantritt des Arbeitnehmers dafür, dass er zum Zeitpunkt des Zugangs der Kündigung immer noch halbseitig gelähmt gewesen ist.

Auch der Umstand, dass der Beklagte mit dem Kläger kein betriebliches Eingliederungsmanagement (bEM) versucht hat, begründet nicht die Vermutung einer beabsichtigten Benachteiligung. Bei § 167 Abs. 2 SGB IX handelt es sich nicht um eine Vorschrift, die die Vermutung begründen könnte, dass eine Benachteiligung wegen der (Schwer)Behinderung erfolgte. § 167 Abs. 2 SGB IX bestimmt keine Verfahrens- und/oder Förderpflichten zugunsten schwerbehinderter Menschen, die Bestimmung findet vielmehr ausdrücklich auf alle „Beschäftigte" Anwendung, somit auf alle Beschäftigten unabhängig von dem Vorliegen einer (Schwer)Behinderung.

Bedeutung für die Praxis

Der offizielle Leitsatz der Entscheidung lautet: „Hat der Arbeitgeber vor Ausspruch einer Kündigung die nach § 168 SGB IX erforderliche vorherige Zustimmung des Integrationsamts nicht eingeholt, kann dieser Umstand die Vermutung i. S. v. § 22 AGG begründen, dass die Benachteiligung, die der schwerbehinderte Mensch durch die Kündigung erfahren hat, wegen der Schwerbehinderung erfolgte." Damit ist eigentlich alles gesagt. Abgesehen davon, dass eine Kündigung ohne Zustimmung des Integrationsamtes per se unwirksam ist, zieht sie auch noch Entschädigungsansprüche nach dem AGG nach sich. Von einem solchen Vorgehen ist also dringend abzuraten. Zur Klarstellung: Voraussetzung ist immer, dass dem Arbeitgeber die Schwerbehinderung des Arbeitnehmers oder der Arbeitnehmerin, sei es aufgrund einer Anerkennung oder sei es, weil sie offenkundig ist, bekannt ist.

9.8.2 Bewerbung von schwerbehinderten Menschen

Der Fall

Im November 2017 veröffentlichte der Arbeitgeber über die Jobbörse der Bundesagentur für Arbeit eine Stellenausschreibung, nach der eine bestimmte Stelle zu besetzen war. Der mit einem GdB von 50 schwerbehinderte Arbeitnehmer bewarb sich im November 2017 unter Angabe seiner Schwerbehinderung auf die ausgeschriebene Stelle. Mit Schreiben vom 11.4.2018 teilte ihm der Arbeitgeber mit, dass er sich für einen anderen Bewerber entschieden habe. Zu einem Vorstellungsgespräch war der Arbeitnehmer nicht eingeladen worden.

Der Arbeitnehmer machte fristgerecht einen Anspruch auf Entschädigung nach § 15 Abs. 2 AGG beim Arbeitsgericht geltend, dieser blieb erfolglos.

Die Entscheidung (BAG, Urteil v. 25.11.2021, 8 AZR 313/20)

Das BAG sprach dem Arbeitnehmer eine Entschädigung von knapp 7000 EUR zu.- Der Arbeitgeber habe gegen Verfahrensvorschriften verstoßen, die dem Schutz und der Förderung von schwerbehinderten Menschen im Rahmen eines Bewerbungsverfahrens dienen. Damit besteht die Vermutung, dass er den Bewerber wegen seiner Schwerbehinderung benachteiligt habe.

Vorliegend hat das BAG zwei Verfahrensverstöße erkannt

Zum einen hat der Arbeitgeber die Stelle nicht ordnungsgemäß bei der Agentur für Arbeit gemeldet, wozu er als öffentlicher Arbeitgeber nach § 165 SGB IX, als privater Arbeitgeber aber ebenso nach § 164 Abs. 1 Satz 1 SGB IX verpflichtet ist. Eine ordnungsgemäße Meldung i. S. v. § 165 Satz 1 SGB IX setzt die Erteilung eines Vermittlungsauftrags an die nach § 187 Abs. 4 SGB IX bei der Agentur für Arbeit eingerichteten besonderen Stellen unter Angabe der Daten, die für einen qualifizierten Vermittlungsvorschlag erforderlich sind, voraus. Es reicht nicht aus, das Stellenangebot nur über die Jobbörse der Agentur für Arbeit veröffentlicht zu haben. Dieser Umstand begründet die Vermutung, dass der Kläger die unmittelbare Benachteiligung i. S. v. § 3 Abs. 1 AGG wegen seiner Schwerbehinderung erfahren hat.

Ferner hat der Arbeitgeber im vorliegenden Fall den Personalrat nicht darüber informiert, dass es sich beim Kläger um einen schwerbehinderten Bewerber gehandelt hat. Auch das begründet die Vermutung nach § 22 AGG für eine Benachteiligung des Arbeitnehmers.

Ein Sammeln der eingegangenen Bewerbungen und späteres gebündeltes Weiterleiten an die Schwerbehindertenvertretung oder die in § 176 SGB IX genannten Stellen ist nicht „unmittelbar nach Eingang“.

Bedeutung für die Praxis

Haben öffentliche wie auch private Arbeitgeber eine Stelle zu besetzen, so müssen sie der Agentur für Arbeit einen Vermittlungsauftrag erteilen und die Stelle nicht nur in die Jobbörse einstellen. Der Vermittlungsauftrag muss das Anforderungsprofil an die Stelle beschreiben. In der Regel ist dazu die persönliche Kontaktaufnahme mit der Agentur für Arbeit erforderlich; neuerdings ist auch eine internetgestützte Kontaktaufnahme möglich.

Zudem ist zu beachten, dass „Sammelmeldungen“ der Bewerbungen schwerbehinderter Menschen gegenüber der Schwerbehindertenvertretung und der Arbeitnehmervertretung einen Verfahrensverstoß darstellen und damit die Vermutung der Benachteiligung nach sich ziehen.

Zu beachten ist auch, dass für den Fall, dass es keine örtliche Schwerbehindertenvertretung gibt, deren Aufgabe von der Gesamt- oder Konzernschwerbehindertenvertretung nach § 180 Abs. 6 SGB IX wahrgenommen werden.

9.9 Corona-Rechtsprechung

9.9.1 Anordnung von PCR-Tests durch den Arbeitgeber

Der Fall

Die Parteien streiten über Vergütung wegen Annahmeverzugs in der Zeit vom 24.8.2020 bis zum 29.20.2020 – hilfsweise Vergütung der Zeiten häuslichen Übens – und über die Beschäftigung der Arbeitnehmerin. Hauptstreitpunkt ist dabei die Verpflichtung der Arbeitnehmerin, sich zur Ausübung ihrer Tätigkeit als Flötistin an der Bayerischen Staatsoper auf eine Infektion mit SARS-CoV-2 (Coronavirus) testen zu lassen.

Die Arbeitnehmerin war seit dem 1.3.1997 bei der Bayerischen Staatsoper als Flötistin tätig. Zur Verhinderung von Ansteckungen der Arbeitnehmer mit SARS-CoV-2 wurde bei der Bayerischen Staatsoper im Jahr 2020 u. a. durch einen Umbau die Fläche für das Orchester vergrößert. Zudem wurden Plexiglas-Trennscheiben aufgestellt, Kürzungen und Umstellungen bei den aufzuführenden Stücken vorgenommen und die Zu- und Abtritte der Orchestermusiker genau geregelt und markiert. Soweit möglich, mussten Mund-Nasen-Bedeckungen getragen werden. Darüber hinaus hat die Bayerische Staatsoper nach Beratung, u. a. durch das Institut für Virologie der Technischen Universität München und ein Klinikum, im Rahmen ihres laufend fortentwickelten betrieblichen Hygienekonzepts eine Teststrategie entwickelt. Danach mussten in der Spielzeit 2020/2021 alle Mitarbeitenden nach den Theaterferien bei Dienstantritt im August 2020 einen negativen PCR-Testbefund vorlegen. Folgetestungen sollten für Orchestermusiker wie die Klägerin alle ein bis 3 Wochen stattfinden. Die Bayerische Staatsoper bot hierfür kostenlose PCR-Tests an. Alternativ konnten die Mitarbeitenden PCR-Testbefunde eines von ihnen selbst ausgewählten Anbieters vorlegen.

Der Arbeitnehmerin wurde mitgeteilt, dass sie für die Teilnahme an Proben und Aufführungen, die im streitgegenständlichen Zeitraum auch stattgefunden haben, einen negativen PCR-Testbefund vorlegen müsse. Die Arbeitnehmerin erklärte, dass sie sich einem Test auf SARS-CoV-2 nicht unterziehen werde. Der Arbeitgeber beschäftigte sie daraufhin nicht mehr und stellte die Gehaltszahlung ein. Die Arbeitnehmerin hat verlangt, ohne Verpflichtung zur Durchführung von PCR-Tests sowie Tests jedweder Art zur Feststellung von SARS-CoV-2 als Flötistin beschäftigt zu werden. Weiter hat sie Vergütung wegen Annahmeverzugs geltend gemacht, hilfsweise Vergütung für häusliches Üben während dieser Zeit.

Die Entscheidung (BAG, Urteil v. 1.6.2022, 5 AZR 28/22)

Das BAG hat die Klage abgewiesen, denn die Arbeitnehmerin war verpflichtet, vor Dienstantritt nach den Theaterferien einen PCR-Test auf eine Infektion mit SARS-CoV-2 und ebenso die nach dem Schutz- und Hygienekonzept der Bayerischen Staatsoper vorgesehenen Folgetestungen durchführen zu lassen. Da sie dem im Streitzeitraum nicht nachgekommen ist, konnte der beklagte Freistaat die Entgeltzahlung einstellen. Sie kann keine Vergütung unter dem Gesichtspunkt des Annahmeverzugs verlangen.

Gemäß § 297 BGB gerät der Arbeitgeber nicht in Annahmeverzug, wenn der Arbeitnehmer außer Stande ist, die geschuldete Arbeitsleistung aus in seiner Person liegenden Gründen zu bewirken. Die Arbeitnehmerin war nicht leistungswillig, weil sie sich geweigert hat, der Anordnung der Bayerischen Staatsoper Folge zu leisten, vor der Teilnahme an Proben und Aufführungen einen PCR-Test durchzuführen.

Das Arbeitsschutzgesetz bildet den gesetzlichen Rahmen des öffentlich-rechtlichen Arbeitsschutzes, der die Schutzpflichten des § 618 I BGB näher ausgestaltet. Der Arbeitgeber hat – soweit dies erforderlich und zumutbar ist – das Ansteckungsrisiko auch für andere Arbeitnehmende bei der Arbeit möglichst gering zu halten. Bei der Umsetzung der Schutzpflichten nach § 3 ArbSchG hat der Arbeitgeber die Leitlinien des § 4 ArbSchG zu beachten. Danach sind vorrangig technische, dann organisatorische und zuletzt persönliche Maßnahmen des Arbeitsschutzes zu ergreifen. Bei den Anordnungen, die der Arbeitgeber zur Umsetzung der ihn treffenden Schutzpflichten zu erteilen hat (§ 4 Nr. 7 ArbSchG), handelt es sich um Weisungen i. S. v. § 106 Satz 2 GewO, welche die Ordnung und das Verhalten der Arbeitnehmenden im Betrieb betreffen. Die arbeitsschutzrechtlichen Vorschriften bilden in Fällen wie diesem nach § 106 Satz 2 i. V. m. Satz 1 GewO die Grundlage des Weisungsrechts.

Daher war die auf dem im geltenden Hygienekonzept der Bayerischen Staatsoper basierende Anweisung, zu Beginn der Spielzeit 2020/2021 einen PCR-Test auf eine Infektion mit SARS-CoV-2 sowie Folgetestungen in rollierenden Abständen durchführen zu lassen, wirksam. Das Hygienekonzept der Bayerischen Staatsoper berücksichtigte die Rahmenvorgaben des Arbeitsschutzgesetzes und die zur Bekämpfung der Corona-Pandemie zur Konkretisierung erlassenen Vorschriften und Empfehlungen. Im streitgegenständlichen Zeitraum war der vom Bundesministerium für Arbeit und Soziales (BMAS) veröffentlichte SARS-CoV-2-Arbeitsschutzstandard vom 20.4.2020 als sachverständige Äußerung bei der Auslegung arbeitsschutzrechtlicher Normen zu berücksichtigen und ebenso die SARS-CoV-2-Arbeitsschutzregel der beratenden Arbeitsschutzausschüsse beim BMAS und der Bundesanstalt für Arbeitsschutz und Arbeitsmedizin (BAuA) vom 10.8.2020, die die Anforderungen der einzelnen Arbeitsschutzverordnungen konkretisieren sollte.

Bei Beurteilung der im Sommer 2020 bestehenden betrieblichen Gefährdungssituation war von einer pandemischen Verbreitung von SARS-CoV-2 mit diffusem Ansteckungsgeschehen auszugehen, das zu zahlreichen Infektionen führte, die auch schwere Krankheitsverläufe und Todesfälle nach sich zogen. Impfstoffe, die Infektionen oder wenigstens schwere Krankheitsverläufe verhindern konnten, standen noch nicht zur Verfügung. Unter Berücksichtigung dieser Umstände gelangte die Bayerische Staatsoper in Ansehung der konkreten Arbeitsbedingungen des Opernhauses zu Recht zu der Auffassung, dass bei Proben und Aufführungen mit Blick auf die geringen Abstände im Orchestergraben und die nicht bestehende Möglichkeit, beim Spielen von Blasinstrumenten einen Mund-Nasen-Schutz zu tragen, von einem hohen Infektionsrisiko für die Orchestermusiker auszugehen war. Nach Beratung durch das Institut für Virologie der Technischen Universität München u. a. kam die Bayerische Staatsoper zu dem Ergebnis, dass noch Optimierungsbedarf und -möglichkeiten bestanden und zur weiteren Ermöglichung von Proben und Aufführungen ein Schutz- und Hygienekonzept erarbeitet. Die Anweisung, PCR-Tests auf eine Infektion mit SARS-CoV-2 durch einen Nasen- und Rachenabstrich durchführen zu lassen, ging im streitgegenständlichen Zeitraum zwar über die damaligen arbeitsschutzrechtlichen (Mindest-)Anforderungen hinaus. Sie entsprach dennoch – auch unter Berücksichtigung der damit verbundenen Grundrechtseingriffe – billigem Ermessen. Denn diese Eingriffe erweisen sich unter Berücksichtigung der verfolgten Ziele, den Opernbetrieb aufrechtzuerhalten und zugleich den Infektions- und Arbeitsschutz soweit möglich zu verbessern, als verhältnismäßig und damit gerechtfertigt.

Die vom beklagten Freistaat vorgenommene Datenverarbeitung im Zusammenhang mit den im Hygienekonzept vorgesehenen PCR-Tests auf eine Infektion mit SARS-CoV-2 ist nach § 263 BDSG zulässig.

9.10 Annahmeverzug nach Zutrittsverbot

Der Fall

Der Arbeitnehmer verlangt Vergütung wegen Annahmeverzugs für den Zeitraum 17.8.2020 bis 28.8.2020.

Der Arbeitnehmer reiste während des ihm von der Beklagten gewährten Urlaubs vom 11.8.2020 bis zum 14.8.2020 aufgrund des Todes seines Bruders in die Türkei, die zu dieser Zeit vom RKI als Corona-Risikogebiet ausgewiesen war. Vor der Ausreise aus der Türkei unterzog er sich einem Corona-PCR-Test, der ebenso wie der erneute Test nach Ankunft in Deutschland einen negativen Befund aufwies. Der Arbeitnehmer suchte den Betrieb auf, füllte die von der Arbeitgeberin geforderte Selbstauskunft zur Gesundheitsfürsorge COVID-19 aus und erklärte, er sei am 15.8.2020 aus einem Risikogebiet zurückgekehrt. Darauf wurde er am Werkstor abgewiesen und durfte seinen Arbeitsplatz nicht aufsuchen. Mit Schreiben vom selben Tag wies der Arbeitnehmer auf seine negativen Corona-Testergebnisse hin und bot seine Arbeitskraft an. Hierauf teilte die Arbeitgeberin mit Schreiben vom 21.8.2020 unter Verweis auf das Infektionsrisiko mit, er dürfe bis einschließlich 29.9.2020 das Werksgelände nicht betreten und habe der Arbeit fernzubleiben. Für diese Zeit habe er keinen Vergütungsanspruch, er könne aber Urlaub in Anspruch nehmen.

Die Corona-Taskforce der Muttergesellschaft der Arbeitgeberin erstellte ein Hygienekonzeptmit Stand vom 3.8.2020 und regelte u. a.:

„1. Allgemeine Hygiene- und Verhaltensregeln, Rückkehr aus dem Urlaub

- Unterzeichnung einer Selbsterklärung auf Basis des Vordruckes der Personalabteilung […]
- Ohne vorliegende Selbsterklärung ist das Betreten der Betriebsstätte nicht gestattet, […]
- **Rückkehrer aus Risikogebieten (nach RKI) bleiben 14 Tage zu Hause**
- Eine einmalige PCR-Testung im Rahmen der Rückkehr aus einem Risikogebiet wird Seitens S nicht anerkannt […]“

Nach der zu diesem Zeitpunkt geltenden Corona-VO des Landes Berlin musste der Arbeitnehmer als Reiserückkehrer aus einem Risikogebiet nicht in häusliche Quarantäne, weil er einen höchstens 48 Stunden alten PCR-Test bei der Rückeinreise vorlegen konnte.

Mit seiner Klage hat der Arbeitnehmer Vergütung wegen Annahmeverzugs für den Zeitraum 17.8. bis 28.8.2020 verlangt und geltend gemacht, die Beklagte habe zu Unrecht die Entgegennahme seiner Arbeitsleistung verweigert.

Die Entscheidung (BAG, Urteil v. 10.8.2022, 5 AZR 154/22)

Der Arbeitnehmer kann für den Zeitraum 17. bis 28.8.2020 gemäß § 615 Satz 1, § 611a Abs. 2 i. V. m. §§ 293 ff. BGB Vergütung wegen Annahmeverzugs der Arbeitgeberin verlangen.

Der Arbeitnehmer hat seine Arbeitsleistung tatsächlich angeboten, indem er am 17.8.2020 nach dem Ende des ihm gewährten Urlaubs seine Arbeit bei der Beklagten wiederaufnehmen wollte und hierzu persönlich am Betrieb erschienen ist. Dieses Angebot hat die Beklagte nicht angenommen, dem Kläger wurde der Zutritt zum Werksgelände verweigert. Der Annahme eines wirksamen tatsächlichen Angebots steht das bei der Beklagten geltende Hygienekonzept nicht entgegen. Soweit danach Rückkehrer aus einem Risikogebiet einem 14-tägigen Zutrittsverbot zum Betrieb unterliegen, handelt es sich nicht um eine Weisung, welche die Arbeitsleistung betrifft (§ 106 Satz 1 GewO) und damit bei der Prüfung der Wirksamkeit des Arbeitsangebots zu berücksichtigen wäre. Die Anordnung bezieht sich vielmehr auf Ordnung und Verhalten der Arbeitnehmenden im Betrieb (§ 106 Satz 2 GewO). Denn hierzu gehören Weisungen zum arbeitsbegleitenden Verhalten, welche die reibungslose Zusammenarbeit, das ungestörte Zusammenleben der Arbeitnehmenden im Betrieb sowie den Schutz der Betriebs- und Arbeitsmittel und der geschäftlichen Interessen des Arbeitgebers gewährleisten sollen. Der Arbeitnehmer war im Streitzeitraum nicht außerstande, die geschuldete Leistung zu bewirken, § 297 BGB. Er war vielmehr im Streitzeitraum auch leistungsfähig. Leistungsfähigkeit setzt voraus, dass der Arbeitnehmer tatsächlich und rechtlich zur geschuldeten Arbeitsleistung in der Lage ist. Sie bestimmt sich nach objektiven Kriterien.

Annahmeverzug tritt auch dann ein, wenn der Arbeitgeber die tatsächliche oder rechtliche Leistungsunfähigkeit des Arbeitnehmers herbeiführt.

Ausgehend von diesen Grundsätzen ist der Einwand der Arbeitgeberin, der Arbeitnehmer sei im Streitzeitraum nicht leistungsfähig gewesen, unbegründet. Sie hat dem Arbeitnehmer für die Dauer von 14 Tagen untersagt, den Betrieb zu betreten. Ziff. 2 des Hygienekonzepts und die Mitarbeiterinformation vom 17.6.2020 geben den Arbeitnehmenden ausdrücklich vor, nach der Rückkehr aus einem Risikogebiet – wie der Türkei – für die Dauer von 14 Tagen zu Hause zu bleiben. Unabhängig davon, dass die Beklagte als Arbeitgeberin keine Quarantäne für die Arbeitnehmenden anordnen kann, weil eine solche Anweisung diese in ihrer Privatsphäre betrifft und durch das Direktionsrecht nach § 106 Satz 2 GewO nicht in den Bereich der privaten Lebensführung eingegriffen werden darf, beinhaltet diese Anordnung für den Kläger zugleich ein Betretungsverbot des Betriebs bzw. ein Hausverbot für die Dauer von 14 Tagen nach Rückkehr aus dem Risikogebiet Türkei. Das vorübergehende Betretungsverbot, führt nicht zu einem Unvermögen i. S. d. § 297 BGB zur Erbringung der Arbeitsleistung. Die Arbeitgeberin hat hiermit – ebenso wie bei einer Freistellung während der Kündigungsfrist – selbst die Ursache dafür gesetzt, dass der Arbeitnehmer nicht an seinen Arbeitsplatz gelangen konnte, ohne das Hausrecht zu verletzen. Das Leistungshindernis hat damit seine Ursache in der von ihr geregelten Arbeitsorganisation. Auch wenn die Beklagte vertretbare arbeitsschutzrechtliche Gründe für das Betretungsverbot angeführt hat, schließt das die Verpflichtung zur Vergütungsfortzahlung nicht aus, denn für Ansprüche aus § 615 Satz 1 i. V. m. § 611a Abs. 2 BGB ist grundsätzlich unerheblich, aus welchem Grund dies geschieht und ob der Arbeitgeber dies verschuldet hat. Der Arbeitgeber ist deshalb auch dann, wenn er aus Präventionsgründen – ohne infektionsschutzrechtliche behördliche Anordnung – den Arbeitnehmer oder die Arbeitnehmerin freistellt, diesem oder dieser für die Zeit der Freistellung zur Vergütungsfortzahlung verpflichtet.

Zudem war die Anweisung der Arbeitgeberin, nach Rückkehr aus einem Corona-Risikogebiet für die Dauer von 14 Tagen unter Verlust des Vergütungsanspruchs den Betrieb nicht betreten zu dürfen, unwirksam, weil sie unverhältnismäßig ist, denn es standen mildere Mittel zur Verfügung, um den nach § 618 Abs. 1 BGB erforderlichen und angemessenen Schutz der Gesundheit der Arbeitnehmenden zu erreichen, einen ordnungsgemäßen Betriebsablauf sicherzustellen und zugleich die berechtigten Interessen der Arbeitnehmenden zu wahren.

Das angeordnete 14-tägige Betretungsverbot für den Betrieb bei gleichzeitigem Verlust des Vergütungsanspruchs erweist sich hiernach auch unter Berücksichtigung des an sich anerkennenswerten Ziels, den Gesundheitsschutz der Arbeitnehmenden zu optimieren und den Betrieb aufrechtzuerhalten, als nicht erforderlich, jedenfalls aber als nicht verhältnismäßig im engeren Sinne und daher unbillig i. S. v. § 106 Satz 2 i. V. m. Satz 1 GewO. Die Arbeitgeberin hat hierdurch einseitig und mit weitreichenden Folgen für die Arbeitnehmenden ihr Interesse an der Aufrechterhaltung eines ungestörten Betriebsablaufs durchgesetzt, ohne berechtigte Interessen der Arbeitnehmenden angemessen zur Geltung zu bringen. Da der Arbeitgeberin andere, mildere Mittel zur Erreichung ihrer arbeitsschutzrechtlichen Ziele zur Verfügung standen, als den Arbeitnehmer unter Ausschluss der Entgeltansprüche 14 Tage nicht zu beschäftigen, war ihr die Annahme der Arbeitsleistung des Arbeitnehmers nicht objektiv unzumutbar.

Bedeutung für die Praxis

Diese Entscheidungen zeigen die Möglichkeiten und Grenzen von Schutzmaßnahmen des Arbeitgebers im Zusammenhang mit der Corona-Pandemie auf.

Zunächst betont das BAG, dass die Schutzmaßnahmen vor Ansteckung zu den Schutzpflichten des Arbeitsgebers zählen und hierzu auch die erlassenen Empfehlungen und Verordnungen zu beachten sind. Welche Schutzmaßnahmen vom Arbeitgeber zulässig über sein Weisungsrecht angeordnet werden können, hängt von den Umständen des Einzelfalles ab. Dazu zählen insbesondere

- das jeweilige Infektionsgeschehen zum konkreten Zeitpunkt und die drohenden Gefahren für die Arbeitnehmer
- die konkreten Umstände der Arbeitsleistung
- vor allem eine sachgerechte Gefährdungsbeurteilung nach dem ArbSchG und ein daraus entwickeltes sachgerechtes Hygienekonzept
- die Beachtung des TOP-Prinzips im Arbeitsschutz (erst technische, dann organisatorische und nur dann, wenn das nicht genügt, persönliche Maßnahmen (Maskenpflicht, Testpflicht)).

Der Fall der Flötistin war ein Musterbeispiel einer sorgfältigen Gefährdungsbeurteilung – und da die technischen und organisatorischen Maßnahmen nicht ausreichend waren, durfte der Arbeitgeber sogar PCR-Tests anordnen.

Ganz anders der Fall des Zutrittsverbotes: Hier war der Arbeitgeber deutlich „übers Ziel hinausgeschossen". Ausreichend wäre gewesen, vom Arbeitnehmer, der aus einem Risikogebiet eingereist ist, einen zweiten PCR-Test zu verlangen. Das Betretungsverbot war unverhältnismäßig.

Diese Entscheidung kann auch für die Beurteilung der Frage herangezogen werden, ob der Arbeitgeber in Bundesländern, in denen die Absonderungspflicht aufgehoben wurde, dennoch ein Betretungsverbot für den Betrieb für symptomlos infizierte Mitarbeiter anordnen darf, auch wenn dies zum Verlust des Vergütungsanspruchs führt. Eine solche Maßnahme ist auf der Grundlage eines Hygienekonzepts denkbar. Sie ist aber nur dann zulässig, wenn es keine geeigneten weniger einschneidenden Mittel gibt, z. B. die Arbeit in einem eigenen Zimmer, Abstandhalten und Maskentragen. Das ist letztlich alles eine Frage der Begründung des betrieblichen Hygienekonzepts.

Wichtig: Gefährdungsbeurteilung und Beachtung der TOP-Regel

Es kommt immer auf die Umstände des Einzelfalls an. Eine sorgfältige Gefährdungsbeurteilung und die Beachtung der TOP-Regel kann die Grundlage für Maßnahmen des Arbeitgebers sein, die – wenn erforderlich – bis zur Anordnung der Testpflicht gehen können.

Lohnsteuer

1 Änderungen bei Tarif und Kindern

1.1 Änderungen beim Kindergeld

Das Kindergeld (§ 66 EStG) wird mit Wirkung ab 2023 für das erste bis dritte Kind deutlich auf einheitlich **250 EUR** erhöht. Für das 4. und weitere Kinder beträgt es bereits bisher 250 EUR.

Hinweis: Auszahlung des Kindergelds
Grundsätzlich wird das Kindergeld durch die Familienkassen und unabhängig vom Lohnsteuerabzug ausgezahlt. Ausnahmsweise sind Arbeitgeber in der öffentlichen Verwaltung verpflichtet, das staatliche Kindergeld an ihre Beschäftigten mit der Entgeltabrechnung auszuzahlen (§ 72 Abs. 1 EStG).

1.2 Änderungen bei den Kinderfreibeträgen

Der alternativ zu gewährende Kinderfreibetrag (§ 32 Abs. 6 EStG) wird ebenfalls für jeden Elternteil angehoben werden, und zwar

- **rückwirkend** im Jahr 2022 von 2.730 EUR auf **2.810 EUR**,
- im Jahr **2023** auf **3.012 EUR** und
- im Jahr **2024** auf **3.192 EUR**.

Hinzu kommt jeweils ein unveränderter Freibetrag von 1.464 EUR für den Betreuungs- und Erziehungs- oder Ausbildungsbedarf des Kindes. Bei Ehegatten verdoppeln sich die Beträge.

Hinweis: Keine rückwirkende Änderungen des Lohnsteuerabzugsverfahrens
Die geänderten Kinderfreibeträge wirken sich nur beim Solidaritätszuschlag und ggf. bei der Kirchensteuer aus. Das Lohnsteuerabzugsverfahren 2022 bleibt jedoch von der rückwirkenden Anhebung des Kinderfreibetrags gänzlich unberührt. Hier sind also keine rückwirkenden Änderungen vorzunehmen.

2 Steuerfreie Prämien vom Arbeitgeber

2.1 Steuerbefreiungen im Zusammenhang mit der Corona-Pandemie (Pflege-Bonus)

Die frühere Corona-Sonderzahlung (§ 3 Nr. 11a EStG) ist bereits Ende März 2022 ausgelaufen. Zum Jahreswechsel 2022/23 läuft auch der Corona-Pflegebonus (§ 3 Nr. 11b EStG) aus.

In Krankenhäusern und auf Intensivstationen tätige Pflegekräfte haben oftmals im Jahr 2022 von staatlicher Seite eine weitere Prämie als finanzielle Anerkennung erhalten. Für die Prämien ist im Sommer 2022 eine gesonderte Steuerbefreiung eingeführt worden, die **auch freiwillige Arbeitgeberleistungen** im Krankenhaus- und Pflegebereich umfasst. Sonderleistungen zur Anerkennung der Leistungen während der Corona-Pandemie sind bis zu 4.500 EUR steuerfrei gestellt worden. Die Betroffenen müssen in bestimmten Einrichtungen nach der Definition des Infektionsschutzgesetzes (in der bei Einführung der Steuerbefreiung im Juni 2022 maßgebenden Fassung) tätig sein. Neben der Gewährung für Beschäftigte in Krankenhäusern und Pflegeeinrichtungen gibt es die Steuerfreiheit damit auch für Beschäftigte in Einrichtungen für ambulantes Operieren, bestimmte Vorsorge- und Rehabilitationseinrichtungen, Dialyseeinrichtungen, Arzt- und Zahnarztpraxen sowie Rettungsdienste. Begünstigt sind Auszahlungen bis zum 31.12.2022.

Achtung: Ausnahmsweise Verlängerung

Unter die Steuerbefreiung fallen auch Sonderleistungen für voll- und teilstationäre Pflegeeinrichtungen zur Anerkennung und Umsetzung zusätzlicher Aufgaben (§ 35 Abs. 1 IfSG). Die Pflegeeinrichtungen sollen diese Leistungen bis April 2023 auszahlen. Um die Steuerbefreiung auch auf diese Leistungen zu erstrecken, wird der Begünstigungszeitraum **nur in Bezug auf diese Leistungen** bis Ende Mai 2023 erweitert (Änderung durch Entwurf eines Jahressteuergesetzes 2022).

2.2 Neue Inflationsausgleichsprämie

Eine neue Prämienbefreiung – nunmehr im Zusammenhang mit der Inflation – ist jedoch bereits vor dem Jahreswechsel eingeführt worden (§ 3 Nr. 11c EStG). Der

Neuregelung zufolge können Arbeitgeber Leistungen zur Abmilderung der Inflation bis zu einem Betrag von 3.000 EUR steuerfrei an ihre Beschäftigten gewähren. Hierbei handelt es sich um einen steuerlichen Freibetrag, der unabhängig davon gilt, ob die Leistungen in Form von Zuschüssen oder Sachbezügen gewährt werden. Voraussetzung für die Steuerfreiheit ist, dass die Leistungen **zusätzlich** zum ohnehin geschuldeten Arbeitslohn gewährt, also insbesondere nicht im Wege einer Entgeltumwandlung finanziert werden (vgl. dazu auch § 8 Abs. 4 EStG).

Die Neuregelung gilt für Arbeitgeberleistungen, die im Zeitraum vom 26.10.2022 (Tag nach der Gesetzesverkündung) bis zum 31.12.2024 gewährt werden. Der Höchstbetrag kann **einmalig für jedes Dienstverhältnis** in Anspruch genommen werden. Eine Auszahlung in Teilbeträgen ist möglich, eine jährliche Anwendung kommt nicht in Betracht.

An den **Zusammenhang zwischen Leistung und Inflationsausgleich** werden nach der Gesetzbegründung keine besonderen Anforderungen gestellt. Es genügt, wenn der Arbeitgeber in beliebiger Form (z. B. durch entsprechenden Hinweis auf dem Überweisungsträger im Rahmen der Lohnabrechnung) deutlich macht, dass die Leistungen im Zusammenhang mit der Preissteigerung stehen.

Praxis-Tipp: Inflationsausgleichsprämie anstelle von Weihnachtsgeld

Gerade zum Jahreswechsel stellt sich die Frage, ob übliche oder vereinbarte **Sonderzahlungen**, wie z. B. Weihnachtsgeld, in steuerfreie Leistungen umgewandelt werden können? Regelmäßig funktioniert das wegen des im Gesetz verankerten **Zusätzlichkeitskriteriums** nicht. Eine Vereinbarung über Sonderzahlungen, die ohne einen Inflationsbezug getroffen wurde, kann nicht nachträglich in eine steuerfreie Inflationsausgleichsprämie umgewandelt werden.

Nur sofern vorher **keine vertraglichen Vereinbarungen** oder andere rechtliche Verpflichtungen des Arbeitgebers zur Gewährung einer Sonderzahlung bestanden, kann in Einzelfällen anstelle der Sonderzahlung auch eine steuerfreie Inflationsausgleichsprämie gewährt werden.

Die Freiwilligkeit der Prämie ist hingegen keine Voraussetzung (§ 8 Abs. 4 Satz 2 EStG). Damit ist auch die Auszahlung aufgrund einer arbeits- oder dienstrechtlichen Rechtsgrundlage (u. a. Betriebsvereinbarung oder Tarifvertrag) möglich.

3 Jahressteuergesetz 2022

Zahlreiche weitere Gesetzesänderungen – teils auch mit entlastender Wirkung – sind im Jahressteuergesetz 2022 enthalten (das Gesetz ist am 2.12.2022 vom Deutschen Bundestag beschlossen worden, in der Fassung der Beschlussempfehlung, Bundestags-Drucksache 20/4729). Es ist vor allem auf folgende Punkte hinzuweisen:

3.1 Rentenbeiträge voll absetzbar

Der vollständige steuerliche Abzug von **Altersvorsorgeaufwendungen** als Sonderausgaben soll bereits ab dem Jahr 2023 möglich sein. Ursprünglich war das, durch die jährlich steigenden Abzugsmöglichkeiten, erst ab 2025 vorgesehen. Die Änderung hat auch Auswirkungen auf die Berücksichtigung der Rentenversicherungsbeiträge im Rahmen der sog. Vorsorgepauschale im Lohnsteuerabzugsverfahren. Mit dem vollständigen Abzug kann die bisherige Übergangsregelung entfallen (§ 39b Abs. 4 EStG), sodass der Vollabzug schon beim Lohnsteuerabzug möglich wird. Die Änderung ist bei der Aufstellung der Programmablaufpläne für den Lohnsteuerabzug 2023 berücksichtigt worden (BMF, Schreiben v. 18.11.2022, IV C 5 – S 2361/19/10008 :006).

3.2 Lohnsteuerpauschalierung kurzfristig Beschäftigter

Bei Arbeitnehmern, die kurzfristig beschäftigt werden, kann der Arbeitgeber die Lohnsteuer mit einem Pauschsteuersatz von 25 % erheben (§ 40a Abs. 1 Satz 1 EStG). Voraussetzung ist u. a., dass der Arbeitslohn während der Beschäftigungsdauer eine Tageslohngrenze nicht übersteigt.

Als Folgeänderung zur Erhöhung des Mindestlohns wird mit Wirkung zum 1.1.2023 die Arbeitslohngrenze bei kurzfristiger Beschäftigung von 120 auf **150 EUR je Arbeitstag** angehoben. Die daneben vorgesehene Erhöhung des pauschalierungsfähigen durchschnittlichen Stundenlohns von 15 EUR auf **19 EUR** folgt der Anhebung der Tageslohngrenze (§ 40a Abs. 4 EStG).

3.3 Änderungen beim Homeoffice

Während der Corona-Pandemie hat sich Homeoffice rasant verbreitet und ist aus dem Arbeitsleben nicht mehr wegzudenken. Damit bekam auch die Frage nach der Berücksichtigung der Kosten für die Arbeit zu Hause eine deutlich größere Bedeutung. Der Gesetzgeber begegnet diesen geänderten Rahmenbedingungen mit einem ganzen Bündel von Neuregelungen ab 2023.

3.3.1 Abzug von Kosten für ein Arbeitszimmer

Aufwendungen für ein häusliches Arbeitszimmer sowie die Kosten der Ausstattung bleiben grundsätzlich vom Abzug ausgeschlossen.

Bildet das Arbeitszimmer jedoch den Mittelpunkt der gesamten betrieblichen und beruflichen Betätigung, können 2023 auch weiterhin die **tatsächlichen Aufwendungen** abgezogen werden. Anstelle des Abzugs der tatsächlichen Aufwendungen soll erstmalig alternativ ein pauschaler Abzug i. H. v. 1.260 EUR pro Jahr möglich sein. Liegen die Voraussetzungen für den Abzug der Aufwendungen für ein häusliches Arbeitszimmer nicht im gesamten Jahr vor, wird die Jahrespauschale anteilig gekürzt (§ 4 Abs. 5 Satz 1 Nr. 6b EStG).

In jedem Fall muss für den Abzug auch 2023 ein (fast) ausschließlich beruflich genutztes und **abgetrenntes Zimmer** zur Verfügung stehen.

Liegt zwar nicht der Mittelpunkt im Arbeitszimmer, aber steht für die betriebliche und berufliche Tätigkeit kein anderer Arbeitsplatz zur Verfügung, konnten die Aufwendungen für ein Arbeitszimmer bisher begrenzt bei der Steuererklärung abgezogen werden. Der bestehende Höchstbetrag von 1.250 EUR entfällt jedoch ab 2023 ersatzlos. Betroffene dieser Fallgruppe können kein Arbeitszimmer mehr abziehen und erhalten nur noch die nachstehende Tagespauschale.

3.3.2 Gewährung einer Homeoffice-Pauschale

Unabhängig vom Vorhandensein eines häuslichen Arbeitszimmers kommt der Abzug der sog. Homeoffice-Pauschale in der Steuererklärung in Betracht. Sie wirkt sich nur insoweit aus, als – zusammen mit anderen Werbungskosten der **Arbeitnehmerpauschbetrag** (ab 2023: 1.230 EUR) **überschritten** ist. Die während der Pandemie eingeführte Pauschale soll nach dem Willen des Gesetzgebers **dauerhaft** weitergelten und der Abzugsbetrag ab 2023 angehoben werden (§ 4 Abs. 5 Satz 1 Nr. 6c EStG).

Für jeden Kalendertag, an dem die betriebliche oder berufliche Tätigkeit überwiegend in der häuslichen Wohnung ausgeübt und keine außerhalb der häuslichen Wohnung gelegene erste Tätigkeitsstätte aufgesucht wird, kann ab 2023 für die gesamte betriebliche und berufliche Betätigung ein Betrag von **6 EUR pro Tag** (bis 31.12.2022: 5 EUR), höchstens **1.260 EUR** (bis 31.12.2022: 600 EUR; 6 EUR × 210 Arbeitstage = 1.260 EUR) im Wirtschafts- oder Kalenderjahr, abgezogen werden. Weitere Voraussetzungen hinsichtlich der eigenen Räumlichkeiten oder alternativer Arbeitsplätze beim Arbeitgeber gibt es hier nicht.

Steht für die betriebliche oder berufliche Tätigkeit dauerhaft kein anderer Arbeitsplatz zur Verfügung, ist ein Abzug der Tagespauschale zukünftig auch zulässig, wenn die Tätigkeit am gleichen Kalendertag gleichfalls auswärts oder an der ersten Tätigkeitsstätte ausgeübt wird.

Wichtig: Homeoffice-Pauschale steuerfrei erstatten?

Eine steuerfreie Arbeitgebererstattung der Pauschale bleibt jedoch **ausgeschlossen**.

3.4 Ausbildungsfreibetrag

Entstehen einem Steuerpflichtigen Kosten für die **Ausbildung eines Kindes**, kann bei der Steuererklärung ein Ausbildungsfreibetrag vom Gesamtbetrag der Einkünfte abgezogen werden (§ 33a Abs. 2 EStG). Der Ausbildungsfreibetrag beträgt ab 2023 **1.200 EUR** (bis 31.12.2022: 924 EUR). Die eigenen Einkünfte des volljährigen Kindes sind weiterhin nicht relevant für die Gewährung.

3.5 Anhebung Werbungskosten-Pauschbetrag und Entlastungsbetrag für Alleinerziehende

Nach dem Gesetzesbeschluss zum Jahressteuergesetz 2022 (Bundestags-Drucksache 20/4729) wird etwas überraschend der Pauschbetrag für Werbungskosten bei den Einkünften aus nichtselbstständiger Arbeit (**Arbeitnehmer-Pauschbetrag**) ab dem 1.1.2023 auf 1.230 EUR (bis 31.12.2022: 1.200 EUR) erhöht. Der in der Steuerklasse II eingebaute **Entlastungsbetrag für Alleinerziehende** wird um 252 EUR auf 4.260 EUR (bis 31.12.2022: 4.008 EUR) angehoben. Arbeitgeber sollen die erhöhten Beträge bei den Lohn-, Gehalts- und Bezügeabrechnungen ab Januar 2023 berücksichtigen, ggf. rückwirkend. Das BMF wird diesbezüglich nochmals geänderte Programmablaufpläne für den Lohnsteuerabzug in 2023 aufstellen und bekannt machen. Dabei will die Verwaltung auch mitteilen, ab wann die geänderten Programmablaufpläne anzuwenden sind.

4 Energiepreispauschale: Noch nicht vorbei

4.1 Energiepreispauschale für aktiv Beschäftigte

Arbeitnehmer haben regelmäßig im September 2022 die Energiepreispauschale i. H. v. **300 EUR** über den Arbeitslohn erhalten. Zur Finanzierung beim Arbeitgeber waren die Pauschalen bei

- **monatlicher** Lohnsteuer-Anmeldung in der bis zum 10.9.2022 fälligen Anmeldung für den August 2022 abzusetzen,
- **vierteljährlicher** Lohnsteuer-Anmeldung in der Anmeldung für das 3. Quartal abzusetzen,
- **jährlicher** Lohnsteuer-Anmeldung (weniger als 1.080 EUR Lohnsteuer im Jahr) in der zum 10.1.2023 fälligen Anmeldung zu mindern.
- Alternativ kann der Arbeitgeber in diesen Fällen ganz auf die Auszahlung verzichten.

Eine im Jahr 2022 ausgezahlte Energiepreispauschale ist in der bis Ende Februar 2023 zu übermittelnden elektronischen Lohnsteuerbescheinigung (§ 41b Abs. 1 Satz 2) mit dem **Großbuchstaben E** anzugeben. Die Energiepreispauschale ist **steuerpflichtig** und hat bei Beschäftigten regelmäßig bereits dem laufenden Lohnsteuerabzug unterlegen. Bei geringfügig Beschäftigten wird aus Vereinfachungsgründen auf eine Besteuerung verzichtet.

Alle Berechtigten, die vom Arbeitgeber keine Energiepreispauschale ausgezahlt bekommen haben, können diese im Rahmen einer Steuererklärung beantragen. Wenn für das Jahr 2022 eine **Einkommensteuererklärung** abgegeben wird, prüft das Finanzamt automatisch, ob ein Anspruch auf die Energiepreispauschale besteht. Ein besonderer Antrag ist nicht erforderlich. Bei Arbeitnehmern erfolgt eine Festsetzung der Energiepreispauschale nur, wenn diese noch nicht über den Arbeitgeber ausgezahlt wurde.

4.2 Energiepreispauschale für Rentner und Versorgungsempfänger

Rentner sowie die Empfänger einer Beamtenversorgung erhalten regelmäßig im Dezember 2022 eine Energiepreispauschale i. H. v. **300 EUR**. Berechtigt ist, wer zum **Stichtag 1.12.2022** Anspruch auf eine Alters-, Erwerbsminderungs- oder Hinterbliebenenrente der gesetzlichen Rentenversicherung oder auf Versorgungsbezüge nach dem Beamtenversorgungsgesetz oder dem ersten und zweiten Teil des Soldatenversorgungsgesetzes hat. Der Anspruch besteht nur bei einem Wohnsitz im Inland. Auch pensionierte Landesbeamte erhalten regelmäßig eine entsprechende Zahlung. Die Energiepreispauschale wird durch die Rentenzahlstellen oder die Versorgungsbezüge zahlenden Stellen ausgezahlt. In beiden Fällen ist eine Steuerpflicht vorgesehen (Änderungen durch Jahressteuergesetz 2022).

- Die Energiepreispauschale für **Versorgungsbezieher** wird dabei den Versorgungsbezügen (§ 19 Absatz 2 EStG) zugeordnet und vom jeweiligen Arbeitgeber dem **Lohnsteuerabzug unterworfen**. Eine Auszahlung als **steuerfreie** Inflationsausgleichsprämie ist **ausdrücklich ausgeschlossen**. Eine gesonderte Bescheinigung der ausgezahlten Energiepreispauschale ist nicht erforderlich. Unabhängig davon ist eine versteuerte Energiepreispauschale für Versorgungsbezieher im zu bescheinigenden Bruttoarbeitslohn enthalten.
- Auch die Energiepreispauschale für **Rentenbezieher** soll in voller Höhe **steuerpflichtig** sein. Sie wird den sonstigen Einkünften (§ 22 Nr. 1 Satz 3 Buchst. c EStG) zugewiesen. Eine eventuell darauf anfallende Steuer kann nur im Veranlagungsverfahren erhoben werden. Wegen der hohen Frei- und Pauschbeträge dürfte sich jedoch bei vielen Rentnern, die bisher keine Steuern zahlen, auch durch die Pauschale keine Änderung ergeben.

Hinweis: Doppelte Energiepreispauschale für arbeitende Rentner

Wie die Bundesregierung inzwischen bestätigt hat, können Rentner, die unter anderem als Minijobber erwerbstätig sind und bereits im September eine Energiepreispauschale erhalten haben, im Dezember erneut eine Pauschale bekommen.

4.3 Energiepreispauschale für Studierende und Fachschüler

Alle Studierenden sowie Fachschüler, die am 1.12.2022 an einer Hochschule eingeschrieben oder in einer Fachausbildung sind, sollen ebenfalls eine Einmalzahlung erhalten, allerdings nur i. H. v. **200 EUR**, dafür aber **ohne Steuerpflicht**. Voraussetzung ist ein Wohnsitz oder „gewöhnlicher Aufenthalt“ in Deutschland zum Stichtag. Das entsprechende Gesetz soll zum 1.1.2023 in Kraft treten.

5 Lohnsteuerrichtlinien 2023

Das Bundesministerium der Finanzen hat zusammen mit den obersten Finanzbehörden die Lohnsteuer-Richtlinien 2023 (LStR 2023) erstellt. Die Änderungen finden ab dem 1.1.2023 Anwendung. Die Neufassung beinhaltet eine grundlegende Überarbeitung der LStR, um diese an die aktuellen Entwicklungen anzupassen. Das BMF hat davon abgesehen, den Inhalt neuerer BMF-Schreiben in die Richtlinien zu übernehmen. Allerdings wurden diese teilweise an zwischenzeitlich ergangene BMF-Schreiben angepasst. Dies gilt insbesondere für die Richtlinien R 8.1 „Bewertung der Sachbezüge" und R 8.2 „Belegschaftsrabatte".

Auf folgende Änderungen wird darüber hinaus besonders hingewiesen:

Steuerbefreiung für nebenberufliche Tätigkeiten (R 3.26)

Eine Tätigkeit wird nebenberuflich ausgeübt, wenn sie – bezogen auf das Kalenderjahr – nicht mehr als **1/3 der Arbeitszeit** eines vergleichbaren Vollzeiterwerbs in Anspruch nimmt. Zudem wird klarstellend ergänzt, dass eine **Nebenberuflichkeit nur bis zu 14 Stunden** je Woche vorliegt.

Steuerfreiheit für Sonn-, Feiertags- und Nachtzuschläge (R 3b)

Wird an Sonn- und Feiertagen oder in der zu diesen Tagen gehörenden Zeit (§ 3b Abs. 3 Nr. 2 EStG) Nachtarbeit geleistet, ist der steuerfreie Zuschlagssatz für Nachtarbeit mit dem steuerfreien Zuschlagssatz für Sonntags- oder Feiertagsarbeit auch dann zusammenzurechnen, wenn nur ein Zuschlag gezahlt wird. Klargestellt wird zudem, dass sich die Beurteilung, ob ein gesetzlicher Feiertag vorliegt, nach dem Ort der Tätigkeitsstätte richtet.

Ehegattenbesuch bei doppelter Haushaltsführung (R 9.11)

Aufwendungen für die Wege vom Ort der ersten Tätigkeitsstätte zum Ort des eigenen Hausstands und zurück sind im Rahmen einer beruflich veranlassten doppelten Haushaltsführung für eine Familienheimfahrt **wöchentlich abziehbar**. Bisher war ungeklärt, in welchen Fällen „umgekehrte Fahrten" des Ehegatten bei einer doppelten Haushaltsführung als Werbungskosten anzuerkennen sind. Werbungskosten liegen vor, wenn der Arbeitnehmende aus beruflichen Gründen an einer Familienheimfahrt gehindert ist (R 9.11 Abs. 6 Nr. 2 Satz 3 LStR 2023).

Aufmerksamkeiten (R 19.6)

Sachleistungen des Arbeitgebers, die auch im gesellschaftlichen Verkehr üblicherweise ausgetauscht werden und zu keiner ins Gewicht fallenden Bereicherung der Arbeitnehmer führen, gehören als bloße Aufmerksamkeiten nicht zum Arbeitslohn. Aufmerksamkeiten sind **Sachzuwendungen** bis zu einem Wert von **60 EUR**, z. B. Blumen, Genussmittel, ein Buch oder ein Tonträger, die Beschäftigten oder ihren Angehörigen aus Anlass eines besonderen persönlichen Ereignisses zugewendet werden. Die Regelung wird ab 2023 „verschärft", indem der Begriff der **Angehörigen** auf die im Haushalt des Beschäftigten lebenden Angehörigen beschränkt wird.

Sonstige Bezüge (R 39b.2)

Eine Änderung ergibt sich auch bei den Ausführungen zur Einordnung als sonstiger Bezug. Neu aufgenommen in die (nicht abschließende Aufzählung) sind nun auch explizit die steuerpflichtigen, nicht fortlaufend gezahlten Reisekostenerstattungen (R 39b.2 Abs. 2 Satz 2 Nr. 11 LStR 2023).

LSt-Tabelle bei zeitweiser Tätigkeit im Inland (R 39b.5)

Wenn Arbeitnehmer in einem Kalendermonat nur zeitweise in Deutschland tätig sind, werden bisher – bei fortbestehendem Dienstverhältnis – auch solche in den Lohnzahlungszeitraum fallenden Arbeitstage mitgezählt, für die der Beschäftigte keinen steuerpflichtigen Arbeitslohn bezogen hat (R 39b.5 Abs. 2 Satz 3 LStR 2015). Danach entsteht lohnsteuerlich kein Teillohnzahlungszeitraum, wenn ein unbeschränkt steuerpflichtiger Arbeitnehmer für seinen Arbeitgeber eine Auslandstätigkeit während des Monats beginnt oder aufgibt. Entsprechendes gilt, wenn Arbeitnehmer aus dem Ausland zeitweise in Deutschland und zeitweise im Ausland tätig werden. Ab 2023 sind bei der Bemessung des Lohnzahlungszeitraums Arbeitstage, an denen Beschäftigte Arbeitslohn bezogen haben, der nicht dem inländischen LSt-Abzug unterliegt, nicht mehr mitzuzählen. Das bedeutet eine erheblich höhere Lohnsteuerbelastung für die Betroffenen.

Hinweis: Neues Lohnsteuer-Handbuch 2023
Neben den LStR 2023 wird die Finanzverwaltung auch das amtliche **Lohnsteuer-Handbuch** für das Jahr 2023 überarbeiten. Darin enthalten sind weitere neue Urteile und Beispiele.

6 Sonstige Änderungen und Hinweise für 2023

6.1 Neuer Auslandstätigkeitserlass

Arbeiten Beschäftigte in einem Staat, mit dem Deutschland kein Doppelbesteuerungsabkommen (DBA) geschlossen hat, kann der von einem inländischen Arbeitgeber gezahlte Arbeitslohn unter den Voraussetzungen des Auslandstätigkeitserlasses (ATE) steuerfrei gezahlt werden. Mit Wirkung ab 2023 wurde dieser neu gefasst (BMF, Schreiben v. 10.6.2022 – IV C 5 – S 2293/19/10012:001, BStBl 2022 I Seite 997). Die Auslandstätigkeit muss **mindestens 3 Monate** ununterbrochen in einem Nicht-DBA-Staat ausgeübt werden. Begünstigt sind zudem nur bestimmte im Ausland ausgeübte Tätigkeiten. Neben exportorientiertem Anlagenbau gehören dazu auch Tätigkeiten im Rahmen des Aufsuchens oder der Gewinnung von Bodenschätzen sowie Tätigkeiten im Zusammenhang mit der Entwicklungshilfe. Die Regelungen gelten auch für in Deutschland nur mit ihrem Lohn beschränkt einkommensteuerpflichtige Beschäftigte aus dem Ausland. Die Steuerbefreiung kann entweder vom Arbeitgeber (soweit dieser als inländischer Arbeitgeber zum Lohnsteuerabzug verpflichtet ist) im Lohnsteuerabzugsverfahren oder von den Beschäftigten beim Wohnsitzfinanzamt geltend gemacht werden.

Neu ist insbesondere die Einführung einer **ausländischen Mindestbesteuerung als Anwendungsvoraussetzung**: Die Einkünfte (Arbeitslohn abzüglich Werbungskosten) müssen in dem ausländischen Staat einer der deutschen Einkommensteuer entsprechenden Steuer von durchschnittlich mindestens 10 % unterliegen und diese Steuer muss auch entrichtet werden. Liegt die Besteuerung im Ausland unter 10 %, findet die Steuerbefreiung nach dem ATE keine Anwendung. Für einen Antrag auf eine Freistellungsbescheinigung ist bereits für den Lohnsteuerabzug eine entsprechende Versteuerung im Ausland glaubhaft zu machen. Im Rahmen der Einkommensteuerveranlagung ist diesbezüglich dann ein Nachweis über die Höhe der tatsächlich im Ausland gezahlten Steuern nötig.

Wichtig: Steuerliche Behandlung des Arbeitslohns nach DBA

Die vorstehenden Regelungen betreffen nur Staaten, mit denen Deutschland **kein DBA** abgeschlossen hat. Für die übrigen Staaten sind die Regelungen des sog. 183-Tage-Schreibens „Steuerliche Behandlung des Arbeitslohns nach den Doppelbesteuerungsabkommen" (BMF, Schreiben v. 3.5.2018, IV B 2 – S 1300/08/10027, BStBl 2018 I Seite 643) auch für 2023 anzuwenden.

6.2 Neue Auslandsreisekosten

Die Verwaltung hat die Auslandssätze für den Verpflegungsmehraufwand und die Übernachtungspauschalen für Reisen ab dem Jahr 2023 bekannt gemacht (BMF, Schreiben v. 23.11.2022, IV C 5 – S 2353/19/10010 :004). Bis zu dieser Höhe kann der Arbeitgeber steuerfreie Erstattungen vornehmen. Änderungen ergeben sich aus der Tabelle u. a. für folgende Staaten bzw. Orte:

- Belgien
- Dänemark
- Frankreich (mit Ausnahme Paris)
- Griechenland (nur Athen)
- Luxemburg
- Portugal
- USA (unterschiedliche Pauschalen für viele Metropolen)

6.3 Änderungen bei Elektrofahrzeugen

Reine Elektro- und Brennstoffzellenfahrzeuge mit einem Listenpreis von **bis zu 60.000 EUR** sind regelmäßig bei der Versteuerung des geldwerten Vorteils für die Privatnutzung nur mit 1/4 des Listenpreises anzusetzen. Für teurere Elektro-Autos und bestimmte Hybrid-Firmenwagen erfolgt grundsätzlich eine Halbierung des Listenpreises. Voraussetzung dafür ist eine Kohlenstoffdioxidemission von höchstens 50 Gramm je gefahrenen Kilometer **oder** bei Neuzulassung ab 2022 eine Reichweite unter ausschließlicher Nutzung der elektrischen Antriebsmaschine von mindestens 60 Kilometern.

Für vor dem 1.1.2023 angeschaffte Fahrzeuge, die die vorstehenden Voraussetzungen nicht erfüllen, gilt die frühere **Batterie-Abschlags-Regelung** weiter. In diesen Fällen ist der Listenpreis pro Kilowattstunde der Batteriekapazität pauschal zu mindern.

Bei **Anschaffung in 2022** beträgt der Minderungsbetrag 50 EUR/kWh der Batteriekapazität. Diese Regelung läuft zum Jahreswechsel ersatzlos aus. Bei **Anschaffung ab 2023** und Nichterfüllung der Hybrid-Voraussetzungen erfolgt keinerlei Abmilderung der geldwerten Vorteile mehr.

Achtung: Verschärfung der einkommensteuerlichen Bevorzugung von Hybrid-Dienstwagen

Die Bundesregierung hat in ihrem Koalitionsvertrag angekündigt, die Voraussetzungen für die lohn- und einkommensteuerliche Bevorzugung von Hybrid-Dienstwagen zu verschärfen. Die Halbierung der geldwerten Vorteile soll nur noch gelten, wenn das Fahrzeug überwiegend (mehr als 50 %) auch im rein elektrischen Fahrantrieb betrieben wird (ansonsten Regelbesteuerung). Die **elektrische Mindestreichweite** der Fahrzeuge soll bereits ab dem 1.8.2023 nochmals auf **80 Kilometer** angehoben werden. Derzeit ist im Gesetz die Anhebung erst ab 2025 vorgesehen. Die Umsetzung der von der Bundesregierung angekündigten Maßnahmen ist bisher **nicht** erfolgt. Aufgrund der aktuell langen Lieferzeiten bedeuten die Ankündigen aber eine gewisse Unsicherheit hinsichtlich der steuerlich maßgeblichen Regelungen bei Auslieferung des Fahrzeugs.

6.4 Ukraine

Zur Anerkennung des gesellschaftlichen Engagements bei der Unterstützung der Ukraine hatte das BMF zunächst für den Zeitraum bis zum 31.12.2022 steuerliche Maßnahmen bekannt geben, nach denen u. a. Arbeitslohnspenden anerkannt werden (BMF, Schreiben v. 17.3.2022, IV C 4 – S 2223/19/10003 :013) und Erleichterungen für lohnsteuerliche Unterstützungsleistungen gewahrt werden (BMF, Schreiben v. 7.6.2022 , IV C 4 – S 2223/19/10003 :017, BStBl 2022 I S. 923). Alle Maßnahmen sind inzwischen bis zum 31.12.2023 verlängert worden (BMF, Schreiben v. 17.11.2022, IV C 4 – S 2223/19/10003 :018).

Eine **Arbeitslohnspende** kann danach bei der Ermittlung des steuerpflichtigen Arbeitslohns ohne Ansatz bleiben. Voraussetzung ist, dass der Arbeitslohn oder das angesammelte Wertguthaben zugunsten steuerfreier Beihilfen und Unterstützung des Arbeitgebers an vom Krieg in der Ukraine geschädigte Arbeitnehmer des Unternehmens oder Arbeitnehmer von Geschäftspartnern oder zugunsten einer Zahlung des Arbeitgebers auf ein Spendenkonto einer spendenempfangsberechtigten Einrichtung erfolgt. Vom Arbeitgeber sind die Verwendungsauflagen zu erfüllen und entsprechend zu dokumentieren. Der nicht zum Ansatz kommende Arbeitslohn ist im Lohnkonto zu erfassen (§ 4 Abs. 2 Nr. 4 Satz 1 UStDV).

Beihilfen und Unterstützungen des Arbeitgebers an die vom Krieg in der Ukraine geschädigten Beschäftigten bleiben regelmäßig bis zu einem Betrag von **600 EUR je Kalenderjahr steuerfrei**. Die sonst geltenden Voraussetzungen (R 3.11 Abs. 2 Satz 2 Nrn. 1–3 LStR, u. a. Einbeziehung Betriebsrat) brauchen nicht vorzuliegen.

Auch der 600 EUR übersteigende Betrag gehört nicht zum steuerpflichtigen Arbeitslohn, wenn unter Berücksichtigung der Einkommens- und Familienverhältnisse der Beschäftigten ein besonderer Notfall vorliegt. Im Allgemeinen kann bei Mitarbeitern von einem besonderen Notfall ausgegangen werden, wenn sie im Zusammenhang mit den Kriegsereignissen die Ukraine verlassen haben oder vergleichbar unmittelbar vom Krieg betroffen sind. Die Erleichterungen gelten auch bei Leistungen zur Unterstützung der Angehörigen von Beschäftigten entsprechend. Die steuerfreien Leistungen sind im Lohnkonto aufzuzeichnen (§ 4 Abs. 2 Nr. 4 Satz 1 LStDV); dabei ist auch zu dokumentieren, dass der Leistungsempfänger durch die Kriegshandlungen zu Schaden gekommen ist.

Hinweis: BMF-FAQ: Ukraine

Ergänzend wurde vom BMF ein FAQ (https://www.bundesfinanzministerium.de/Content/DE/FAQ/faq-ukraine-steuern.html) veröffentlicht, der Antworten auf häufig im Zusammenhang mit dem Krieg in der Ukraine auftretende steuerliche Fragen bietet.

7 Ausblick

7.1 Geplantes Zukunftsinvestitionsgesetz

Für das Jahr 2023 sind weitere Gesetzesänderungen zu erwarten, die ggf. auch rückwirkend Anwendung finden könnten. So haben das BMF sowie das Bundesministerium der Justiz bereits im Juni 2022 Eckpunkte für ein Zukunftsfinanzierungsgesetz vorgestellt.

Vorgesehen ist darin u. a. eine Verbesserung der steuerlichen Rahmenbedingungen für die Mitarbeiterkapitalbeteiligung. Hierzu zählt die Erhöhung des Freibetrags für Mitarbeiterkapitalbeteiligungen (§ 3 Nr. 39 EStG) von derzeit 1.440 EUR, eine Ausweitung der Vorschriften zur aufgeschobenen Besteuerung der geldwerten Vorteile aus Vermögensbeteiligungen von Arbeitnehmern (§ 19a EStG) sowie eine Erhöhung der Arbeitnehmersparzulage bei der Anlage vermögenswirksamer Leistungen in Vermögensbeteiligungen.

Mit der Vorlage eines konkreten Gesetzentwurfs ist kurzfristig zu rechnen.

7.2 Datenaustausch private Kranken- und Pflegeversicherung

Bisher darf der Arbeitgeber Zuschüsse zu einer privaten Krankenversicherung und zu einer privaten Pflege-Pflichtversicherung von Mitarbeitern nur steuerfrei lassen, wenn der Mitarbeiter eine Bescheinigung des Versicherungsunternehmens vorlegt, aus der sich ergibt, dass die entsprechenden Voraussetzungen für die Steuerfreiheit vorliegen. Soweit der Arbeitgeber die steuerfreien Zuschüsse unmittelbar an Beschäftigte auszahlt, ist die zweckentsprechende Verwendung durch eine Bescheinigung des Versicherungsunternehmens nach Ablauf eines jeden Kalenderjahres nachzuweisen.

Bei der Berechnung der Lohnsteuer werden über die sog. Vorsorgepauschale auch Beiträge zur privaten Basiskranken- und Pflege-Pflichtversicherung als Ausgaben berücksichtigt (§ 39b Abs. 2 Satz 5 Nr. 3 Buchstabe d EStG). Hierfür müssen die Beschäftigten dem Arbeitgeber die abziehbaren privaten Basiskranken- und Pflege-Pflichtversicherungsbeiträge mittels einer Beitragsbescheinigung des Versicherungsunternehmens mitteilen.

Um den Aufwand für die Bescheinigungsverfahren zu mindern und Bürokratiekosten einzusparen, soll ein umfassender **Datenaustausch zwischen den Unternehmen der privaten Kranken- und Pflegeversicherung, der Finanzverwaltung und den Arbeitgebern** eingeführt werden.

Die gesetzliche Umsetzung ist bereits 2020 erfolgt. Mit dem Jahressteuergesetz 2022 erfolgen vorab weitere, kleinere LSt-Änderungen im Zusammenhang mit dem Projekt. Die Neuregelungen sind jedoch erstmals **ab dem 1.1.2024** anzuwenden. Die eigentlich für 2023 vorgesehene Pilotphase mit Echtdaten fällt voraussichtlich aus.

Sozialversicherung

1 Bedeutung und Funktion der Sozialversicherungswerte

Die Sozialversicherungswerte sind maßgeblich für Fragen der Versicherungspflicht und Versicherungsfreiheit sowie für die Höhe der Sozialversicherungsbeiträge. Sie ändern sich i. d. R. von Jahr zu Jahr und werden deshalb zu Beginn des neuen Jahres festgelegt. Die Fortschreibung der Rechengrößen für das Jahr 2023 orientiert sich an der Veränderung der Bruttolöhne und -gehälter in den westdeutschen Ländern oder in Deutschland insgesamt im Jahr 2021. Bundesweit betrachtet betrug 2021 die Veränderung (Lohnzuwachsrate) 3,3 % und in den westdeutschen Ländern 3,31 %. Dementsprechend erhöhen sich die Rechengrößen für 2023 gegenüber dem Vorjahr.

1.1 Beitragsbemessungsgrenzen

Für die Berechnung der Beiträge wird das beitragspflichtige Einkommen (z. B. Arbeitsentgelt) max. bis zur Höhe der maßgebenden Beitragsbemessungsgrenze herangezogen. Die Beitragsbemessungsgrenzen in der **allgemeinen Renten- und Arbeitslosenversicherung** betragen im Jahr 2023 **monatlich 7.300 EUR/West** (+ 250 EUR) bzw. **7.100 EUR/Ost** (+ 350 EUR). Die Beitragsbemessungsgrenze Ost wird schrittweise dem West-Wert angenähert und diesem zum 1.1.2025 vollständig entsprechen.

In der **Kranken- und Pflegeversicherung** beträgt die Beitragsbemessungsgrenze bundeseinheitlich **4.987,50 EUR** (+ 150 EUR).

1.2 Jahresarbeitsentgeltgrenzen der Krankenversicherung

Die Jahresarbeitsentgeltgrenzen sind ausschließlich in der Krankenversicherung bei der Feststellung der Krankenversicherungspflicht des Arbeitnehmers zu berücksichtigen. Sie werden deshalb auch als Versicherungspflichtgrenzen bezeichnet. Krankenversicherungspflichtige Arbeitnehmer sind grundsätzlich gesetzlich krankenversichert. Überschreitet das regelmäßige Jahresarbeitsentgelt die Jahresarbeitsentgeltgrenze, tritt mit Ablauf des Kalenderjahres Krankenversicherungsfreiheit ein (§ 6 Abs. 4 SGB V).

Krankenversicherungsfreie Arbeitnehmer können wählen, ob sie die gesetzliche Krankenversicherung freiwillig fortsetzen oder zu einem privaten Krankenversicherungsunternehmen wechseln.

Es sind 2 unterschiedliche Jahresarbeitsentgeltgrenzen zu berücksichtigen: Eine allgemeine sowie eine besondere Jahresarbeitsentgeltgrenze. Grundsätzlich gilt die **allgemeine Jahresarbeitsentgeltgrenze**. Im Jahr 2023 beträgt sie **66.600 EUR** (+ 2.250 EUR).

Die **besondere Jahresarbeitsentgeltgrenze** gilt nur für Arbeitnehmer, die am 31.12.2002 wegen Überschreitens der Jahresarbeitsentgeltgrenze krankenversicherungsfrei und zum damaligen Zeitpunkt bei einer privaten Krankenversicherung in einer substitutiven Krankenversicherung versichert waren. Im Jahr 2023 beträgt sie **59.850 EUR** (+ 1.800 EUR).

1.3 Bezugsgröße

Die Bezugsgröße ist z. B. von Bedeutung für die Höhe der Entgeltgrenze in der Familienversicherung und für die Bemessung der Mindestbeiträge von freiwillig Versicherten (z. B. Selbstständigen). Im Jahr 2023 beträgt die **Bezugsgröße West 40.740 EUR** – monatlich **3.395 EUR** (+ 105 EUR). Die **Bezugsgröße Ost** beträgt **39.480 EUR** – monatlich **3.290 EUR** (+ 140 EUR).

Hinweis: Bezugsgröße West und Ost

Die Bezugsgröße Ost ist nur für die Renten- und Arbeitslosenversicherung relevant. Sie wird – wie die Beitragsbemessungsgrenze Ost – vom 1.1.2019 bis 1.1.2025 schrittweise auf den West-Wert angehoben. In der Kranken- und Pflegeversicherung gilt bundeseinheitlich bereits nur die Bezugsgröße West.

1.4 Sachbezüge

Der Sachbezug für freie Verpflegung wird zum 1.1.2023 auf **288 EUR** (+ 18 EUR) und der Sachbezug für freie Unterkunft auf **265 EUR** (+ 24 EUR) angehoben. Der monatliche Gesamtsachbezugswert beträgt demnach **553 EUR** (§ 2 Abs. 1 Satz 1 und Abs. 3 Satz 1 SvEV).

2 Beitragssätze und Umlagesätze in 2023

2.1 Krankenversicherung

Allgemeiner und ermäßigter Beitragssatz

Für alle Krankenkassen gelten einheitliche Beitragssätze:

- Der **allgemeine Beitragssatz** beträgt unverändert **14,6 %**. Er gilt für Beschäftigte, die bei Arbeitsunfähigkeit Anspruch auf Fortzahlung des Arbeitsentgelts für mindestens 6 Wochen haben.
- Der **ermäßigte Beitragssatz** beträgt unverändert **14,0 %**. Er gilt für Beschäftigte, die keinen Anspruch auf Krankengeld haben. Dies sind z. B. unständig Beschäftigte sowie Arbeitnehmer, deren Beschäftigungsverhältnis im Voraus auf weniger als 10 Wochen befristet ist, beschäftigte Erwerbsunfähigkeits- oder Altersrentner sowie Vorruhestandsgeldbezieher und Beschäftigte, die sich im Rahmen einer flexiblen Arbeitszeitregelung in einer Freistellungsphase befinden.

Kassenindividueller und durchschnittlicher Zusatzbeitragssatz

Die Höhe dieses **kassenindividuellen Zusatzbeitragssatzes** legt jede Krankenkasse in ihrer Satzung fest. Der daraus anfallende Beitrag ist durch das Mitglied und durch den Arbeitgeber je zur Hälfte zu tragen.

Für bestimmte Arbeitnehmer – z. B. Geringverdiener und Teilnehmer an Bundesfreiwilligendiensten – ist statt des kassenindividuellen Zusatzbeitragssatzes der **durchschnittliche Zusatzbeitragssatz** zugrunde zu legen. Er wird vom Bundesgesundheitsministerium jährlich festgelegt. Der durchschnittliche Zusatzbeitragssatz für das Jahr 2023 beträgt **1,6 %** (§ 242a Abs. 2 SGB V; BAnz AT v. 31.10.2022). Gegenüber dem Vorjahr wurde er damit um 0,3 Prozentpunkte angehoben.

Der aus dem durchschnittlichen Zusatzbeitragssatz anfallende Beitrag wird – wie der übrige Krankenversicherungsbeitrag – vom Arbeitgeber aufgebracht.

2.2 Pflegeversicherung

Der Beitragssatz zur Pflegeversicherung beträgt unverändert **3,05 %**. Die Beiträge werden von Arbeitgeber und Arbeitnehmer jeweils zur Hälfte aufgebracht, mit Ausnahme von Sachsen. Hier beträgt der Beitragsanteil des Arbeitgebers 1,025 % und der des Arbeitnehmers 2,025 %. Der allein vom Arbeitnehmer aufzubringende Beitragszuschlag für Kinderlose beträgt weiterhin **0,35 %**.

2.3 Arbeitslosenversicherung

Nachdem die Beitragssatzverordnung 2019, mit der der Beitragssatz zur Arbeitslosenversicherung ab dem 1.1.2020 auf 2,4 % gesenkt wurde, am 31.12.2022 wie vorgesehen außer Kraft tritt, erhöht sich der Beitragssatz ab dem 1.1.2023 auf **2,6 %** (§ 341 Abs. 2 SGB III). Die Beiträge werden von Arbeitgeber und Arbeitnehmer jeweils zur Hälfte aufgebracht.

2.4 Rentenversicherung

Der Beitragssatz zur Rentenversicherung beträgt unverändert **18,6 %** (Bekanntmachung vom 15.11.2022, BGBl 2022 I S. 2058). Die Beiträge werden von Arbeitgeber und Arbeitnehmer jeweils zur Hälfte aufgebracht.

2.5 Insolvenzgeldumlage

Der Umlagesatz für das Jahr 2023 beträgt **0,06 %** (2022: 0,09 %) (Insolvenzgeldumlagesatzverordnung 2023). Die Insolvenzgeldumlage wird nach einem Prozentsatz des rentenversicherungspflichtigen Arbeitsentgelts (Umlagesatz) erhoben. Die U3-Umlage wird allein von den Arbeitgebern aufgebracht. Hiervon ausgenommen sind die Arbeitgeber der öffentlichen Hand und private Haushalte. Zuständig für den Einzug sind die Krankenkasse des jeweiligen Arbeitnehmers sowie die Minijob-Zentrale für die geringfügig Beschäftigten. Für privat krankenversicherte Arbeitnehmer zieht die zuständige Einzugsstelle für die Beiträge zur Renten- und/oder zur Arbeitslosenversicherung die Umlage ein. Fehlt es auch an einer solchen Einzugsstelle, ist die Umlage an die Krankenkasse zu entrichten, die der Arbeitgeber gewählt hat.

2.6 Umlagen für Ausgleichsverfahren U1 und U2

Arbeitgeber, die in der Regel nicht mehr als 30 Arbeitnehmer beschäftigen, nehmen am Ausgleichsverfahren der Arbeitgeberaufwendungen bei Arbeitsunfähigkeit (U1-Verfahren) teil. Die Teilnahme an dem Ausgleichsverfahren der Arbeitgeberaufwendungen für Mutterschaftsleistungen (U2-Verfahren) erfolgt hingegen unabhängig von der Betriebsgröße.

Die zur Finanzierung der Aufwendungen erhobenen U1- und U2-Umlagesätze und die jeweiligen Erstattungssätze werden von jeder Krankenkasse und der Minijob-Zentrale selbst festgelegt. Insofern gibt es **keine einheitlichen Umlagesätze**. Die Arbeitnehmer werden an den Umlagen nicht beteiligt, da sie ausschließlich von den Arbeitgebern getragen werden. Bemessungsgrundlage für die Umlage ist das rentenversicherungspflichtige Arbeitsentgelt; einmalig gezahltes Arbeitsentgelt bleibt unberücksichtigt.

Neue Umlagesätze der Minijob-Zentrale

Zum 1.1.2023 hat die Minijob-Zentrale ihre Umlagesätze verändert. Die U1-Umlage wurde von 0,9 % auf **1,1 %** erhöht. Die U2-Umlage wurde von 0,29 % auf **0,24 %** gesenkt.

2.7 Fälligkeit der Beiträge und Umlagen

Drittletzter Bankarbeitstag

Der Gesamtsozialversicherungsbeitrag, die U1- und U2-Umlagen sowie die Insolvenzgeldumlage U3 sind spätestens **am drittletzten Bankarbeitstag des Monats der Arbeitsleistung fällig** (§ 23 Abs. 1 Satz 2 SGB IV).

Erfüllungsort ist der Sitz der Einzugsstelle (Krankenkasse und Minijob-Zentrale), weshalb für die tatsächliche Bestimmung des drittletzten Bankarbeitstages die Verhältnisse am Sitz der jeweiligen Einzugsstelle (Hauptverwaltung) maßgeblich sind. Dies gilt auch, wenn einer der 3 letzten Bankarbeitstage auf einen nicht bundeseinheitlichen Feiertag fällt. Ferner ist zu berücksichtigen, dass sowohl der 24. als auch der 31.12. eines Jahres nicht als banküblicheArbeitstage gelten (das gilt auch nach der Einführung des Euro-Zahlungsverkehrsraums SEPA).

Einreichungsfrist für den Beitragsnachweis

Der Beitragsnachweis muss der Einzugsstelle spätestens zu Beginn des zweiten Arbeitstags vor Fälligkeit der Beiträge (00:00 Uhr) vorliegen. Ansonsten kann die Einzugsstelle die abzuführenden Beiträge schätzen (§ 28f Abs. 3 SGB IV).

Termine 2023

Für das Jahr 2023 gelten somit für die Einreichung der Beitragsnachweise und die Zahlung der Beiträge und Umlagen folgende Termine:

Monat	Jan.	Feb.	März	April	Mai	Juni	Juli	Aug.	Sept.	Okt.	Nov.	Dez.
Einreichung Beitragsnachweis (bis 0:00 Uhr)	25.	22.	27.	24.	24.	26.	25.	25.	25.	24.[1]/ 25.	24.	21.
Fälligkeit	27.	24.	29.	26.	26.	28.	27.	29.	27.	26.[1]/ 27.	28.	27.

[1] In Bundesländern, in denen der 31.10.2023 (Reformationstag) ein Feiertag ist.

Beiträge aus Versorgungsbezügen

Die von der Zahlstelle abzuführenden Beiträge zur Kranken- und Pflegeversicherung werden am 15. des Folgemonats der Auszahlung der Versorgungsbezüge fällig (§ 256 Abs. 1 Satz 2 SGB V, § 60 Abs. 1 Satz 2 SGB XI). Der Beitragsnachweis muss ebenfalls spätestens zwei Arbeitstage vor dem jeweiligen Fälligkeitstermin der Krankenkasse vorliegen.

3 Arbeitgeberzuschuss

3.1 Gesetzlich krankenversicherte Arbeitnehmer

Arbeitnehmer, die wegen Überschreitens der Jahresarbeitsentgeltgrenze krankenversicherungsfrei und in der gesetzlichen Krankenversicherung (GKV) freiwillig versichert sind, erhalten von ihrem Arbeitgeber einen Zuschuss zu ihrem Krankenversicherungsbeitrag. Dieser ist in der Höhe zu zahlen, den der Arbeitgeber bei Versicherungspflicht des Beschäftigten zu tragen hätte. Für die Berechnung des Beitragszuschusses ist ein Beitragssatz in Höhe von **7,3 %** (mit Krankengeldanspruch) bzw. **7,0 %** (ohne Krankengeldanspruch) sowie der halbe Zusatzbeitragssatz der jeweiligen Krankenkasse zugrunde zu legen. Dabei ist der Zuschuss zum Zusatzbeitrag getrennt zu berechnen.

Pflegeversicherung

In der Pflegeversicherung erhalten die wegen Überschreitens der Jahresarbeitsentgeltgrenze krankenversicherungsfreien Arbeitnehmer einen Beitragszuschuss in Höhe des Betrags, den der Arbeitgeber bei versicherungspflichtigen Mitgliedern zu tragen hat. Der **Beitragszuschuss** beträgt in 2023 höchstens **76,06 EUR** (1,525 % aus 4.987,50 EUR) bzw. in **Sachsen 51,12 EUR** (1,025 % aus 4.987,50 EUR). Der Beitragszuschlag für Kinderlose wird nicht bezuschusst.

3.2 Privat krankenversicherte Arbeitnehmer

Privat krankenversicherte Arbeitnehmer, die wegen Überschreitens der Jahresarbeitsentgeltgrenze oder aufgrund des Ausschlusses von der Krankenversicherungspflicht für über 55-Jährige krankenversicherungsfrei oder von der Versicherungspflicht befreit sind, erhalten von ihrem Arbeitgeber einen Zuschuss zu ihrem Beitrag für die private Krankenversicherung (PKV). Allerdings muss die PKV dafür bestimmte Voraussetzungen erfüllen (§ 257 Abs. 2 bis 2a SGB V). Der Arbeitgeberzuschuss zum Krankenversicherungsbeitrag erstreckt sich auf die Hälfte des allgemeinen Beitragssatzes (7,3 %) zuzüglich des halben durchschnittlichen Zusatzbeitragssatzes (0,8 %) (§ 242a SGB V). Der Zuschuss ist jedoch begrenzt auf die Hälfte des tatsächlich zu zahlenden Beitrags. Unter Berücksichtigung der Beitragsbemessungsgrenze für 2023 ergibt sich ein **monatlicher Höchstzuschuss** in Höhe von **403,99 EUR** (7,3 % + 0,8 % aus 4.987,50 EUR).

4 Besondere Personengruppen

4.1 Künstler und Publizisten

Die nach dem Künstlersozialversicherungsgesetz abgabepflichtigen Unternehmen (z. B. Verlage, Galerien, Theater und Orchester) haben aus den Entgelten, die sie an selbstständige Künstler und Publizisten zahlen, eine Künstlersozialabgabe an die Künstlersozialkasse zu entrichten (§ 25 KSVG). Der **Abgabesatz zur Künstlersozialversicherung** steigt zum 1.1.2023 auf **5,0 %** (2022: 4,2 %) (Künstlersozialabgabe-Verordnung 2023, BGBl 2022 I S. 1508). Die Erfüllung der Melde- und Abgabepflichten der Unternehmen wird im Rahmen der turnusmäßig stattfindenden Betriebsprüfungen durch die Rentenversicherungsträger überwacht (§ 28p Abs. 1a SGB IV).

4.2 Auszubildende und Praktikanten ohne Arbeitsentgelt

Auszubildende und Praktikanten ohne Arbeitsentgelt, die nicht familienversichert sind, haben Beiträge zur Kranken- und Pflegeversicherung an die Krankenkasse zu zahlen. Als beitragspflichtige Einnahme gelten monatlich 812 EUR (§ 236 Abs. 1 SGB V; § 57 Abs. 1 Satz 1 SGB XI; 27. BAföGÄndG v. 15.7.2022). Bei einem Beitragssatz von 10,22 % (allgemeiner Beitragssatz 14,6 %, davon 7/10) ergibt sich ein monatlicher Beitrag zur Krankenversicherung von **82,99 EUR zuzüglich des Zusatzbeitrags der Krankenkasse**. Der Beitrag zur Pflegeversicherung beträgt **24,77 EUR bzw. 27,61 EUR** für kinderlose Versicherte nach Vollendung des 23. Lebensjahres. Die Ausbildungsstätten werden an der Aufbringung und Abführung dieser Beiträge **nicht** beteiligt.

In der Renten- und Arbeitslosenversicherung ist als beitragspflichtige Einnahme für die Bemessung der Beiträge aus der Beschäftigung mindestens 1 % der Bezugsgröße zugrunde zu legen. Für 2023 ist dies im Rechtskreis West ein Betrag von 33,95 EUR und im Rechtskreis Ost von 32,90 EUR. Die Renten- und Arbeitslosenversicherungsbeiträge trägt der Arbeitgeber allein (§ 20 Abs. 3 Satz 1 SGB IV) und führt sie an die zuständige Krankenkasse ab.

4.3 Familienversicherte

Ehegatten, Lebenspartner und Kinder von Mitgliedern sowie die Kinder von familienversicherten Kindern sind in der Kranken- und Pflegeversicherung beitragsfrei mitversichert (§ 10 SGB V, § 25 SGB X), wenn diese u. a. kein eigenes Gesamteinkommen haben, das regelmäßig im Monat 1/7 der monatlichen Bezugsgröße überschreitet. Im Jahr 2023 beträgt diese Einkommensgrenze monatlich **485 EUR** (2022: 470 EUR). Für Angehörige, die eine geringfügige Beschäftigung ausüben, gilt die höhere Einkommensgrenze in Höhe von monatlich **520 EUR** (seit 1.10.2022).

5 Weitere Änderungen zum 1.1.2023

5.1 Midijobs: Ausweitung des Übergangsbereichs

Die für versicherungspflichtig Beschäftigte mit einem Arbeitsentgelt im Übergangsbereich (Midijobber) abzuführenden Sozialversicherungsbeiträge werden von einem reduzierten Betrag berechnet. Die Arbeitnehmer tragen einen ermäßigten Beitragsanteil. Zum 1.1.2023 wird der Übergangsbereich ausgeweitet, indem die obere Entgeltgrenze von monatlich 1.600 EUR auf 2.000 EUR angehoben wird (Gesetz zur Zahlung einer Energiepreispauschale an Renten- und Versorgungsbeziehende und zur Erweiterung des Übergangsbereichs v. 7.11.2022, BGBl 2022 I S. 1985).

Dies ist die 2. Erhöhung der Entgeltgrenze innerhalb kurzer Zeit, nachdem sie bereits zum 1.10.2022 von 1.300 EUR auf 1.600 EUR angehoben wurde. Ziel ist es, Beschäftigte mit geringem Arbeitsentgelt finanziell weiter zu entlasten. Die Systematik der Beitragsberechnung und Beitragstragung im Übergangsbereich bleibt unverändert.

Ab dem 1.1.2023 liegt damit ein Beschäftigungsverhältnis im Übergangsbereich vor, wenn das daraus erzielte Arbeitsentgelt regelmäßig **520,01 EUR bis 2.000 EUR** im Monat beträgt (§ 20 Abs. 2 SGB IV).

Die beitragspflichtige Einnahme (BE) für die Berechnung des **Gesamtsozialversicherungsbeitrags** ermittelt sich nach folgender Formel:

$$\mathbf{BE = F \times G + ([2.000/(2.000 - G)] - [G/(2.000 - G)] \times F) \times (AE - G)}$$

„AE“ steht für Arbeitsentgelt, „G“ für die Geringfügigkeitsgrenze (520 EUR) und „F“ für den Faktor F (0,6922). Für die Zeit ab 1.1.2023 kann folgende **Kurzformel** verwendet werden:

$$\mathbf{1{,}108145946 \times AE - 216{,}2918919}$$

Für den vom **Arbeitnehmer** zu tragenden Anteil am Gesamtsozialversicherungsbeitrag wird als beitragspflichtige Einnahme ein separat zu ermittelnder Betrag zugrunde gelegt, der sich nach folgender Formel berechnet:

BE = [2.000/(2.000 – G)] × (AE – G)

Für die Zeit ab 1.1.2023 kann folgende **Kurzformel** verwendet werden:

1,351351351 × AE – 702,702702

5.2 Beiträge aus Abgeltungen von Zeitguthaben

Zum 1.1.2023 wird durch das 8. SGB IV-Änderungsgesetz (lt. Gesetzesentwurf) eine rechtliche Grundlage zur beitragsrechtlichen Behandlung und Zuordnung von Zeitguthaben geschaffen, die nicht durch Freistellung von der Arbeitsleistung ausgeglichen, sondern kumuliert in Arbeitsentgelt abgegolten und erst nach Beendigung oder bei Ruhen der Beschäftigung ausgezahlt werden (§ 23d SGB IV).

In diesen Fällen ist das abgegoltene Arbeitszeitguthaben **wie einmalig gezahltes Arbeitsentgelt** beitragsrechtlich dem letzten Entgeltabrechnungszeitraum zuzuordnen, selbst wenn dieser nicht im laufenden Kalenderjahr liegt. Der Charakter der Abgeltungsleistung als laufendes Arbeitsentgelt bleibt jedoch unberührt, mit der Folge, dass daraus neben den Beiträgen auch Umlagen nach dem Aufwendungsausgleichsgesetz (AAG) zu zahlen sind (s. Abschn. 2.6).

5.3 Neue Hinzuverdienstgrenzen für Rentner

Durch das 8. SGB IV-Änderungsgesetz wurden die Hinzuverdienstgrenzen für Rentner ab dem 1.1.2023 neu geregelt. Die Hinzuverdienstgrenze für Frührentner entfällt komplett (lt. Entwurf des 8. SGB IV-Änderungsgesetzes). Bei Bezug einer **vorgezogenen Altersrente** kann nunmehr – wie bereits heute schon ab Erreichen der Regelaltersgrenze – hinzuverdient werden, ohne dass es zu einer Anrechnung auf die Rente kommt (§ 34 SGB VI).

Bei Erwerbsminderungsrenten wurden die Hinzuverdienstgrenzen deutlich angehoben. Bei Bezug einer **Rente wegen teilweiser Erwerbsminderung** beträgt die Hinzuverdienstgrenze 6/8 des 14-fachen der monatlichen Bezugsgröße (West) und verändert sich damit entsprechend der Lohnentwicklung. Im Jahr 2023 beträgt diese Hinzuverdienstgrenze 35.647,50 EUR.

Die jährliche Hinzuverdienstgrenze für **Renten wegen voller Erwerbsminderung** beträgt künftig 3/8 des 14-fachen der Bezugsgröße (West). Somit ist im Jahr 2023 ein jährlicher Hinzuverdienst von 17.823,75 EUR anrechnungsfrei (§ 96a Abs. 1c SGB VI).

5.4 Wegfall der Vorlagepflicht des Sozialversicherungsausweises

Ebenfalls durch das 8. SGB IV-Änderungsgesetz (lt. Gesetzesentwurf) wird die Pflicht zur Vorlage eines Sozialversicherungsausweises durch den automatisierten Abruf der Versicherungsnummer durch den Arbeitgeber im elektronischen Arbeitgebermeldeverfahren bei der Datenstelle der Rentenversicherung abgelöst (Wegfall des § 18h SGB IV). Außerdem wird der Sozialversicherungsausweis durch den **Versicherungsnummernachweis** ersetzt, den die Rentenversicherung für jede Person ausstellt, für die sie eine Versicherungsnummer vergibt (§ 146 Abs. 4–6 SGB VI).

5.5 Minijobber: Elektronischer Antrag auf Befreiung von der Rentenversicherungspflicht

Geringfügig entlohnt Beschäftigte sind rentenversicherungspflichtig, können sich aber auf Antrag von der Rentenversicherungspflicht befreien lassen (§ 6 Abs. 1 Satz 1 Nr. 1 SGB VI, § 6 Abs. 1b Satz 1 SGB VI).

Bislang konnte dieser Befreiungsantrag ausschließlich in Schriftform dem Arbeitgeber übergeben werden. Durch das 8. SGB IV-Änderungsgesetz (lt. Gesetzesentwurf) wurde die Möglichkeit geschaffen, dass der Beschäftigte vom 1.1.2023 an den Antrag seinem Arbeitgeber auch elektronisch übermitteln kann (§ 6 Abs. 1b Satz 2 SGB VI).

Der Befreiungsantrag ist vom Arbeitgeber zu den Entgeltunterlagen zu nehmen (§ 8 Abs. 2 BVV).

5.6 Elektronische Arbeitsunfähigkeitsbescheinigung (eAU)

Ab Januar 2023 erhalten Arbeitgeber die Daten zur Arbeitsunfähigkeit ihrer Mitarbeiter von den Krankenkassen **nur noch elektronisch**. Für Arbeitgeber wird das Meldeverfahren zur elektronischen Arbeitsunfähigkeitsbescheinigung (eAU) somit verpflichtend (§ 109 SGB IV).

Die Krankenkassen stellen den Arbeitgebern nach Eingang der digitalen Arbeitsunfähigkeitsdaten eine Meldung zum elektronischen Abruf bereit. Diese enthält folgende Informationen:

- Name des Beschäftigten,
- Beginn und Ende der Arbeitsunfähigkeit,

- Datum der ärztlichen Feststellung der Arbeitsunfähigkeit,
- Kennzeichnung als Erst- oder Folgemeldung und
- Angabe, ob Anhaltspunkte dafür vorliegen, dass die Arbeitsunfähigkeit auf einem Arbeitsunfall oder sonstigen Unfall oder auf den Folgen eines Arbeitsunfalls oder sonstigen Unfalls beruht.

Die Arbeitgeber benötigen für den Abruf der Daten ein zertifiziertes Entgeltabrechnungsprogramm oder eine elektronisch gestützte systemgeprüfte Ausfüllhilfe (sv.net).

Die Arbeitnehmer müssen ihre Arbeitsunfähigkeitsbescheinigung nicht mehr in Papierform ihrem Arbeitgeber vorlegen, sind aber weiterhin verpflichtet, den Arbeitgeber unverzüglich über die Arbeitsunfähigkeit zu informieren. Außerdem erhalten die Arbeitnehmer vom Arzt wie gewohnt eine Arbeitsunfähigkeitsbescheinigung auf Papier für ihre eigenen Unterlagen.

Das eAU-Verfahren gilt für gesetzlich krankenversicherte Arbeitnehmer sowie auch für Minijobber im gewerblichen Bereich, nicht aber für privat krankenversicherte Arbeitnehmer und auch nicht für Minijobber in Privathaushalten.

5.7 Elektronisch unterstützte Betriebsprüfung (euBP)

Die Betriebsprüfungen durch die Rentenversicherung finden spätestens alle 4 Jahre statt. Bislang konnte der Arbeitgeber die für die Prüfung erforderlichen Daten der Entgeltabrechnung an die Rentenversicherungsträger freiwillig elektronisch übermitteln. Die elektronisch unterstützte Betriebsprüfung war insofern lediglich ein Angebot der Rentenversicherung an die Arbeitgeber. Mit dem 7. SGB IV-Änderungsgesetz wurde die rechtliche Grundlage geschaffen, dass ab dem 1.1.2023 die euBP für die Arbeitgeber **grundsätzlich verpflichtend** ist (§ 28p Abs. 6a Satz 1 SGB IV). Für Zeiträume bis zum 31.12.2026 kann sich der Arbeitgeber auf Antrag vom zuständigen Rentenversicherungsträger von der Übermittlung der Daten befreien lassen. Von dieser Möglichkeit können z. B. Arbeitgeber Gebrauch machen, die noch nicht über die notwendigen technischen Voraussetzungen verfügen.

5.8 Kassenwahlrecht

Die Krankenkassen erhöhen zum 1.1.2023 auf breiter Front ihre kassenindividuellen Zusatzbeitragssätze (s. Abschn. 2.1). Grundsätzlich hat die Krankenkasse vor der Erhöhung des Zusatzbeitragssatzes ihre Mitglieder in einem gesonderten Schreiben auf das ihnen deshalb zustehende Sonderkündigungsrecht, auf die Höhe des durchschnittlichen Zusatzbeitragssatzes (2023: 1,6 %) sowie auf die Übersicht des GKV-Spitzenverbandes zu den Zusatzbeitragssätzen hinzuweisen (§ 175 Abs. 4 Satz 7 SGB V).

Durch das GKV-Finanzstabilisierungsgesetz wurde diese individualisierte Hinweispflicht der Krankenkassen bei Erhöhung des Zusatzbeitragssatzes für ein halbes Jahr ausgesetzt. Erhöhen Krankenkassen ihren Zusatzbeitragssatz in der Zeit vom 1.1.2023 bis 30.6.2023, können sie die Informationen auf andere geeignete Weise, z. B. auf ihren Internetseiten oder in ihren Mitgliederzeitschriften, weitergeben (§ 175 Abs. 4a SGB V).

Daten, Checklisten und Übersichten zur Personalarbeit

Arbeitnehmergruppen (schutzbedürftige)

In der folgenden Übersicht sind die wesentlichen arbeitsrechtlichen Besonderheiten zusammengestellt, die bei der Beschäftigung bestimmter, vom Gesetzgeber als besonders schutzwürdig anerkannter Arbeitnehmergruppen zu beachten sind.

Arbeitnehmergruppe	Urlaub	Kündigung	Arbeitszeit	Beschäftigungsverbot
Jugendliche zwischen 15 und 17 Jahren, die nicht mehr der Vollzeitschulpflicht unterliegen[1]	bis 16 Jahre: 30 Werktage bis 17 Jahre: 27 Werktage bis 18 Jahre: 25 Werktage	Außerhalb von § 113 BGB nur gegenüber gesetzlichem Vertreter möglich[2]	Grundsatz: 8 Stunden/Tag bzw. 40 Stunden/Woche (§ 8 JArbSchG) Ausnahmen vor allem in der Landwirtschaft[3]	§§ 22 ff. JArbSchG: bestimmte gefährliche Arbeiten Akkordarbeit, tempoabhängige Arbeit, Arbeit unter Tage
schwangere Arbeitnehmerinnen	kein erhöhter Mindesturlaub	während der Schwangerschaft und 4 Monate nach der Entbindung bzw. nach einer Fehlgeburt nach der 12. Schwangerschaftswoche grundsätzlich nicht möglich (§ 17 MuSchG)[4]	verboten ist: a) Mehrarbeit[5] b) Nachtarbeit[6] c) Sonn- und Feiertagsarbeit[7]	a) generelles Verbot: 6 Wochen vor und 8[8] Wochen nach der Entbindung (§ 3 MuSchG) b) bestimmte Beschäftigungsarten (vgl. § 11 MuSchG) wie: – schwere körperliche Arbeiten – Arbeiten, bei denen die Frau gesundheitsschädlichen Einflüssen ausgesetzt ist c) Verbot in Einzelfällen: bei Gefahren für Mutter und/oder Kind nach ärztlichem Zeugnis (§ 16 MuSchG)

Arbeitnehmergruppe	Urlaub	Kündigung	Arbeitszeit	Beschäftigungsverbot
schwerbehinderte Menschen	Zusatzurlaub von 5 (Arbeits-) Tagen	nur möglich nach vorheriger Zustimmung des Integrationsamts	schwerbehinderte Menschen sind auf ihr Verlangen von Mehrarbeit freizustellen	für schwerbehinderte Menschen bestehen keine Beschäftigungsverbote

1 In der Regel unterliegen Jugendliche in diesem Alter nicht mehr der Vollzeitschulpflicht.

2 § 113 BGB bestimmt, dass in den Fällen, in denen der gesetzliche Vertreter den Jugendlichen ermächtigt, in ein Dienst- oder Arbeitsverhältnis zu treten, der Minderjährige für solche Geschäfte unbeschränkt geschäftsfähig ist, die die Eingehung oder Aufhebung eines Dienst- oder Arbeitsverhältnisses der gestatteten Art betreffen. Daher kann ein Minderjähriger auch die Kündigungserklärung durch den Arbeitgeber entgegennehmen.

3 In der Erntezeit verlängert sich für Jugendliche über 16 Jahren die zulässige Arbeitszeit auf 9 Stunden täglich und 85 Stunden in der Doppelwoche, § 8 Abs. 3 JArbSchG.

4 Nach § 17 Abs. 2 MuSchG kann die zuständige oberste Landesbehörde in besonderen Fällen eine Kündigung ausnahmsweise für zulässig erklären.

5 Unter Mehrarbeit in diesem Sinne versteht man jede Arbeit über 8,5 Stunden täglich oder 90 Stunden in der Doppelwoche (bei Frauen unter 18 Jahren: 8 Stunden täglich/80 Stunden in der Doppelwoche), § 4 Abs. 1 MuSchG.

6 Die Nachtzeit ist die Zeit zwischen 20 und 6 Uhr, § 5 Abs. 1 MuSchG. Nachtarbeit bis 22 Uhr ist zulässig, wenn die Voraussetzungen des § 28 MuSchG erfüllt sind. Voraussetzung ist danach die Genehmigung der Nachtarbeit zwischen 20 und 22 Uhr durch die Aufsichtsbehörde nach einem entsprechenden Antrag des Arbeitgebers. Des Weiteren muss sich die Frau zu der Nachtarbeit zwischen 20 und 22 Uhr ausdrücklich bereit erklären, nach ärztlichem Zeugnis darf nichts gegen die Beschäftigung sprechen und eine unverantwortbare Gefährdung für die Frau oder ihr Kind durch Alleinarbeit muss ausgeschlossen sein.

7 Schwangere und stillende Frauen dürfen grundsätzlich nicht an Sonn- oder Feiertagen beschäftigt werden, § 6 Abs. 1 Satz 1 MuSchG. Eine Sonn- und Feiertagsarbeit ist zulässig, wenn sich die Frau dazu ausdrücklich bereit erklärt, eine Ausnahme vom allgemeinen Verbot der Arbeit an Sonn- und Feiertagen nach § 10 ArbZG zugelassen ist, der Frau in jeder Woche im Anschluss an eine ununterbrochene Nachtruhezeit von mindestens 11 Stunden ein Ersatzruhetag gewährt wird und eine unverantwortbare Gefährdung für die schwangere Frau oder ihr Kind durch Alleinarbeit ausgeschlossen ist.

8 Bei Früh- und/oder Mehrlingsgeburten und wenn beim Kind innerhalb von 8 Wochen nach der Entbindung eine Behinderung festgestellt wird (und die Mutter eine Verlängerung der Schutzfrist beantragt): 12 Wochen nach der Entbindung. Bei vorzeitiger Entbindung verlängern sich die Schutzfristen nach der Entbindung um den Zeitraum der Verkürzung der Schutzfrist vor der Entbindung, vgl. § 3 MuSchG.

Arbeitnehmerzahl: Arbeitsrechtliche Konsequenzen

Einige rechtliche Konsequenzen ergeben sich erst ab einer bestimmten Arbeitnehmerzahl im Betrieb bzw. Unternehmen. Arbeitgeber sollten die wichtigsten, im Folgenden dargestellten Schwellen kennen. Bei Unter- bzw. Überschreiten dieser Grenzwerte durch entsprechenden Personalabbau oder -aufbau können sich erhebliche wirtschaftliche Folgen ergeben.

Im Einzelfall ist zu prüfen, welche Arbeitnehmer zu berücksichtigen sind (Leiharbeitnehmer, Auszubildende etc.), ob Teilzeitbeschäftigte anteilig in die Berechnung einfließen und welcher jeweilige Zeitpunkt (Zeitraum) zur zahlenmäßigen Feststellung vorgesehen ist.

Anzahl Beschäftigte	Rechtliche Konsequenzen
ab 1 Arbeitnehmer	Betriebsärztliche und sicherheitstechnische Betreuung (§§ 2, 5 ASiG)
	Aushang des Arbeitszeitgesetzes (§ 16 ArbZG)
	Auslage des für den Betrieb maßgebenden Tarifvertrages (§ 8 TVG; § 9 DVO TVG)
	Gewährung von Kurzarbeitergeld (§§ 95, 96 SGB III)
	Bestellung eines Datenschutzbeauftragten bei geschäftsmäßiger Verarbeitung personenbezogener Daten zum Zweck der Übermittlung oder für die Markt- und Meinungsforschung oder wenn eine Datenschutz-Folgeabschätzung nach Art. 35 DSGVO erforderlich ist.
ab 1 schwerbehinderter Mensch	Anspruch auf Teilzeitarbeit, wenn die kürzere Arbeitszeit wegen der Schwere der Behinderung notwendig ist (§ 164 Abs. 5 Satz 3 SGB IX)
ab 1 Jugendlicher	Aushang des Jugendarbeitsschutzgesetzes (§ 47 JArbSchG)
ab 1 Versicherten	Meldung eines Arbeitsunfalls oder einer Berufskrankheit (§ 193 SGB VII)
bis 2 Arbeitnehmer oder Heimarbeiter	Hausgewerbetreibende können den Heimarbeitern gleichgestellt werden (§ 1 i. V. m. § 2 HAG)
3 wahlberechtigte Arbeitnehmer	Recht zur Einladung zu einer Betriebsversammlung und Vorschlagsrecht für Wahlvorstände (§ 17 Abs. 3 BetrVG)
3 wahlberechtigte schwerbehinderte Menschen	Einladung zu einer Versammlung zur Bestellung des Wahlvorstandes (§ 1 Abs. 2 SchwbWO)
ab 3 leitende Angestellte	Recht zur Einladung zur Wahl eines Wahlvorstands (§ 7 Abs. 2 SprAuG) und Einreichung von Wahlvorschlägen (§ 6 Abs. 4 SprAuG)
3 Jugendliche	Aushang über Arbeitszeit und Pausen (§ 48 JArbSchG)

Anzahl Beschäftigte	Rechtliche Konsequenzen
mehr als 3 beschäftigte Frauen	Aushang des Mutterschutzgesetzes (§ 26 Abs. 1 MuSchG)
ab 5 Arbeitnehmer	Wahl eines Betriebsrats, wenn 3 von ihnen wählbar sind (§ 1 Abs. 1 BetrVG)
	Mitbestimmung des Betriebsrats in sozialen Angelegenheiten (§ 87 BetrVG) und Mitwirkung bei Kündigungen (§ 102 BetrVG)
	Mitwirkung des Betriebsrats bei der Berufsbildung (§§ 96 ff. BetrVG)
	Zustimmungserfordernis bei Versetzung und u. a. Kündigung von Mitgliedern des Betriebsrats der Jugendvertretung des Wahlvorstandes sowie von Wahlbewerbern (§ 103 BetrVG)
ab 5 wahlberechtigte Beschäftigte	Wahl eines Personalrats, wenn 3 von ihnen wählbar sind (§ 13 BPersVG)
ab 5 Jugendliche/ Auszubildende	Errichtung einer Jugend- und Auszubildendenvertretung (§ 60 Abs. 1 BetrVG)
5 Auszubildende	Errichtung einer besonderen Interessenvertretung in einer sonstigen Berufsbildungseinrichtung (§ 51 Abs. 1 BBiG)
5 schwerbehinderte Menschen	Wahl einer Schwerbehindertenvertretung (Vertrauensperson; § 177 Abs. 1 SGB IX; § 52 Abs. 1 MAVO; § 50 Abs. 1 MVG)
mehr als 5 Alt-Arbeitnehmer[1] bis zu 10 Arbeitnehmer	Kündigungsschutzgesetz gilt für Alt-Arbeitnehmer, deren Arbeitsverhältnis vor 2004 begonnen hat (§ 23 Abs. 1 Satz 2 KSchG)
5 – 20 wahlberechtigte Arbeitnehmer	Der Betriebsrat besteht aus einer Person (§ 9 Abs. 1 BetrVG; § 115 BetrVG)
5 – 20 Beschäftigte	Der Personalrat besteht aus einer Person (§ 16 Abs. 1 BPersVG)
5 – 20 Jugendliche/ Auszubildende	Ein Jugend- und Auszubildendenvertreter (§ 62 Abs. 1 BetrVG; § 59 Abs. 1 BPersVG)

[1] Für sog. Alt-Arbeitnehmer, deren Arbeitsverhältnis schon vor dem 1.1.2004 begonnen hat, gilt gem. § 23 Abs. 1 Satz 2 KSchG der Schwellenwert 5,25 für das sachliche Eingreifen des KSchG. Alt-Arbeitnehmer genießen auch in Betrieben mit nur 10 oder weniger Arbeitnehmern solange Kündigungsschutz, wie ihre Anzahl nicht auf 5 oder weniger fällt.

Anzahl Beschäftigte	Rechtliche Konsequenzen
5 – 100 wahlberechtigte Arbeitnehmer	Es findet ein vereinfachtes Wahlverfahren statt (§ 14a Abs. 1 BetrVG)
	Die Fristen für die Bildung eines Wahlvorstandes sind verkürzt (§ 17a BetrVG)
	In besonderen Fällen kann der Betriebsrat auf nur einer Wahlversammlung gewählt werden (§ 17a BetrVG)
5 – 100 Jugendliche/ Auszubildende	Die JAV wird in einem vereinfachten Wahlverfahren gewählt (§ 63 Abs. 4 i. V. m. § 14a BetrVG)
mehr als 5 Arbeitnehmer	Anzeigepflicht bei Entlassungen bei Betriebsgröße von mehr als 20 und weniger als 60 Arbeitnehmern (§ 17 Abs. 1 KSchG)
mehr als 5 leitende Angestellte	Auf die leitenden Angestellten entfällt mindestens ein Delegierter (§ 11 Abs. 3 MibestG)
weniger als 10 leitende Angestellte	Angestellte werden dem räumlich nächst gelegenen Betrieb zugerechnet (§ 1 Abs. 2 SprAuG)
ab 10 leitende Angestellte	Es kann ein Sprecherausschuss gebildet werden (§§ 1, 4 Abs. 1 SprAuG)
	Wahl eines Unternehmens- statt eines Betriebssprecherausschusses (§ 20 Abs. 1 SprAuG)
mehr als 10 Arbeitnehmer	Kündigungsschutzgesetz gilt für alle Arbeitnehmer, die länger als 6 Monate im Betrieb arbeiten (§ 23 Abs. 1 Satz 3 KSchG)
mehr als 10 Beschäftigte	Errichtung eines Pausenraums (ASR A4.2)
10 – 20 leitende Angestellte	Der Sprecherausschuss besteht aus einer Person (§ 4 SprAuG)
mehr als 15 Arbeitnehmer	Allgemeiner Anspruch auf Teilzeitarbeit (§ 8 Abs. 7 TzBfG)
	Anspruch auf Teilzeitarbeit während der Elternzeit (§ 15 Abs. 7 BEEG)
bis 20 Arbeitnehmer	Einzelvertraglich kann eine kürzere Kündigungsfrist vereinbart werden (§ 622 Abs. 5 BGB)
bis 20 wahlberechtigte Arbeitnehmer	Keine Unterzeichnung von Wahlvorschlägen (§ 14 Abs. 4 BetrVG)
ab 20 Personen	Bestellung eines Datenschutzbeauftragten, wenn automatisierte personenbezogene Daten erhoben, verarbeitet oder genutzt werden (§§ 37 ff. DSGVO, 38 BDSG)

Anzahl Beschäftigte	Rechtliche Konsequenzen
ab 20 Arbeitsplätzen	Beginn der Pflicht zur Beschäftigung schwerbehinderter Menschen (§ 154 Abs. 1 SGB IX); ersatzweise Ausgleichspflicht[2]
20 – weniger als 40 Arbeitsplätze	Es muss ein schwerbehinderter Mensch beschäftigt werden; wenn dieser Pflichtplatz nicht besetzt wird, ist eine Ausgleichsabgabe zu zahlen (§§ 154 Abs. 1, 160 Abs. 2 SGB IX)
mehr als 20 Beschäftigte	Arbeitsschutz: Bestellung von Sicherheitsbeauftragten (§ 22 SGB VII)
	Bildung eines Arbeitsschutzausschusses (§ 11 ASiG)
mehr als 20 wahlberechtigte Arbeitnehmer	Mitbestimmung des Betriebsrats bei personellen Einzelmaßnahmen (§ 99 BetrVG) und Betriebsänderungen (§§ 111, 112 BetrVG)
mehr als 20 und weniger als 60 Arbeitnehmer	Anzeigepflicht bei mehr als 5 Entlassungen innerhalb von 30 Kalendertagen (§ 17 KSchG)
mehr als 20 wahlberechtigte – 1.000 Arbeitnehmer	Unterrichtung der Arbeitnehmer über die wirtschaftliche Lage und Entwicklung des Unternehmens mindestens einmal vierteljährlich (§ 110 Abs. 2 BetrVG)
21 – 50 wahlberechtigte Arbeitnehmer	3 Betriebsratsmitglieder (§ 9 Abs. 1 BetrVG)
21 – 50 Jugendliche/ Auszubildende	3 Jugend- und Auszubildendenvertreter (§ 62 BetrVG; § 59 Abs. 1 BPersVG)
21 wahlberechtigte – 50 Beschäftigte	3 Personalratsmitglieder (§ 16 BPersVG)
21 – 50 nicht ständig Beschäftigte	Die nicht ständig Beschäftigten wählen eine eigene Vertretung mit einem Vertreter (§ 65 Abs. 1 BPersVG)
21 – 59 Arbeitnehmer	Entlassung von mehr als 5 Arbeitnehmern innerhalb von 30 Kalendertagen muss angezeigt werden (§ 17 Abs. 1 KSchG)
21 – 100 leitende Angestellte	Sprecherausschuss besteht aus 3 Personen (§ 4 SprAuG)
21 – 100 wahlberechtigte Arbeitnehmer	Mindestens 2 wahlberechtigte Arbeitnehmer müssen einen Wahlvorschlag unterzeichnen (§ 14 Abs. 4 BetrVG)
mehr als 25 Arbeitnehmer	Anzeigepflicht bei Entlassungen bei Betriebsgröße von 60–499 Arbeitnehmern (§ 17 Abs. 1 KSchG)

[2] Arbeitgeber, die mindestens 20 Mitarbeiter beschäftigen, sind verpflichtet, mindestens 5 % ihrer Arbeitsplätze mit schwerbehinderten Menschen zu besetzen (§ 154 Abs. 1 SGB IX), darunter in angemessenem Umfang auch besonders schwer Betroffene (§ 155 SGB IX).

Anzahl Beschäftigte	Rechtliche Konsequenzen
bis 30 Arbeitnehmer	Ausgleich der Arbeitgeberaufwendungen für Entgeltfortzahlung, Mutterschaftsgeld und Entgelt während der Beschäftigungsverbote (§§ 1, 3 AAG)
mindestens 30 Arbeitnehmer	Anzeigepflicht bei Entlassungen bei Betriebsgröße ab 500 Arbeitnehmern (§ 17 Abs. 1 KSchG)
mehr als 45 Arbeitnehmer	Es gilt eine Zumutbarkeitsgrenze, wonach ein Anspruch auf Brückenteilzeit nur pro angefangene 50 Arbeitnehmer besteht (§ 9a Abs. 2 TzBfG)
46 – 60 Arbeitnehmer	Der Anspruch auf Brückenteilzeit kann abgelehnt werden, wenn bereits 4 Arbeitnehmer ihre Arbeitszeit nach § 9a Abs. 2 TzBfG verringert haben
weniger als 50 wahlberechtigte schwerbehinderte Menschen	Es findet ein vereinfachtes Wahlverfahren statt (§ 177 Abs. 6 Satz 3 SGB IX)
50 Arbeitnehmer	Ein Betriebsrat ist zu wählen, wenn mit Ablauf von 24 Monaten, vom Tage der Wahl gerechnet, die Zahl der regelmäßig beschäftigten Arbeitnehmer um die Hälfte, mindestens aber um 50, gestiegen oder gesunken ist (§ 13 Abs. 2 BetrVG)
50 wahlberechtigte Arbeitnehmer	In jedem Fall ist die Unterzeichnung von Wahlvorschlägen ausreichend (§ 14 Abs. 4 BetrVG)
50 Beschäftigte	Ein Personalrat ist zu wählen, wenn mit Ablauf von 24 Monaten, vom Tage der Wahl gerechnet, die Zahl der regelmäßig beschäftigten Arbeitnehmer um die Hälfte, mindestens aber um 50, gestiegen oder gesunken ist (§ 27 Abs. 2 BPersVG)
weniger als 51 Gruppenangehörige	Im Personalrat ist jede Gruppe mindestens mit einem Beschäftigten vertreten (§ 17 Abs. 3 BPersVG)
51 wahlberechtigte Arbeitnehmer – 100 Arbeitnehmer	Die Zahl der Betriebsratsmitglieder beträgt 5 Mitglieder (§ 9 Abs. 1 BetrVG)
51 – 100 wahlberechtigte Mitarbeiter	5 Mitarbeitervertreter (§ 6 Abs. 2 MAVO)
51 – 150 Jugendliche/ Auszubildende	5 Jugend- und Auszubildendenvertreter (§ 62 Abs. 1 BetrVG)
51 – 150 Beschäftigte	5 Personalratsmitglieder (§ 16 Abs. 1 BPersVG)
51 – 200 Gruppenangehörige	Im Personalrat ist jede Gruppe mindestens mit 2 Beschäftigten vertreten (§ 17 Abs. 3 BPersVG)
51 – 200 Jugendliche/ Auszubildende	5 Jugend- und Auszubildendenvertreter (§ 59 Abs. 1 BPersVG)

Anzahl Beschäftigte	**Rechtliche Konsequenzen**
weniger als 60 Arbeitnehmer	Sozialplan erzwingbar, wenn 20 %, mindestens 6 Arbeitnehmer entlassen werden (§ 112a BetrVG)
weniger als 60 Arbeitsplätze	Es müssen 2 schwerbehinderte Menschen beschäftigt werden; wenn diese Pflichtplätze nicht besetzt werden, ist eine Ausgleichsabgabe zu zahlen (§§ 154 Abs. 1, 160 Abs. 2 SGB IX)
60 – 249 Arbeitnehmer	Sozialplan erzwingbar, wenn 20 %, mindestens 37 Arbeitnehmer entlassen werden (§ 112a BetrVG)
mehr als 60 und weniger als 500 Arbeitnehmer	Arbeitgeber muss Entlassungen von 10 % der Belegschaft oder mehr als 25 Arbeitnehmern bei der Arbeitsagentur anzeigen (§ 17 KSchG)
61 – 75 Arbeitnehmer	Der Anspruch auf Brückenteilzeit kann abgelehnt werden, wenn bereits 5 Arbeitnehmer ihre Arbeitszeit nach § 9a Abs. 2 TzBfG verringert haben
76 – 90 Arbeitnehmer	Der Anspruch auf Brückenteilzeit kann abgelehnt werden, wenn bereits 6 Arbeitnehmer ihre Arbeitszeit nach § 9a Abs. 2 TzBfG verringert haben
je 90 wahlberechtigte Arbeitnehmer	Ein Delegierter (§ 9 MitbestErgG; § 11 MitbestG)
91 – 105 Arbeitnehmer	Der Anspruch auf Brückenteilzeit kann abgelehnt werden, wenn bereits 7 Arbeitnehmer ihre Arbeitszeit nach § 9a Abs. 2 TzBfG verringert haben
100 Arbeitnehmer aus verschiedenen Mitgliedstaaten	Antrag auf Bildung des besonderen Verhandlungsgremiums (§ 9 Abs. 2 EBRG)
ab 100 schwerbehinderten Menschen	Die Vertrauensperson ist auf Wunsch von der Arbeit freizustellen (§ 179 Abs. 4 SGB IX)
mehr als 100 Arbeitnehmer	Bildung eines Wirtschaftsausschusses (§ 106 Abs. 1 BetrVG)
	Betriebsrat kann Ausschüsse bilden (§ 28 Abs. 1 BetrVG)
	Betriebsrat kann bestimmte Aufgaben auf Arbeitsgruppen übertragen (§ 28a Abs. 1 BetrVG)
	Vorschläge des Betriebsrats zur Sicherung und Förderung müssen vom Arbeitgeber schriftlich und begründet abgelehnt werden (§ 92a Abs. 2 BetrVG)
mehr als 100 wahlberechtigte Arbeitnehmer	Wahlvorschläge müssen von mindestens einem Zwanzigstel der wahlberechtigten Arbeitnehmer unterzeichnet sein (§ 14 Abs. 4 BetrVG)

Anzahl Beschäftigte	Rechtliche Konsequenzen
mehr als 100 nicht ständig Beschäftigte	Die nicht ständig Beschäftigten wählen eine eigene Vertretung mit 3 Vertretern (§ 65 Abs. 1 BPersVG)
mehr als 100 Jugendliche/ Auszubildende	Die Jugend- und Auszubildendenvertretung kann eigene Ausschüsse bilden (§ 65 i. V. m. § 28 BetrVG)
mehr als 100 schwer-behinderte Menschen	Das mit der höchsten Stimmenzahl gewählte stell-vertretende Mitglied kann zu bestimmten Aufgaben herangezogen werden (§ 178 Abs. 1 Satz 4 SGB IX)
ab jeweils 100 weiteren schwerbehinderten Menschen	Es kann jeweils auch das mit der nächst höheren Stimmenzahl gewählte stellvertretende Mitglied herangezogen werden (§ 178 Abs. 1 Satz 5 SGB IX)
101 – 200 wahlberechtigte Arbeitnehmer	Der Wahlvorstand und der Arbeitgeber können die Anwendung des vereinfachten Wahlverfahrens vereinbaren (§ 14a Abs. 5 BetrVG)
101 – 200 Jugendliche/ Auszubildende	Der Wahlvorstand und der Arbeitgeber können die Anwendung des vereinfachten Wahlverfahrens vereinbaren (§ 63 Abs. 5, § 14a Abs. 5 BetrVG)
101 – 200 Arbeitnehmer	7 Betriebsratsmitglieder (§ 9 BetrVG)
101 – 300 leitende Ange-stellte	Sprecherausschuss besteht aus 5 Mitgliedern (§ 4 SprAuG)
106 – 120 Arbeitnehmer	Der Anspruch auf Brückenteilzeit kann abgelehnt werden, wenn bereits 8 Arbeitnehmer ihre Arbeitszeit nach § 9a Abs. 2 TzBfG verringert haben
121 – 135 Arbeitnehmer	Der Anspruch auf Brückenteilzeit kann abgelehnt werden, wenn bereits 9 Arbeitnehmer ihre Arbeitszeit nach § 9a Abs. 2 TzBfG verringert haben
136 – 150 Arbeitnehmer	Der Anspruch auf Brückenteilzeit kann abgelehnt werden, wenn bereits 10 Arbeitnehmer ihre Arbeitszeit nach § 9a Abs. 2 TzBfG verringert haben
151 – 300 Jugendliche/ Auszubildende	7 Jugend- und Auszubildendenvertreter (§ 62 Abs. 1 BetrVG)
151 – 300 Mitarbeiter	7 Personalratsmitglieder (§ 16 Abs. 1 BPersVG)
151 – 165 Arbeitnehmer	Der Anspruch auf Brückenteilzeit kann abgelehnt werden, wenn bereits 11 Arbeitnehmer ihre Arbeitszeit nach § 9a Abs. 2 TzBfG verringert haben
166 – 180 Arbeitnehmer	Der Anspruch auf Brückenteilzeit kann abgelehnt werden, wenn bereits 12 Arbeitnehmer ihre Arbeitszeit nach § 9a Abs. 2 TzBfG verringert haben

Anzahl Beschäftigte	Rechtliche Konsequenzen
181 – 195 Arbeitnehmer	Der Anspruch auf Brückenteilzeit kann abgelehnt werden, wenn bereits 13 Arbeitnehmer ihre Arbeitszeit nach § 9a Abs. 2 TzBfG verringert haben
196 – 200 Arbeitnehmer	Der Anspruch auf Brückenteilzeit kann abgelehnt werden, wenn bereits 14 Arbeitnehmer ihre Arbeitszeit nach § 9a Abs. 2 TzBfG verringert haben
200 – 500 Arbeitnehmer	1 freigestelltes Betriebsratsmitglied (§ 38 Abs. 1 BetrVG)
mehr als 200 Beschäftigte	Es kann ein Auskunftsanspruch geltend gemacht werden (§ 12 EntgTranspG)
	Der individuelle Auskunftsanspruch gilt auch für Beschäftigte gegenüber den Dienststellen (§ 16 EntgTranspG)
ab 201 Arbeitnehmer	Die laufenden Geschäfte können auf den Vorsitzenden oder andere Betriebsratsmitglieder übertragen werden (§ 27 BetrVG)
201 – 300 Jugendliche/ Auszubildende	7 Jugend- und Auszubildendenvertreter (§ 59 Abs. 1 BPersVG)
201 – 400 Arbeitnehmer	9 Betriebsratsmitglieder (§ 9 Abs. 1 BetrVG)
201 – 600 Gruppen-angehörige	Im Personalrat ist jede Gruppe mindestens mit 3 Beschäftigten vertreten (§ 17 Abs. 3 BPersVG)
201 – 1.500 Arbeitnehmer	5 Mitglieder Betriebsausschuss (§§ 27 Abs. 1, 9 BetrVG)
250 – 499 Arbeitnehmer	Sozialplan erzwingbar, wenn 15 %, mindestens 60 Arbeitnehmer entlassen werden (§ 112a BetrVG)
300 – 600 Beschäftigte	Ein Personalratsmitglied wird freigestellt (§ 46 Abs. 4 BPersVG)
mehr als 300 – 600 wahlberechtigte Mitarbeiter	2 Mitarbeitervertreter werden hälftig freigestellt (§ 15 Abs. 3 MAVO)
mehr als 300 Arbeitnehmer	Betriebsrat kann zu seiner Unterstützung einen Berater hinzuziehen (§ 111 BetrVG)
ab 301 leitende Angestellte	Sprecherausschuss besteht aus 7 Mitgliedern (§ 4 SprAuG)
301 – 500 Jugendliche/ Auszubildende	9 Jugend- und Auszubildendenvertreter (§ 62 Abs. 1 BetrVG)
301 – 600 Beschäftigte	9 Personalratsmitglieder (§ 16 Abs. 1 BPersVG)
301 – 1.000 Jugendliche/ Auszubildende	11 Jugend- und Auszubildendenvertreter (§ 59 Abs. 1 BPersVG)
401 – 700 Arbeitnehmer	11 Betriebsratsmitglieder (§ 9 Abs. 1 BetrVG)

Anzahl Beschäftigte	Rechtliche Konsequenzen
weniger als 500 Arbeitnehmer	Unternehmensmitbestimmung nach dem Mitbestimmungsgesetz entfällt (§ 325 UmwG; § 2 MitbestBeiG)
ab 500 Arbeitnehmer	Sozialplan erzwingbar, wenn 10 %, mindestens 60 Arbeitnehmer entlassen werden (§ 112a BetrVG)
	Arbeitgeber muss Entlassungen von 30 oder mehr Arbeitnehmern bei der Arbeitsagentur anzeigen (§ 17 Abs. 1 KSchG)
mehr als 500 Arbeitnehmer	Betriebsrat kann Aufstellung von Auswahlrichtlinien verlangen (§ 95 BetrVG)
	Mitbestimmung nach dem Drittelbeteiligungsgesetz (§ 1 Abs. 1 DrittelbG)
	Ein gemäß § 21 KSchG bei der Bundesagentur für Arbeit zu bildender Ausschuss trifft die Entscheidungen (§ 21 KSchG)
mehr als 500 Beschäftigte	Arbeitgeber sind verpflichtet, in ihren Lageberichten über den Stand der Gleichstellung zu informieren (§ 21 EntgTranspG)
	Durchführung eines betrieblichen Prüfungsverfahrens (freiwillig) (§ 17 Abs. 1 EntgTranspG)
	Ein betriebliches Prüfverfahren ist unter Beteiligung der betrieblichen Interessenvertretung durchzuführen (§§ 17 Abs. 2, 20 EntgTranspG)
501 – 700 Jugendliche/ Auszubildende	11 Jugend- und Auszubildendenvertreter (§ 62 Abs. 1 BetrVG)
501 – 900 Arbeitnehmer	2 freigestellte Betriebsratsmitglieder (§ 38 Abs. 1 BetrVG)
601 – 1.000 Beschäftigte	11 Personalratsmitglieder (§ 16 Abs. 1 BPersVG)[3]
	2 Personalratsmitglieder werden freigestellt (§ 46 Abs. 4 BPersVG)
601 – 1.000 Gruppenangehörige	Im Personalrat ist jede Gruppe mindestens mit 4 Beschäftigten vertreten (§ 17 Abs. 3 BPersVG)
701 – 1.000 Arbeitnehmer	13 Betriebsratsmitglieder (§ 9 Abs. 1 BetrVG)
701 – 1.000 Jugendliche/ Auszubildende	13 Jugend- und Auszubildendenvertreter (§ 62 Abs. 1 BetrVG)

[3] Die Zahl der Mitglieder der Personalvertretung erhöht sich in Dienststellen mit 1.001 bis 5.000 Beschäftigten um je 2 für je weitere angefangene 1.000, mit 5.001 und mehr Beschäftigten um je 2 für je weitere angefangene 2.000. Die Höchstzahl der Mitglieder beträgt 31.

Anzahl Beschäftigte	Rechtliche Konsequenzen
901 – 1.500 Arbeitnehmer	3 freigestellte Betriebsratsmitglieder (§ 38 Abs. 1 BetrVG)
mehr als 1.000 Jugendliche/ Auszubildende	15 Jugend- und Auszubildendenvertreter (§ 62 Abs. 1 BetrVG; § 59 Abs. 1 BPersVG)
mehr als 1.000 Arbeitnehmer	Belegschaft muss einmal im Kalendervierteljahr schriftlich über die wirtschaftliche Lage des Unternehmens unterrichtet werden (§ 110 Abs. 1 BetrVG)
1.001 – 1.500 Arbeitnehmer	15 Betriebsratsmitglieder (§ 9 Abs. 1 BetrVG)
1.001 – 1.500 wahlberechtigte Mitarbeiter	13 Mitarbeitervertreter (§ 8 Abs. 1 MVG)
1.001 – 2.000 Beschäftigte	3 Personalratsmitglieder werden freigestellt (§ 46 Abs. 4 BPersVG)
1.001 – 3.000 Gruppenangehörige	Im Personalrat ist jede Gruppe mit mindestens 5 Beschäftigten vertreten (§ 17 Abs. 3 BPersVG)
1.501 – 2.000 Arbeitnehmer	17 Betriebsratsmitglieder (§ 9 Abs. 1 BetrVG)
	4 Betriebsratsmitglieder werden freigestellt (§ 38 Abs. 1 BetrVG)
1.501 – 3.500 Arbeitnehmer	7 Mitglieder Betriebsausschuss (§§ 27 Abs. 1, 9 BetrVG)
mehr als 2.000 Arbeitnehmer	Geltungsbereich des Mitbestimmungsgesetzes (§ 1 MitbestG)
mehr als 2.000 – 8.000 Arbeitnehmer	Wahl der Aufsichtsratsmitglieder in unmittelbarer Wahl (§§ 9, 10–17 MitbestG; § 7 MontanMitbestG)
2.001 – 2.500 Arbeitnehmer	19 Betriebsratsmitglieder (§ 9 Abs. 1 BetrVG)
2.001 – 3.000 Arbeitnehmer	5 freigestellte Betriebsratsmitglieder (§ 38 Abs. 1 BetrVG)
2.001 – 3.000 Beschäftigte	4 freigestellte Personalratsmitglieder (§ 46 Abs. 4 BPersVG)
2.001 – 10.000 Arbeitnehmer	6 Aufsichtsratsmitglieder der Arbeitnehmer (§ 7 Abs. 1 MitbestG)
mehr als 2.250 Arbeitnehmer	Die Zahl der zu wählenden Delegierten vermindert sich auf ein Viertel (§ 9 MitbestErgG; § 11 MitbestG; § 52 – 1. WOMitbestG; § 56 – 2. + 3. WOMitbestG)
2.501 – 3.000 Arbeitnehmer	21 Betriebsratsmitglieder (§ 9 Abs. 1 BetrVG)
3.001 und mehr Gruppenangehörige	Im Personalrat ist jede Gruppe mindestens mit 6 Beschäftigten vertreten (§ 17 Abs. 3 BPersVG)
3.001 – 3.000 Arbeitnehmer	23 Betriebsratsmitglieder (§ 9 Abs. 1 BetrVG)

Anzahl Beschäftigte	Rechtliche Konsequenzen
3.001 – 4.000 Beschäftigte	5 freigestellte Personalratsmitglieder (§ 46 Abs. 4 BPersVG)
3.501 – 4.000 Arbeitnehmer	25 Betriebsratsmitglieder (§ 9 Abs. 1 BetrVG)
	6 freigestellte Betriebsratsmitglieder (§ 38 Abs. 1 BetrVG)
3.501 – 9.000 Arbeitnehmer	Betriebsausschuss: 9 Mitglieder (§§ 27 Abs. 1, 9 BetrVG)
4.001 – 4.500 Arbeitnehmer	27 Betriebsratsmitglieder (§ 9 Abs. 1 BetrVG)
4.001 – 5.000 Beschäftigte	6 freigestellte Personalratsmitglieder (§ 46 Abs. 4 BPersVG)
4.001 – 5.000 Arbeitnehmer	7 freigestellte Betriebsratsmitglieder (§ 38 Abs. 1 BetrVG)
mehr als 4.500 Arbeitnehmer	Die Zahl der zu wählenden Delegierten vermindert sich auf ein Viertel (§ 9 MitbestErgG; § 11 MitbestG; § 52 – 1. WOMitbestG; § 56 – 2. + 3. WOMitbestG)
4.501 – 5.000 Arbeitnehmer	29 Betriebsratsmitglieder (§ 9 Abs. 1 BetrVG)
ab 5.000 versicherungspflichtige Arbeitnehmer	Es kann eine Betriebskrankenkasse errichtet werden (§ 149 Abs. 1 SGB V)
5.001 – 6.000 Arbeitnehmer	31 Betriebsratsmitglieder (§ 9 Abs. 1 BetrVG)
	8 freigestellte Betriebsratsmitglieder (§ 38 Abs. 1 BetrVG)
5.001 – 6.000 Beschäftigte	7 freigestellte Personalratsmitglieder (§ 46 Abs. 4 BPersVG)
mehr als 5.400 wahlberechtigte Arbeitnehmer	Die Zahl der zu wählenden Delegierten vermindert sich auf ein Viertel (§ 9 MitbestErgG; § 11 MitbestG; § 52 – 1. WOMitbestG; § 56 – 2. + 3. WOMitbestG)
6.001 – 7.000 Arbeitnehmer	33 Betriebsratsmitglieder (§ 9 Abs. 1 BetrVG)
	9 freigestellte Betriebsratsmitglieder (§ 38 Abs. 1 BetrVG)
6.001 – 7.000 Beschäftigte	8 freigestellte Personalratsmitglieder (§ 46 Abs. 4 BPersVG)
mehr als 6.750 Arbeitnehmer	Die Zahl der zu wählenden Delegierten vermindert sich auf ein Viertel (§ 9 MitbestErgG; § 11 MitbestG; § 52 – 1. WOMitbestG; § 56 – 2. + 3. WOMitbestG)
7.001 – 8.000 Arbeitnehmer	10 freigestellte Betriebsratsmitglieder (§ 38 Abs. 1 BetrVG)
7.001 – 8.000 Beschäftigte	9 freigestellte Personalratsmitglieder (§ 46 Abs. 4 BPersVG)

Anzahl Beschäftigte	Rechtliche Konsequenzen
7.001 – 9.000 Arbeitnehmer	35 Betriebsratsmitglieder (§ 9 Abs. 1 BetrVG)[4]
bis 8.000 Arbeitnehmer	Die Wahl der Aufsichtsratsmitglieder erfolgt in unmittelbarer Wahl (§ 9 Abs. 1 MitbestG; § 7 Abs. 2 MitbestErgG)
ab 8.001 Arbeitnehmer	Die Zahl der zu wählenden Delegierten vermindert sich auf ein Viertel (§ 9 MitbestErgG; § 11 MitbestG; § 52 – 1. WOMitbestG; § 56 – 2. + 3. WOMitbestG)
8.001 – 9.000 Arbeitnehmer	11 freigestellte Betriebsratsmitglieder (§ 38 Abs. 1 BetrVG)
8.001 – 9.000 Beschäftigte	10 freigestellte Personalratsmitglieder (§ 46 Abs. 4 BPersVG)
mehr als 9.000 Arbeitnehmer	Die Zahl der zu wählenden Delegierten vermindert sich auf ein Viertel (§ 9 MitbestErgG; § 11 MitbestG; § 52 – 1. WOMitbestG; § 56 – 2. + 3. WOMitbestG)
ab 9.001 Arbeitnehmer	Betriebsausschuss 11 Mitglieder (§§ 27 Abs. 1, 9 BetrVG)
9.001 – 10.000 Arbeitnehmer	12 freigestellte Betriebsratsmitglieder (§ 38 Abs. 1 BetrVG)[5]
9.001 – 10.000 Beschäftigte	11 freigestellte Personalratsmitglieder (§ 46 Abs. 4 BPersVG)[6]
bis 10.000 Arbeitnehmer	6 Aufsichtsratsmitglieder der Arbeitnehmer (§ 7 Abs. 1 MitbestG)
10.001 – 20.000 Arbeitnehmer	8 Aufsichtsratsmitglieder der Arbeitnehmer (§ 7 Abs. 1 MitbestG)
mehr als 11.250 Arbeitnehmer	Die Zahl der zu wählenden Delegierten vermindert sich auf ein Viertel (§ 9 MitbestErgG; § 11 MitbestG; § 52 – 1. WOMitbestG; § 56 – 2. + 3. WOMitbestG)
bis 20.000 Arbeitnehmer	8 Aufsichtsratsmitglieder der Arbeitnehmer (§ 7 Abs. 1 MitbestG)
mehr als 20.000 Arbeitnehmer	10 Aufsichtsratsmitglieder der Arbeitnehmer (§ 7 Abs. 1 MitbestG)

[4] In Betrieben mit mehr als 9.000 Arbeitnehmern erhöht sich die Zahl der Mitglieder des Betriebsrats für je angefangene weitere 3.000 Arbeitnehmer um 2 Mitglieder (§ 9 BetrVG).

[5] In Betrieben mit über 10.000 Arbeitnehmern ist für je angefangene weitere 2.000 Arbeitnehmer ein weiteres Betriebsratsmitglied freizustellen (§ 38 Abs. 1 BetrVG).

[6] In Dienststellen mit mehr als 10.000 Beschäftigten ist für je angefangene weitere 2.000 Beschäftigte ein weiteres Mitglied freizustellen (§ 46 Abs. 4 BPersVG).

bAV: Steuer- und Sozialversicherungspflicht aller Durchführungswege

Die verschiedenen Durchführungswege innerhalb der betrieblichen Altersversorgung (bAV) wirken sich steuer- und sozialversicherungsrechtlich unterschiedlich aus. In tabellarischer Form werden alle Durchführungswege und die jeweiligen Konsequenzen in Anspar- und Leistungsphasen für das aktuelle Kalenderjahr dargestellt.

Steuer- und sozialversicherungsrechtliche Bewertung in Anspar- und Leistungsphase

Führt der Arbeitgeber betriebliche Altersversorgung für den Arbeitnehmer durch, ist eine Vielzahl von Besonderheiten zu beachten. Die Steuer- und Beitragspflicht hängt entscheidend davon ab, welcher Versorgungsweg zum Aufbau der betrieblichen Altersversorgung verwendet wird.

Direktversicherung		
Ansparphase	**Leistungsphase**	
	Lebenslange Rentenzahlungen, Berufsunfähigkeits-/Erwerbsminderungs- und Hinterbliebenenrenten	**Kapitalzahlungen**
Steuerbefreiung nach § 3 Nr. 63 EStG		
Steuerliche Beurteilung: Steuerbefreiung bis zu 8 % der BBG-RV/West (**2023: 7.008 EUR jährlich/584 EUR mtl.**) **Achtung:** Minderung des steuerfreien Volumens soweit im gleichen Kalenderjahr irgendein Beitrag an kapitalgedeckte Pensionskassen oder für Direktversicherungen pauschaliert wurde (§ 40b EStG a. F.).[1]	**Steuerliche Beurteilung:** Sonstige Einkünfte nach § 22 Nr. 5 Satz 1 EStG: Besteuerung in vollem Umfang.	**Steuerliche Beurteilung:** Sonstige Einkünfte nach § 22 Nr. 5 Satz 1 EStG: Besteuerung in vollem Umfang.

[1] § 52 Abs. 4 Satz 18 EStG.

Direktversicherung		
Ansparphase	**Leistungsphase**	
	Lebenslange Rentenzahlungen, Berufsunfähigkeits-/ Erwerbsminderungs- und Hinterbliebenenrenten	**Kapitalzahlungen**
Sozialversicherung: Bei Steuerfreiheit kein beitragspflichtiges Arbeitsentgelt bis zu 4 % der BBG-RV/West (**2023: 3.504 EUR jährlich/292 EUR mtl.**).[2] **Hinweis:** Keine Minderung des Freibetrags um beitragsfreie Bezüge, die nach § 40b EStG a. F. pauschaliert werden.	**Sozialversicherung:** – Versorgungsbezüge nach § 229 Abs. 1 Nr. 5 SGB V. Pflichtmitglieder der GKV: Betrag **über 169,75 EUR** beitragspflichtig. PV: Gesamtbetrag beitragspflichtig, wenn Versorgungsbezüge über 169,75 EUR liegen. – Freiwillige Mitglieder zur KV und PV: Volle Beitragspflicht, unabhängig davon, ob die Mindestgrenze überschritten wird. – Alleinige Beitragstragung. – Für KV-Beiträge wird allgemeiner Beitragssatz + kassenindividueller Zusatzbeitragssatz zugrunde gelegt. – PKV: Kein Beitrag **Hinweis:** Mindesteinnahmegrenze gilt für alle Versorgungsbezüge und Arbeitseinkommen insgesamt.	**Sozialversicherung:** – Beitragspflicht als Versorgungsbezug zur KV und PV in Höhe von 1/120 des Zahlbetrags für längstens 10 Jahre. Pflichtmitglieder der GKV: Betrag von 1/120 **über 169,75 EUR** (Gesamtbetrag Kapitalzahlung: 20.370 EUR) beitragspflichtig. PV: Gesamtbetrag von 1/120 beitragspflichtig, wenn Versorgungsbezüge über 169,75 EUR (Gesamtbetrag Kapitalzahlung: 20.370 EUR) liegen. – Freiwillige Mitglieder zur KV und PV: 1/120 der Kapitalleistung sind immer beitragspflichtig, unabhängig von der Höhe des Auszahlungsbetrags. – PKV: Kein Beitrag – Alleinige Beitragstragung. Für KV-Beiträge wird allgemeiner Beitragssatz + kassenindividueller Zusatzbeitragssatz zugrunde gelegt. **Hinweis:** Mindesteinnahmegrenze gilt für alle Versorgungsbezüge und Arbeitseinkommen insgesamt.

[2] § 1 Abs. 1 Satz 1 Nr. 9 SvEV.

Direktversicherung		
Ansparphase	**Leistungsphase**	
	Lebenslange Rentenzahlungen, Berufsunfähigkeits-/ Erwerbsminderungs- und Hinterbliebenenrenten	**Kapitalzahlungen**
Steuerbefreiung nach § 100 Abs. 6 EStG bei Begünstigung durch BAV-Förderbetrag		
Steuerliche Beurteilung: Steuerbefreiung für Beiträge **zwischen 240 EUR und 960 EUR** bei Arbeitnehmern mit geringem Einkommen (= laufender Arbeitslohn bis 2.575 EUR monatlich).	**Steuerliche Beurteilung:** Sonstige Einkünfte nach § 22 Nr. 5 Satz 1 EStG: Besteuerung in vollem Umfang.	**Steuerliche Beurteilung:** Sonstige Einkünfte nach § 22 Nr. 5 Satz 1 EStG: Besteuerung in vollem Umfang.
Sozialversicherung: Kein beitragspflichtiges Arbeitsentgelt. Anrechnung auf Freigrenze in Höhe von 4 % der BBG-RV/West (**2023: 3.504 EUR jährlich/ 292 EUR mtl.**).	**Sozialversicherung:** – Versorgungsbezüge nach § 229 Abs. 1 Nr. 5 SGB V. Pflichtmitglieder der GKV: Betrag **über 169,75 EUR** beitragspflichtig. PV: Gesamtbetrag beitragspflichtig, wenn Versorgungsbezüge über 169,75 EUR liegen. – Freiwillige Mitglieder zur KV und PV: Volle Beitragspflicht, unabhängig davon, ob die Mindestgrenze überschritten wird. – Alleinige Beitragstragung. – Für KV-Beiträge wird allgemeiner Beitragssatz + kassenindividueller Zusatzbeitragssatz zugrunde gelegt. **Hinweis:** Mindesteinnahmegrenze gilt für alle Versorgungsbezüge und Arbeitseinkommen insgesamt.	**Sozialversicherung:** – Beitragspflicht als Versorgungsbezug zur KV und PV in Höhe von 1/120 des Zahlbetrags für längstens 10 Jahre. Pflichtmitglieder der GKV: Betrag von 1/120 **über 169,75 EUR** (Gesamtbetrag Kapitalzahlung: 20.370 EUR) beitragspflichtig. PV: Gesamtbetrag von 1/120 beitragspflichtig, wenn Versorgungsbezüge über 169,75 EUR (Gesamtbetrag Kapitalzahlung: 20.370 EUR) liegen. – Freiwillige Mitglieder zur KV und PV: 1/120 der Kapitalleistung sind immer beitragspflichtig, unabhängig von der Höhe des Auszahlungsbetrags. – PKV: Kein Beitrag – Alleinige Beitragstragung. Für KV-Beiträge wird allgemeiner Beitragssatz + kassenindividueller Zusatzbeitragssatz zugrunde gelegt. **Hinweis:** Mindesteinnahmegrenze gilt für alle Versorgungs-

Direktversicherung		
Ansparphase	**Leistungsphase**	
	Lebenslange Rentenzahlungen, Berufsunfähigkeits-/ Erwerbsminderungs- und Hinterbliebenenrenten	**Kapitalzahlungen**
		bezüge und Arbeitseinkommen insgesamt.
Pauschalierung nach § 40b EStG a. F.		
Steuerliche Beurteilung: Pauschalierung **bis zu 1.752 EUR** mit 20 %[3] möglich, wenn mindestens ein Beitrag an kapitalgedeckte Pensionskassen oder für Direktversicherungen bereits vor dem 1.1.2018 nach § 40b EStG in einer vor dem 1.1.2005 geltenden Fassung pauschaliert wurde.	**Steuerliche Beurteilung:** Sonstige Einkünfte nach § 22 Nr. 1 Satz 3 Buchst. a Doppelbuchst. bb EStG: Besteuerung i. H. d. Ertragsanteils (z. B. 18 % bei Rentenbeginn mit 65 Jahren).	**Steuerliche Beurteilung:** Sonstige Einkünfte nach § 22 Nr. 5 Satz 2 EStG i. V. m. § 20 Abs. 1 Nr. 6 EStG: – Kapitalzahlung bei Vertragsabschluss bis 2004 und bei 12-jähriger Laufzeit regelmäßig steuerfrei.[4] – Bei Vertragsabschluss ab 2005 = Einkünfte i. H. d. Unterschiedsbetrags zwischen Versicherungsleistung und Summe der Versicherungsbeiträge (bei Auszahlung nach 12 Jahren seit Vertragsabschluss und vollendetem 62. Lebensjahr[5] nur 50 % des Unterschiedsbetrags) im Erlebensfall oder bei Rückkauf des Vertrags.
Sozialversicherung: Kein beitragspflichtiges Arbeitsentgelt bei Pauschalierung nach § 40b EStG a. F. – bei zusätzlicher Leistung des Arbeitgebers oder	**Sozialversicherung:** – Versorgungsbezüge nach § 229 Abs. 1 Nr. 5 SGB V. Pflichtmitglieder der GKV: Betrag **über 169,75 EUR** beitragspflichtig.	**Sozialversicherung:** – Beitragspflicht als Versorgungsbezug zur KV und PV in Höhe von 1/120 des Zahlbetrags für längstens 10 Jahre.

[3] § 52 Abs. 40 EStG.
[4] § 52 Abs. 28 Satz 5 EStG.
[5] Für vor dem 1.1.2012 abgeschlossene Verträge gilt das 60. Lebensjahr.

Direktversicherung		
Ansparphase	**Leistungsphase**	
	Lebenslange Rentenzahlungen, Berufsunfähigkeits-/ Erwerbsminderungs- und Hinterbliebenenrenten	**Kapitalzahlungen**
– bei Finanzierung aus Einmalzahlungen.[6]	PV: Gesamtbetrag beitragspflichtig, wenn Versorgungsbezüge über 169,75 EUR liegen. – Freiwillige Mitglieder zur KV und PV: Volle Beitragspflicht, unabhängig davon, ob die Mindestgrenze überschritten wird. – Alleinige Beitragstragung. – Für KV-Beiträge wird allgemeiner Beitragssatz + kassenindividueller Zusatzbeitragssatz zugrunde gelegt. – PKV: Kein Beitrag **Hinweis:** Mindesteinnahmegrenze gilt für alle Versorgungsbezüge und Arbeitseinkommen insgesamt.	Pflichtmitglieder der GKV: Betrag von 1/120 **über 169,75 EUR** (Gesamtbetrag Kapitalzahlung: 20.370 EUR) beitragspflichtig. PV: Gesamtbetrag von 1/120 beitragspflichtig, wenn Versorgungsbezüge über 169,75 EUR (Gesamtbetrag Kapitalzahlung: 20.370 EUR) liegen. – Freiwillige Mitglieder zur KV und PV: 1/120 der Kapitalleistung sind immer beitragspflichtig, unabhängig von der Höhe des Auszahlungsbetrags. – PKV: Kein Beitrag – Alleinige Beitragstragung. Für KV-Beiträge wird allgemeiner Beitragssatz + kassenindividueller Zusatzbeitragssatz zugrunde gelegt. **Hinweis:** Mindesteinnahmegrenze gilt für alle Versorgungsbezüge und Arbeitseinkommen insgesamt.

[6] § 1 Abs. 1 Satz 1 Nr. 4 SvEV.

Direktversicherung		
Ansparphase	**Leistungsphase**	
	Lebenslange Rentenzahlungen, Berufsunfähigkeits-/Erwerbsminderungs- und Hinterbliebenenrenten	**Kapitalzahlungen**
Lohnsteuerabzug nach ELStAM und „Riester-Förderung"		
Steuerliche Beurteilung: Altersvorsorgezulage (§§ 79 bis 99 EStG) bzw. zusätzlicher Sonderausgabenabzug (§ 10a EStG) bei Lohnsteuerabzug nach den ELStAM.	**Steuerliche Beurteilung:** Sonstige Einkünfte nach § 22 Nr. 5 Satz 1 EStG: Besteuerung in vollem Umfang.	**Steuerliche Beurteilung:** Kapitalauszahlung (100 %) = schädliche Verwendung: – Rückforderung von Altersvorsorgezulage/zusätzlicher Steuerermäßigung. Sonstige Einkünfte nach § 22 Nr. 5 Satz 2 EStG i. V. m. § 20 Abs. 1 Nr. 6 EStG: – Kapitalzahlung bei Vertragsabschluss bis 2004 und bei 12-jähriger Laufzeit regelmäßig steuerfrei[4] – Bei Vertragsabschluss ab 2005 = Einkünfte i. H. d. Unterschiedsbetrags zwischen Versicherungsleistung und Summe der Versicherungsbeiträge (bei Auszahlung nach 12 Jahren seit Vertragsabschluss und vollendetem 62. Lebensjahr[5] nur 50 % des Unterschiedsbetrags) im Erlebensfall oder bei Rückkauf des Vertrags.
Sozialversicherung: Finanzierung erfolgt aus verbeitragtem Arbeitsentgelt.	**Sozialversicherung:** Beitragspflichtig zur KV und PV nur bei freiwillig gesetzlich Versicherten. Keine Beitragspflicht bei pflichtversicherten Mitgliedern.[7]	**Sozialversicherung:** Beitragspflichtig zur KV und PV nur bei freiwillig gesetzlich Versicherten. Keine Beitragspflicht bei pflichtversicherten Mitgliedern.[7]

7 § 229 Abs. 1 Satz 1 Nr. 5 SGB V.

Direktversicherung		
Ansparphase	**Leistungsphase**	
	Lebenslange Rentenzahlungen, Berufsunfähigkeits-/Erwerbsminderungs- und Hinterbliebenenrenten	**Kapitalzahlungen**
Lohnsteuerabzug nach den ELStAM und Basisversorgung („Rürup-Verträge“)		
Steuerliche Beurteilung: Sonderausgabenabzug als Basisversorgung (§ 10 Abs. 1 Nr. 2b EStG; „Rürup-Verträge“) bei Lohnsteuerabzug nach den ELStAM.	**Steuerliche Beurteilung:** Sonstige Einkünfte nach § 22 Nr. 1 Satz 3 Buchst. a Doppelbuchst. aa EStG: Stufenweise Anhebung des Besteuerungsanteils von 50 % (bei Rentenbeginn in 2005) auf 100 % (bei Rentenbeginn in 2040) = Kohortenprinzip.	
Lohnsteuerabzug nach den ELStAM, keine „Riester-Förderung“, keine Basisversorgung („Rürup-Verträge“)		
Steuerliche Beurteilung: Lohnsteuerabzug nach den ELStAM	**Steuerliche Beurteilung:** Sonstige Einkünfte nach § 22 Nr. 1 Satz 3 Buchst. a Doppelbuchst. bb EStG: Besteuerung i. H. d. Ertragsanteils (z. B. 18 % bei Rentenbeginn mit 65 Jahren).	**Steuerliche Beurteilung:** Sonstige Einkünfte nach § 22 Nr. 5 Satz 2 EStG i. V. m. § 20 Abs. 1 Nr. 6 EStG: – Kapitalzahlung bei Vertragsabschluss bis 2004 und bei 12-jähriger Laufzeit regelmäßig steuerfrei.[4] – Bei Vertragsabschluss ab 2005 = Einkünfte i. H. d. Unterschiedsbetrags zwischen Versicherungsleistung und Summe der Versicherungsbeiträge (bei Auszahlung nach 12 Jahren seit Vertragsabschluss und vollendetem 62. Lebensjahr[5] nur 50 % des Unterschiedsbetrags) im Erlebensfall oder bei Rückkauf des Vertrags.

Direktversicherung		
Ansparphase	**Leistungsphase**	
	Lebenslange Rentenzahlungen, Berufsunfähigkeits-/ Erwerbsminderungs- und Hinterbliebenenrenten	**Kapitalzahlungen**
Sozialversicherung: Finanzierung erfolgt aus verbeitragtem Arbeitsentgelt.	**Sozialversicherung:** – Versorgungsbezüge nach § 229 Abs. 1 Nr. 5 SGB V. Pflichtmitglieder der GKV: Betrag **über 169,75 EUR** beitragspflichtig. PV: Gesamtbetrag beitragspflichtig, wenn Versorgungsbezüge über 169,75 EUR liegen. – Freiwillige Mitglieder zur KV und PV: Volle Beitragspflicht, unabhängig davon, ob die Mindestgrenze überschritten wird.[8] – Alleinige Beitragstragung. – Für KV-Beiträge wird allgemeiner Beitragssatz + kassenindividueller Zusatzbeitragssatz zugrunde gelegt. **Hinweis:** Mindesteinnahmegrenze gilt für alle Versorgungsbezüge und Arbeitseinkommen insgesamt.	**Sozialversicherung:** – Beitragspflicht als Versorgungsbezug zur KV und PV in Höhe von 1/120 des Zahlbetrags für längstens 10 Jahre.[8] Pflichtmitglieder der GKV: Betrag von 1/120 **über 169,75 EUR** (Gesamtbetrag Kapitalzahlung: 20.370 EUR) beitragspflichtig. PV: Gesamtbetrag von 1/120 beitragspflichtig, wenn Versorgungsbezüge über 169,75 EUR (Gesamtbetrag Kapitalzahlung: 20.370 EUR) liegen. – Freiwillige Mitglieder zur KV und PV: 1/120 der Kapitalleistung sind immer beitragspflichtig, unabhängig von der Höhe des Auszahlungsbetrags. – PKV: Kein Beitrag – Alleinige Beitragstragung. Für KV-Beiträge wird allgemeiner Beitragssatz + kassenindividueller Zusatzbeitragssatz zugrunde gelegt. **Hinweis:** Mindesteinnahmegrenze gilt für alle Versorgungsbezüge und Arbeitseinkommen insgesamt.

[8] Bei privat abgeschlossenen Altersvorsorgeverträgen entfällt die Verbeitragung bei Pflichtversicherten.

Pensionsfonds		
Ansparphase	**Leistungsphase**	
	Lebenslange Rentenzahlungen, Berufsunfähigkeits-/ Erwerbsminderungs- und Hinterbliebenenrenten	**Kapitalzahlungen**
Steuerbefreiung nach § 3 Nr. 63 EStG		
Steuerliche Beurteilung: Steuerbefreiung bis zu 8 % der BBG-RV/West (**2023: 7.008 EUR jährlich/ 584 EUR mtl.**). **Achtung:** Minderung des steuerfreien Volumens soweit im gleichen Kalenderjahr irgendein Beitrag an kapitalgedeckte Pensionskassen oder für Direktversicherungen pauschaliert wurde (§ 40b EStG a. F.).[1]	**Steuerliche Beurteilung:** Sonstige Einkünfte nach § 22 Nr. 5 Satz 1 EStG: Besteuerung in vollem Umfang.	**Steuerliche Beurteilung:** Sonstige Einkünfte nach § 22 Nr. 5 Satz 1 EStG: Besteuerung in vollem Umfang.
Sozialversicherung: Bei Steuerfreiheit kein beitragspflichtiges Arbeitsentgelt bis zu 4 % der BBG-RV/West (**2023: 3.504 EUR jährlich/292 EUR mtl.**).[2]	**Sozialversicherung:** – Versorgungsbezüge nach § 229 Abs. 1 Nr. 5 SGB V. Pflichtmitglieder der GKV: Betrag **über 169,75 EUR** beitragspflichtig. PV: Gesamtbetrag beitragspflichtig, wenn Versorgungsbezüge über 169,75 EUR liegen. – Freiwillige Mitglieder zur KV und PV: Volle Beitragspflicht, unabhängig davon, ob die Mindestgrenze überschritten wird.[8] – Alleinige Beitragstragung. – Für KV-Beiträge wird allgemeiner Beitragssatz + kassenindividueller Zusatzbeitragssatz zugrunde gelegt.	**Sozialversicherung:** – Beitragspflicht als Versorgungsbezug zur KV und PV in Höhe von 1/120 des Zahlbetrags für längstens 10 Jahre. Pflichtmitglieder der GKV: Betrag von 1/120 **über 169,75 EUR** (Gesamtbetrag Kapitalzahlung: 20.370 EUR) beitragspflichtig. PV: Gesamtbetrag von 1/120 beitragspflichtig, wenn Versorgungsbezüge über 169,75 EUR (Gesamtbetrag Kapitalzahlung: 20.370 EUR) liegen. – Freiwillige Mitglieder zur KV und PV: 1/120 der Kapitalleistung sind immer beitragspflichtig, unabhängig von der Höhe des Auszahlungsbetrags.

Pensionsfonds		
Ansparphase	**Leistungsphase**	
	Lebenslange Rentenzahlungen, Berufsunfähigkeits-/Erwerbsminderungs- und Hinterbliebenenrenten	**Kapitalzahlungen**
	Hinweis: Mindesteinnahmegrenze gilt für alle Versorgungsbezüge und Arbeitseinkommen insgesamt.	– PKV: Kein Beitrag – Alleinige Beitragstragung. Für KV-Beiträge wird allgemeiner Beitragssatz + kassenindividueller Zusatzbeitragssatz zugrunde gelegt. **Hinweis:** Mindesteinnahmegrenze gilt für alle Versorgungsbezüge und Arbeitseinkommen insgesamt.
Steuerbefreiung nach § 100 Abs. 6 EStG bei Begünstigung durch BAV-Förderbetrag		
Steuerliche Beurteilung: Steuerbefreiung für Beiträge **zwischen 240 EUR und 960 EUR** bei Arbeitnehmern mit geringem Einkommen (= laufender Arbeitslohn bis 2.575 EUR monatlich).	**Steuerliche Beurteilung:** Sonstige Einkünfte nach § 22 Nr. 5 Satz 1 EStG: Besteuerung in vollem Umfang.	**Steuerliche Beurteilung:** Sonstige Einkünfte nach § 22 Nr. 5 Satz 1 EStG: Besteuerung in vollem Umfang.
Sozialversicherung: Kein beitragspflichtiges Arbeitsentgelt. Anrechnung auf Freigrenze in Höhe von 4 % der BBG-RV/West (**2023: 3.504 EUR jährlich/ 292 EUR mtl.**).	**Sozialversicherung:** – Versorgungsbezüge nach § 229 Abs. 1 Nr. 5 SGB V. Pflichtmitglieder der GKV: Betrag über **169,75 EUR** beitragspflichtig. PV: Gesamtbetrag beitragspflichtig, wenn Versorgungsbezüge über 169,75 EUR liegen. – Freiwillige Mitglieder zur KV und PV: Volle Beitragspflicht, unabhängig davon, ob die Mindestgrenze überschritten wird.[8] – Alleinige Beitragstragung.	**Sozialversicherung:** – Beitragspflicht als Versorgungsbezug zur KV und PV in Höhe von 1/120 des Zahlbetrags für längstens 10 Jahre.[8] Pflichtmitglieder der GKV: Betrag von 1/120 **über 169,75 EUR** (Gesamtbetrag Kapitalzahlung: 20.370 EUR) beitragspflichtig. PV: Gesamtbetrag von 1/120 beitragspflichtig, wenn Versorgungsbezüge über 169,75 EUR (Gesamtbetrag Kapitalzahlung: 20.370 EUR) liegen.

Pensionsfonds		
Ansparphase	**Leistungsphase**	
	Lebenslange Rentenzahlungen, Berufsunfähigkeits-/ Erwerbsminderungs- und Hinterbliebenenrenten	**Kapitalzahlungen**
	– Für KV-Beiträge wird allgemeiner Beitragssatz + kassenindividueller Zusatzbeitragssatz zugrunde gelegt. **Hinweis:** Mindesteinnahmegrenze gilt für alle Versorgungsbezüge und Arbeitseinkommen insgesamt.	– Freiwillige Mitglieder zur KV und PV: 1/120 der Kapitalleistung sind immer beitragspflichtig, unabhängig von der Höhe des Auszahlungsbetrags. – PKV: Kein Beitrag – Alleinige Beitragstragung. Für KV-Beiträge wird allgemeiner Beitragssatz + kassenindividueller Zusatzbeitragssatz zugrunde gelegt. **Hinweis:** Mindesteinnahmegrenze gilt für alle Versorgungsbezüge und Arbeitseinkommen insgesamt.
Lohnsteuerabzug nach den ELStAM und „Riester-Förderung"		
Steuerliche Beurteilung: Altersvorsorgezulage (§§ 79 bis 99 EStG) bzw. zusätzlicher Sonderausgabenabzug (§10a EStG) bei Lohnsteuerabzug nach den ELStAM.	**Steuerliche Beurteilung:** Sonstige Einkünfte nach § 22 Nr. 5 Satz 1 EStG: Besteuerung in vollem Umfang.	**Steuerliche Beurteilung:** Kapitalauszahlung (100 %) = schädliche Verwendung – Rückforderung von Altersvorsorgezulage/zusätzlicher Steuerermäßigung. Sonstige Einkünfte nach § 22 Nr. 5 Satz 2 EStG i. V. m. § 20 Abs. 1 Nr. 6 EStG: – Kapitalzahlung bei Vertragsabschluss bis 2004 und bei 12-jähriger Laufzeit regelmäßig steuerfrei.[4]

Pensionsfonds		
Ansparphase	**Leistungsphase**	
	Lebenslange Rentenzahlungen, Berufsunfähigkeits-/ Erwerbsminderungs- und Hinterbliebenenrenten	**Kapitalzahlungen**
		– Bei Vertragsabschluss ab 2005 = Einkünfte i. H. d. Unterschiedsbetrags zwischen Versicherungsleistung und Summe der Versicherungsbeiträge (bei Auszahlung nach 12 Jahren seit Vertragsabschluss und vollendetem 62. Lebensjahr[5] nur 50 % des Unterschiedsbetrags) im Erlebensfall oder bei Rückkauf des Vertrags.
Sozialversicherung: Finanzierung erfolgt aus verbeitragtem Arbeitsentgelt.	**Sozialversicherung:** Beitragspflichtig zur KV und PV nur bei freiwillig gesetzlich Versicherten. Keine Beitragspflicht bei pflichtversicherten Mitgliedern.[7]	**Sozialversicherung:** Beitragspflichtig zur KV und PV nur bei freiwillig gesetzlich Versicherten. Keine Beitragspflicht bei pflichtversicherten Mitgliedern.[7]
Lohnsteuerabzug nach den ELStAM und Basisversorgung („Rürup-Verträge")		
Steuerliche Beurteilung: Sonderausgabenabzug als Basisversorgung (§ 10 Abs. 1 Nr. 2b EStG; „Rürup-Verträge") bei Lohnsteuerabzug nach den ELStAM.	**Steuerliche Beurteilung:** Sonstige Einkünfte nach § 22 Nr. 1 Satz 3 Buchst. a Doppelbuchst. aa EStG: Stufenweise Anhebung des Besteuerungsanteils von 50 % (bei Rentenbeginn in 2005) auf 100 % (bei Rentenbeginn in 2040) = Kohortenprinzip.	

Pensionsfonds		
Ansparphase	**Leistungsphase**	
	Lebenslange Rentenzahlungen, Berufsunfähigkeits-/ Erwerbsminderungs- und Hinterbliebenenrenten	**Kapitalzahlungen**
Lohnsteuerabzug nach den ELStAM, keine „Riester-Förderung", keine Basisversorgung („Rürup-Verträge")		
Steuerliche Beurteilung: Lohnsteuerabzug nach ELStAM.	**Steuerliche Beurteilung:** Sonstige Einkünfte nach § 22 Nr. 1 Satz 3 Buchst. a Doppelbuchst. bb EStG: Besteuerung i. H. d. Ertragsanteils (z. B. 18 % bei Rentenbeginn mit 65 Jahren).	**Steuerliche Beurteilung:** Sonstige Einkünfte nach § 22 Nr. 5 Satz 2 EStG i. V. m. § 20 Abs. 1 Nr. 6 EStG: – Kapitalzahlung bei Vertragsabschluss bis 2004 und bei 12-jähriger Laufzeit regelmäßig steuerfrei.[4] – Bei Vertragsabschluss ab 2005 = Einkünfte i. H. d. Unterschiedsbetrags zwischen Versicherungsleistung und Summe der Versicherungsbeiträge (bei Auszahlung nach 12 Jahren seit Vertragsabschluss und vollendetem 62. Lebensjahr[5] nur 50 % des Unterschiedsbetrags) im Erlebensfall oder bei Rückkauf des Vertrags.
Sozialversicherung: Finanzierung erfolgt aus verbeitragtem Arbeitsentgelt.	**Sozialversicherung:** – Versorgungsbezüge nach § 229 Abs. 1 Nr. 5 SGB V. Pflichtmitglieder der GKV: Betrag **über 169,75 EUR** beitragspflichtig. PV: Gesamtbetrag beitragspflichtig, wenn Versorgungsbezüge über 169,75 EUR liegen.	**Sozialversicherung:** – Beitragspflicht als Versorgungsbezug zur KV und PV in Höhe von 1/120 des Zahlbetrags für längstens 10 Jahre.[8] Pflichtmitglieder der GKV: Betrag von 1/120 **über 169,75 EUR** (Gesamtbetrag Kapitalzahlung:

Pensionsfonds		
Ansparphase	**Leistungsphase**	
	Lebenslange Rentenzahlungen, Berufsunfähigkeits-/ Erwerbsminderungs- und Hinterbliebenenrenten	**Kapitalzahlungen**
	– Freiwillige Mitglieder zur KV und PV: Volle Beitragspflicht, unabhängig davon, ob die Mindestgrenze überschritten wird.[8] – Alleinige Beitragstragung. – Für KV-Beiträge wird allgemeiner Beitragssatz + kassenindividueller Zusatzbeitragssatz zugrunde gelegt. **Hinweis:** Mindesteinnahmegrenze gilt für alle Versorgungsbezüge und Arbeitseinkommen insgesamt.	20.370 EUR) beitragspflichtig. PV: Gesamtbetrag von 1/120 beitragspflichtig, wenn Versorgungsbezüge über 169,75 EUR (Gesamtbetrag Kapitalzahlung: 20.370 EUR) liegen. – Freiwillige Mitglieder zur KV und PV: 1/120 der Kapitalleistung sind immer beitragspflichtig, unabhängig von der Höhe des Auszahlungsbetrags. – PKV: Kein Beitrag – Alleinige Beitragstragung. Für KV-Beiträge wird allgemeiner Beitragssatz + kassenindividueller Zusatzbeitragssatz zugrunde gelegt. **Hinweis:** Mindesteinnahmegrenze gilt für alle Versorgungsbezüge und Arbeitseinkommen insgesamt.

Kapitalgedeckte Pensionskasse		
Ansparphase	**Leistungsphase**	
	Lebenslange Rentenzahlungen, Berufsunfähigkeits-/Erwerbsminderungs- und Hinterbliebenenrenten	**Kapitalzahlungen**
Steuerbefreiung nach § 3 Nr. 63 EStG		
Steuerliche Beurteilung: Steuerbefreiung bis zu 8 % der BBG-RV/West (**2023: 7.008 EUR jährlich/ 584 EUR mtl.**). **Achtung:** Minderung des steuerfreien Volumens soweit im gleichen Kalenderjahr irgendein Beitrag an kapitalgedeckte Pensionskassen oder für Direktversicherungen pauschaliert wurde (§ 40b EStG a. F.).[1]	**Steuerliche Beurteilung:** Sonstige Einkünfte nach § 22 Nr. 5 Satz 1 EStG: Besteuerung in vollem Umfang.	**Steuerliche Beurteilung:** Sonstige Einkünfte nach § 22 Nr. 5 Satz 1 EStG: Besteuerung in vollem Umfang.
Sozialversicherung: Bei Steuerfreiheit kein beitragspflichtiges Arbeitsentgelt bis zu 4 % der BBG-RV/West (**2023: 3.504 EUR jährlich/292 EUR mtl.**).[2] **Hinweis:** Keine Minderung des Freibetrags um beitragsfreie Bezüge, die nach § 40b EStG a. F. pauschaliert werden.	**Sozialversicherung:** – Versorgungsbezüge nach § 229 Abs. 1 Nr. 5 SGB V. Pflichtmitglieder der GKV: Betrag **über 169,75 EUR** beitragspflichtig. PV: Gesamtbetrag beitragspflichtig, wenn Versorgungsbezüge über 169,75 EUR liegen. – Freiwillige Mitglieder zur KV und PV: Volle Beitragspflicht, unabhängig davon, ob die Mindestgrenze überschritten wird. – Alleinige Beitragstragung. – Für KV-Beiträge wird allgemeiner Beitragssatz + kassenindividueller Zusatzbeitragssatz zugrunde gelegt.	**Sozialversicherung:** – Beitragspflicht als Versorgungsbezug zur KV und PV in Höhe von 1/120 des Zahlbetrags für längstens 10 Jahre. – Pflichtmitglieder der GKV: Betrag von 1/120 **über 169,75 EUR** (Gesamtbetrag Kapitalzahlung: 20.370 EUR) beitragspflichtig. PV: Gesamtbetrag von 1/120 beitragspflichtig, wenn Versorgungsbezüge über 169,75 EUR (Gesamtbetrag Kapitalzahlung: 20.370 EUR) liegen. – Freiwillige Mitglieder zur KV und PV: 1/120 der Kapitalleistung sind immer beitragspflichtig, unabhängig von der Höhe des Auszahlungsbetrags.

Kapitalgedeckte Pensionskasse		
Ansparphase	**Leistungsphase**	
	Lebenslange Rentenzahlungen, Berufsunfähigkeits-/Erwerbsminderungs- und Hinterbliebenenrenten	**Kapitalzahlungen**
	Hinweis: Mindesteinnahmegrenze gilt für alle Versorgungsbezüge und Arbeitseinkommen insgesamt.	– PKV: Kein Beitrag – Alleinige Beitragstragung. Für KV-Beiträge wird allgemeiner Beitragssatz + kassenindividueller Zusatzbeitragssatz zugrunde gelegt. **Hinweis:** Mindesteinnahmegrenze gilt für alle Versorgungsbezüge und Arbeitseinkommen insgesamt.
Steuerbefreiung nach § 100 Abs. 6 EStG bei Begünstigung durch BAV-Förderbetrag		
Steuerliche Beurteilung: Steuerbefreiung für Beiträge **zwischen 240 EUR und 960 EUR** bei Arbeitnehmern mit geringem Einkommen (= laufender Arbeitslohn bis 2.575 EUR monatlich).	**Steuerliche Beurteilung:** Sonstige Einkünfte nach § 22 Nr. 5 Satz 1 EStG: Besteuerung in vollem Umfang.	**Steuerliche Beurteilung:** Sonstige Einkünfte nach § 22 Nr. 5 Satz 1 EStG: Besteuerung in vollem Umfang.
Sozialversicherung: Kein beitragspflichtiges Arbeitsentgelt. Anrechnung auf Freigrenze in Höhe von 4 % der BBG-RV/West (**2023: 3.504 EUR jährlich/ 292 EUR mtl.**).	**Sozialversicherung:** – Versorgungsbezüge nach § 229 Abs. 1 Nr. 5 SGB V. Pflichtmitglieder der GKV: Betrag **über 169,75 EUR** beitragspflichtig. PV: Gesamtbetrag beitragspflichtig, wenn Versorgungsbezüge über 169,75 EUR liegen. – Freiwillige Mitglieder zur KV und PV: Volle Beitragspflicht, unabhängig davon, ob die Mindestgrenze überschritten wird.	**Sozialversicherung:** – Beitragspflicht als Versorgungsbezug zur KV und PV in Höhe von 1/120 des Zahlbetrags für längstens 10 Jahre. Pflichtmitglieder der GKV: Betrag von 1/120 **über 169,75 EUR** (Gesamtbetrag Kapitalzahlung: 20.370 EUR) beitragspflichtig. PV: Gesamtbetrag von 1/120 beitragspflichtig, wenn Versorgungsbezüge

Kapitalgedeckte Pensionskasse		
Ansparphase	**Leistungsphase**	
	Lebenslange Rentenzahlungen, Berufsunfähigkeits-/Erwerbsminderungs- und Hinterbliebenenrenten	**Kapitalzahlungen**
	– Alleinige Beitragstragung. – Für KV-Beiträge wird allgemeiner Beitragssatz + kassenindividueller Zusatzbeitragssatz zugrunde gelegt. **Hinweis:** Mindesteinnahmegrenze gilt für alle Versorgungsbezüge und Arbeitseinkommen insgesamt.	über 169,75 EUR (Gesamtbetrag Kapitalzahlung: 20.370 EUR) liegen. – Freiwillige Mitglieder zur KV und PV: 1/120 der Kapitalleistung sind immer beitragspflichtig, unabhängig von der Höhe des Auszahlungsbetrags. – PKV: Kein Beitrag – Alleinige Beitragstragung. Für KV-Beiträge wird allgemeiner Beitragssatz + kassenindividueller Zusatzbeitragssatz zugrunde gelegt. **Hinweis:** Mindesteinnahmegrenze gilt für alle Versorgungsbezüge und Arbeitseinkommen insgesamt.
Pauschalierung nach § 40b EStG a. F.		
Steuerliche Beurteilung: Pauschalierung **bis zu 1.752 EUR** mit 20 % möglich, wenn mindestens ein Beitrag an kapitalgedeckte Pensionskassen oder für Direktversicherungen bereits vor dem 1.1.2018 nach § 40b EStG a.F. in einer vor dem 1.1.2005 geltenden Fassung pauschaliert wurde.[9]	**Steuerliche Beurteilung:** Sonstige Einkünfte nach § 22 Nr. 1 Satz 3 Buchst. a Doppelbuchst. bb EStG: Besteuerung i. H. d. Ertragsanteils (z. B. 18 % bei Rentenbeginn mit 65 Jahren).	**Steuerliche Beurteilung:** Sonstige Einkünfte nach § 22 Nr. 5 Satz 2 EStG i. V. m. § 20 Abs. 1 Nr. 6 EStG: – Kapitalzahlung bei Vertragsabschluss bis 2004 und bei 12-jähriger Laufzeit regelmäßig steuerfrei.[4] – Bei Vertragsabschluss ab 2005 = Einkünfte i. H. d. Unterschiedsbetrags zwischen Versicherungsleistung und Summe der Versicherungsbeiträge (bei Auszahlung nach 12 Jahren

[9] § 52 Abs. 40 EStG.

Kapitalgedeckte Pensionskasse		
Ansparphase	**Leistungsphase**	
	Lebenslange Rentenzahlungen, Berufsunfähigkeits-/ Erwerbsminderungs- und Hinterbliebenenrenten	**Kapitalzahlungen**
		seit Vertragsabschluss und vollendetem 62. Lebensjahr[5] nur 50 % des Unterschiedsbetrags) im Erlebensfall oder bei Rückkauf des Vertrags.
Sozialversicherung: Kein beitragspflichtiges Arbeitsentgelt bei Pauschalierung nach § 40b EStG a. F. – bei zusätzlicher Leistung des Arbeitgebers oder – bei Finanzierung aus Einmalzahlungen.[6]	**Sozialversicherung:** – Versorgungsbezüge nach § 229 Abs. 1 Nr. 5 SGB V. Pflichtmitglieder der GKV: Betrag **über 169,75 EUR** beitragspflichtig. PV: Gesamtbetrag beitragspflichtig, wenn Versorgungsbezüge über 169,75 EUR liegen. – Freiwillige Mitglieder zur KV und PV: Volle Beitragspflicht, unabhängig davon, ob die Mindestgrenze überschritten wird. – Alleinige Beitragstragung. – Für KV-Beiträge wird allgemeiner Beitragssatz + kassenindividueller Zusatzbeitragssatz zugrunde gelegt. **Hinweis:** Mindesteinnahmegrenze gilt für alle Versorgungsbezüge und Arbeitseinkommen insgesamt.	**Sozialversicherung:** – Beitragspflicht als Versorgungsbezug zur KV und PV in Höhe von 1/120 des Zahlbetrags für längstens 10 Jahre. Pflichtmitglieder der GKV: Betrag von 1/120 **über 169,75 EUR** (Gesamtbetrag Kapitalzahlung: 20.370 EUR) beitragspflichtig. PV: Gesamtbetrag von 1/120 beitragspflichtig, wenn Versorgungsbezüge über 169,75 EUR (Gesamtbetrag Kapitalzahlung: 20.370 EUR) liegen. – Freiwillige Mitglieder zur KV und PV: 1/120 der Kapitalleistung sind immer beitragspflichtig, unabhängig von der Höhe des Auszahlungsbetrags. – PKV: Kein Beitrag – Alleinige Beitragstragung. Für KV-Beiträge wird allgemeiner Beitragssatz + kassenindividueller Zusatzbeitragssatz zugrunde gelegt.

Kapitalgedeckte Pensionskasse		
Ansparphase	**Leistungsphase**	
	Lebenslange Rentenzahlungen, Berufsunfähigkeits-/Erwerbsminderungs- und Hinterbliebenenrenten	**Kapitalzahlungen**
		Hinweis: Mindesteinnahmegrenze gilt für alle Versorgungsbezüge und Arbeitseinkommen insgesamt.
Lohnsteuerabzug nach den ELStAM und „Riester-Förderung"		
Steuerliche Beurteilung: Altersvorsorgezulage (§§ 79 bis 99 EStG) bzw. zusätzlicher Sonderausgabenabzug (§ 10a EStG) bei Lohnsteuerabzug nach den ELStAM.	**Steuerliche Beurteilung:** Sonstige Einkünfte nach § 22 Nr. 5 Satz 1 EStG: Besteuerung in vollem Umfang.	**Steuerliche Beurteilung:** Kapitalauszahlung (100 %) = schädliche Verwendung: – Rückforderung von Altersvorsorgezulage/zusätzlicher Steuerermäßigung. Sonstige Einkünfte nach § 22 Nr. 5 Satz 2 EStG i. V. m. § 20 Abs. 1 Nr. 6 EStG: – Kapitalzahlung bei Vertragsabschluss bis 2004 und bei 12-jähriger Laufzeit regelmäßig steuerfrei.[4] – Bei Vertragsabschluss ab 2005 = Einkünfte i. H. d. Unterschiedsbetrags zwischen Versicherungsleistung und Summe der Versicherungsbeiträge (bei Auszahlung nach 12 Jahren seit Vertragsabschluss und vollendetem 62. Lebensjahr[5] nur 50 % des Unterschiedsbetrags) im Erlebensfall oder bei Rückkauf des Vertrags.
Sozialversicherung: Finanzierung erfolgt aus verbeitragtem Arbeitsentgelt.	**Sozialversicherung:** Beitragspflichtig zur KV und PV nur bei freiwillig gesetzlich Versicherten. Keine Beitragspflicht bei pflichtversicherten Mitgliedern.[7]	**Sozialversicherung:** Beitragspflichtig zur KV und PV nur bei freiwillig gesetzlich Versicherten. Keine Beitragspflicht bei pflichtversicherten Mitgliedern.[7]

Kapitalgedeckte Pensionskasse		
Ansparphase	**Leistungsphase**	
	Lebenslange Rentenzahlungen, Berufsunfähigkeits-/Erwerbsminderungs- und Hinterbliebenenrenten	**Kapitalzahlungen**
Lohnsteuerabzug nach den ELStAM und Basisversorgung („Rürup-Verträge")		
Steuerliche Beurteilung: Sonderausgabenabzug als Basisversorgung (§ 10 Abs. 1 Nr. 2b EStG; „Rürup-Verträge") bei Lohnsteuerabzug nach den ELStAM.	**Steuerliche Beurteilung:** Sonstige Einkünfte nach § 22 Nr. 1 Satz 3 Buchst. a Doppelbuchst. aa EStG: Stufenweise Anhebung des Besteuerungsanteils von 50 % (bei Rentenbeginn in 2005) auf 100 % (bei Rentenbeginn in 2040) = Kohortenprinzip.	
Lohnsteuerabzug nach den ELStAM, keine „Riester-Förderung", keine Basisversorgung („Rürup-Verträge")		
Steuerliche Beurteilung: Lohnsteuerabzug nach den ELStAM.	**Steuerliche Beurteilung:** Sonstige Einkünfte nach § 22 Nr. 1 Satz 3 Buchst. a Doppelbuchst. bb EStG: Besteuerung i. H. d. Ertragsanteils (z. B. 18 % bei Rentenbeginn mit 65 Jahren).	**Steuerliche Beurteilung:** Sonstige Einkünfte nach § 22 Nr. 5 Satz 2 EStG i. V. m. § 20 Abs. 1 Nr. 6 EStG: – Kapitalzahlung bei Vertragsabschluss bis 2004 und bei 12-jähriger Laufzeit regelmäßig steuerfrei.[4] – Bei Vertragsabschluss ab 2005 = Einkünfte i. H. d. Unterschiedsbetrags zwischen Versicherungsleistung und Summe der Versicherungsbeiträge (bei Auszahlung nach 12 Jahren seit Vertragsabschluss und vollendetem 62. Lebensjahr[5] nur 50 % des Unterschiedsbetrags) im Erlebensfall oder bei Rückkauf des Vertrags.

Kapitalgedeckte Pensionskasse		
Ansparphase	**Leistungsphase**	
	Lebenslange Rentenzahlungen, Berufsunfähigkeits-/ Erwerbsminderungs- und Hinterbliebenenrenten	**Kapitalzahlungen**
Sozialversicherung: Finanzierung erfolgt aus verbeitragtem Arbeitsentgelt.	**Sozialversicherung:** – Versorgungsbezüge nach § 229 Abs. 1 Nr. 5 SGB V. Pflichtmitglieder der GKV: Betrag **über 169,75 EUR** beitragspflichtig. PV: Gesamtbetrag beitragspflichtig, wenn Versorgungsbezüge über 169,75 EUR liegen. – Freiwillige Mitglieder zur KV und PV: Volle Beitragspflicht, unabhängig davon, ob die Mindestgrenze überschritten wird.[8] – Alleinige Beitragstragung. – Für KV-Beiträge wird allgemeiner Beitragssatz + kassenindividueller Zusatzbeitragssatz zugrunde gelegt. **Hinweis:** Mindesteinnahmegrenze gilt für alle Versorgungsbezüge und Arbeitseinkommen insgesamt.	**Sozialversicherung:** – Beitragspflicht als Versorgungsbezug zur KV und PV in Höhe von 1/120 des Zahlbetrags für längstens 10 Jahre.[8] Pflichtmitglieder der GKV: Betrag von 1/120 **über 169,75 EUR** (Gesamtbetrag Kapitalzahlung: 20.370 EUR) beitragspflichtig. PV: Gesamtbetrag von 1/120 beitragspflichtig, wenn Versorgungsbezüge über 169,75 EUR (Gesamtbetrag Kapitalzahlung: 20.370 EUR) liegen. – Freiwillige Mitglieder zur KV und PV: 1/120 der Kapitalleistung sind immer beitragspflichtig, unabhängig von der Höhe des Auszahlungsbetrags. – PKV: Kein Beitrag – Alleinige Beitragstragung. Für KV-Beiträge wird allgemeiner Beitragssatz + kassenindividueller Zusatzbeitragssatz zugrunde gelegt. **Hinweis:** Mindesteinnahmegrenze gilt für alle Versorgungsbezüge und Arbeitseinkommen insgesamt.

Umlagefinanzierte Pensionskasse		
Ansparphase	**Leistungsphase**	
	Lebenslange Rentenzahlungen, Berufsunfähigkeits-/ Erwerbsminderungs- und Hinterbliebenenrenten	**Kapitalzahlungen**
Steuerbefreiung nach § 3 Nr. 56 EStG		
Steuerliche Beurteilung: Steuerbefreiung bis zu 3 % der BBG-RV/West (**2023: 2.628 EUR/219 EUR mtl.**).	**Steuerliche Beurteilung:** Sonstige Einkünfte nach § 22 Nr. 5 Satz 1 EStG: Besteuerung in vollem Umfang.	**Steuerliche Beurteilung:** Sonstige Einkünfte nach § 22 Nr. 5 Satz 1 EStG: Besteuerung in vollem Umfang.
Sozialversicherung: – Kein Arbeitsentgelt soweit Steuerfreiheit besteht und es sich um eine zusätzliche Zahlung zum Lohn/Gehalt handelt. – Für Zuwendungen zu Pensionskassen mit einer besonderen Versorgungsregelung ist die Beitragsfreiheit auf 100 EUR mtl., abzüglich eines Hinzurechnungsbetrags beschränkt.	**Sozialversicherung:** – Versorgungsbezüge nach § 229 Abs. 1 Nr. 5 SGB V. Pflichtmitglieder der GKV: Betrag **über 169,75 EUR** beitragspflichtig. PV: Gesamtbetrag beitragspflichtig, wenn Versorgungsbezüge über 169,75 EUR liegen. – Freiwillige Mitglieder zur KV und PV: Volle Beitragspflicht, unabhängig davon, ob die Mindestgrenze überschritten wird.[8] – Alleinige Beitragstragung. – Für KV-Beiträge wird allgemeiner Beitragssatz + kassenindividueller Zusatzbeitragssatz zugrunde gelegt. **Hinweis:** Mindesteinnahmegrenze gilt für alle Versorgungsbezüge und Arbeitseinkommen insgesamt.	**Sozialversicherung:** – Beitragspflicht als Versorgungsbezug zur KV und PV in Höhe von 1/120 des Zahlbetrags für längstens 10 Jahre.[8] Pflichtmitglieder der GKV: Betrag von 1/120 **über 169,75 EUR** (Gesamtbetrag Kapitalzahlung: 20.370 EUR) beitragspflichtig. PV: Gesamtbetrag von 1/120 beitragspflichtig, wenn Versorgungsbezüge über 169,75 EUR (Gesamtbetrag Kapitalzahlung: 20.370 EUR) liegen. – Freiwillige Mitglieder zur KV und PV: 1/120 der Kapitalleistung sind immer beitragspflichtig, unabhängig von der Höhe des Auszahlungsbetrags. – PKV: Kein Beitrag – Alleinige Beitragstragung. Für KV-Beiträge wird allgemeiner Beitragssatz + kassenindividueller Zusatzbeitragssatz zugrunde gelegt. **Hinweis:** Mindesteinnahmegrenze gilt für alle Versorgungsbezüge und Arbeitseinkommen insgesamt.

Umlagefinanzierte Pensionskasse		
Ansparphase	**Leistungsphase**	
	Lebenslange Rentenzahlungen, Berufsunfähigkeits-/ Erwerbsminderungs- und Hinterbliebenenrenten	**Kapitalzahlungen**
Pauschalierung nach § 40b EStG in der geltenden Fassung oder Lohnsteuerabzug nach ELStAM		
Steuerliche Beurteilung: **Laufende Zuwendungen:** Pauschalierung **bis zu 1.752 EUR** mit 20 % oder Lohnsteuerabzug nach den ELStAM bei Überschreiten des steuerfreien Höchstbetrags. **Sonderzahlungen:** Pflichtpauschalierung mit 15 %.	**Steuerliche Beurteilung:** Sonstige Einkünfte nach § 22 Nr. 1 Satz 3 Buchst. a Doppelbuchst. bb EStG: Besteuerung i. H. d. Ertragsanteils (z. B. 18 % bei Rentenbeginn mit 65 Jahren).	**Steuerliche Beurteilung:** Sonstige Einkünfte nach § 22 Nr. 5 Satz 2 EStG i. V. m. § 20 Abs. 1 Nr. 6 EStG: – Kapitalzahlung bei Vertragsabschluss bis 2004 und bei 12-jähriger Laufzeit regelmäßig steuerfrei.[4] – Bei Vertragsabschluss ab 2005 = Einkünfte i. H. d. Unterschiedsbetrags zwischen Versicherungsleistung und Summe der Versicherungsbeiträge (bei Auszahlung nach 12 Jahren seit Vertragsabschluss und vollendetem 62. Lebensjahr[5] nur 50 % des Unterschiedsbetrags) im Erlebensfall oder bei Rückkauf des Vertrags.

Umlagefinanzierte Pensionskasse		
Ansparphase	**Leistungsphase**	
	Lebenslange Rentenzahlungen, Berufsunfähigkeits-/Erwerbsminderungs- und Hinterbliebenenrenten	**Kapitalzahlungen**
Sozialversicherung: Kein Arbeitsentgelt soweit Pauschalversteuerung erfolgt und es sich um eine zusätzliche Zahlung zum Lohn/Gehalt handelt. Für Zuwendungen zu Pensionskassen mit einer besonderen Versorgungsregelung besteht keine Beitragsfreiheit.[10]	**Sozialversicherung:** – Versorgungsbezüge nach § 229 Abs. 1 Nr. 5 SGB V. Pflichtmitglieder der GKV: Betrag **über 169,75 EUR** beitragspflichtig. PV: Gesamtbetrag beitragspflichtig, wenn Versorgungsbezüge über 169,75 EUR liegen. – Freiwillige Mitglieder zur KV und PV: Volle Beitragspflicht, unabhängig davon, ob die Mindestgrenze überschritten wird.[8] – Alleinige Beitragstragung. – Für KV-Beiträge wird allgemeiner Beitragssatz + kassenindividueller Zusatzbeitragssatz zugrunde gelegt. **Hinweis:** Mindesteinnahmegrenze gilt für alle Versorgungsbezüge und Arbeitseinkommen insgesamt.	**Sozialversicherung:** – Beitragspflicht als Versorgungsbezug zur KV und PV in Höhe von 1/120 des Zahlbetrags für längstens 10 Jahre.[8] Pflichtmitglieder der GKV: Betrag von 1/120 **über 169,75 EUR** (Gesamtbetrag Kapitalzahlung: 20.370 EUR) beitragspflichtig. PV: Gesamtbetrag von 1/120 beitragspflichtig, wenn Versorgungsbezüge über 169,75 EUR (Gesamtbetrag Kapitalzahlung: 20.370 EUR) liegen. – Freiwillige Mitglieder zur KV und PV: 1/120 der Kapitalleistung sind immer beitragspflichtig, unabhängig von der Höhe des Auszahlungsbetrags. – PKV: Kein Beitrag – Alleinige Beitragstragung. Für KV-Beiträge wird allgemeiner Beitragssatz + kassenindividueller Zusatzbeitragssatz zugrunde gelegt. **Hinweis:** Mindesteinnahmegrenze gilt für alle Versorgungsbezüge und Arbeitseinkommen insgesamt.

[10] Grundsätzlich gilt die gleiche Regelung wie bei der Steuerfreiheit. Der Maximalbetrag von 100 EUR wird jedoch durch die steuerfreien Bezüge aufgebraucht.

Unterstützungskasse	
Ansparphase	**Leistungsphase (lebenslange Rentenzahlungen, Berufsunfähigkeits-/Erwerbsminderungs- und Hinterbliebenenrenten, Kapitalzahlungen)**
Steuerliche Beurteilung: Versorgungszusage führt nicht zu einem Lohnzufluss (auch nicht bei Rückdeckung).	**Steuerliche Beurteilung:** Einkünfte aus nichtselbstständiger Tätigkeit nach § 19 EStG: Lohnsteuerabzug durch den Arbeitgeber nach den ELStAM unter Berücksichtigung der Freibeträge für Versorgungsbezüge (§ 19 Abs. 2 EStG).
Sozialversicherung: – Arbeitgeberfinanzierung unbegrenzt beitragsfrei. – Bei Entgeltumwandlung beitragsfrei bis max. 4 % der BBG RV West (**2023: 3.504 EUR jährlich/292 EUR mtl.**).	**Sozialversicherung:** – Versorgungsbezüge nach § 229 Abs. 1 Nr. 5 SGB V. Pflichtmitglieder der GKV: Betrag **über 169,75 EUR** beitragspflichtig. PV: Gesamtbetrag beitragspflichtig, wenn Versorgungsbezüge über 169,75 EUR liegen. – Freiwillige Mitglieder zur KV und PV: Volle Beitragspflicht, unabhängig davon, ob die Mindestgrenze überschritten wird.[8] – Alleinige Beitragstragung. – Für KV-Beiträge wird allgemeiner Beitragssatz + kassenindividueller Zusatzbeitragssatz zugrunde gelegt. **Hinweis:** Mindesteinnahmegrenze gilt für alle Versorgungsbezüge und Arbeitseinkommen insgesamt.

Direktzusage/Pensionszusage	
Ansparphase	**Leistungsphase (lebenslange Rentenzahlungen, Berufsunfähigkeits-/Erwerbsminderungs- und Hinterbliebenenrenten, Kapitalzahlungen)**
Steuerliche Beurteilung: Versorgungszusage führt nicht zu einem Lohnzufluss (auch nicht bei Rückdeckung).	**Steuerliche Beurteilung:** Einkünfte aus nichtselbstständiger Tätigkeit nach § 19 EStG: Lohnsteuerabzug durch den Arbeitgeber nach den ELStAM unter Berücksichtigung der Freibeträge für Versorgungsbezüge (§ 19 Abs. 2 EStG).

Direktzusage/Pensionszusage	
Ansparphase	**Leistungsphase (lebenslange Rentenzahlungen, Berufsunfähigkeits-/Erwerbsminderungs- und Hinterbliebenenrenten, Kapitalzahlungen)**
Sozialversicherung: – Arbeitgeberfinanzierung unbegrenzt beitragsfrei. – Bei Entgeltumwandlung beitragsfrei bis max. 4 % der BBG RV West (**2023: 3.504 EUR jährlich/292 EUR mtl.**).	**Sozialversicherung:** – Versorgungsbezüge nach § 229 Abs. 1 Nr. 5 SGB V. Pflichtmitglieder der GKV: Betrag **über 169,75 EUR** beitragspflichtig. PV: Gesamtbetrag beitragspflichtig, wenn Versorgungsbezüge über 169,75 EUR liegen. – Freiwillige Mitglieder zur KV und PV: Volle Beitragspflicht, unabhängig davon, ob die Mindestgrenze überschritten wird.[8] – Alleinige Beitragstragung. – Für KV-Beiträge wird allgemeiner Beitragssatz + kassenindividueller Zusatzbeitragssatz zugrunde gelegt. **Hinweis:** Mindesteinnahmegrenze gilt für alle Versorgungsbezüge und Arbeitseinkommen insgesamt.

Befristete Arbeitsverhältnisse: Was müssen Arbeitgeber beachten?

Für Arbeitsverträge, die auf bestimmte Zeit geschlossen werden, gilt das Teilzeit- und Befristungsgesetz (TzBfG). Der Gesetzgeber sieht vor, dass befristete Arbeitsverhältnisse grundsätzlich nur dann wirksam zustande kommen, wenn ein sachlicher Grund die Befristung rechtfertigt. Unter sehr engen Voraussetzungen können befristete Arbeitsverhältnisse ausnahmsweise aber auch ohne Sachgrund wirksam vereinbart werden. Darüber hinaus unterscheidet man Zeitbefristungen, die zu einem vertraglich vorgesehen Zeitpunkt enden, und Zweckbefristungen, die dann enden, wenn ein bestimmter Zweck erreicht wird.

Durch das Gesetz zur Umsetzung der Richtlinie (EU) 2019/1152 über transparente und vorhersehbare Arbeitsbedingungen wurde zum 1.8.2022 auch das TzBfG geändert: Ein wesentlicher Punkt ist, dass künftig nur noch eine „verhältnismäßige" Probezeiten bei einer Befristung vereinbart werden darf (§ 15 Abs. 3 TzBfG). Hat der Arbeitnehmer nach einer Wartezeit von 6 Monaten zukünftig seinen Wunsch nach Veränderung der Arbeitszeit oder nach einem auf unbestimmte Zeit geschlossenen Arbeitsvertrag angezeigt, hat der Arbeitgeber binnen eines Monats in Textform mit einer Begründung zu antworten (§ 7 Abs. 3 Satz 1, § 18 Abs. 2 Satz 1 TzBfG).

Vom Abschluss eines befristeten Arbeitsverhältnisses bis zu seinem Ende sollten die folgenden Punkte beachtet werden:

Bei Abschluss des befristeten Arbeitsverhältnisses	ok?
Liegt der befristete Arbeitsvertrag **zum Zeitpunkt der vereinbarten Arbeitsaufnahme in schriftlicher Form** vor (§ 14 Abs. 4 TzBfG)?[1]	
Ist sowohl das Datum, an dem das Arbeitsverhältnis aufgenommen wird, als auch das Datum, zu dem es endet, bzw. die vorhersehbare Dauer des Arbeitsverhältnisses niedergeschrieben?	
Sind im Vertrag die sonstigen Anforderungen des Nachweisgesetzes enthalten?	
Ist **im Fall einer Zweckbefristung** der **Vertragszweck** im Arbeitsvertrag **schriftlich fixiert**?	
Liegt einer der folgenden beispielhaften **sachlichen Gründe** für eine Befristung vor (§ 14 Abs. 1 TzBfG)? – Der betriebliche Bedarf an der Arbeitsleistung besteht nur vorübergehend, – die Befristung erfolgt einmalig im Anschluss an eine Ausbildung oder ein Studium, um den Übergang des Arbeitnehmers in eine Anschlussbeschäftigung zu erleichtern, – der Arbeitnehmer wird zur Vertretung eines anderen Arbeitnehmers beschäftigt, – die Eigenart der Arbeitsleistung rechtfertigt die Befristung, – die Befristung erfolgt zur Erprobung, – in der Person des Arbeitnehmers liegende Gründe, die die Befristung rechtfertigen, – der Arbeitnehmer wird aus Haushaltsmitteln vergütet, die haushaltsrechtlich für eine befristete Beschäftigung bestimmt sind, und er wird entsprechend beschäftigt oder – die Befristung beruht auf einem gerichtlichen Vergleich. Liegt ein anderer sachlicher Grund vor, der den zuvor genannten in § 14 Abs. 1 TzBfG zum Ausdruck kommenden Wertungsmaßstäben entspricht?	

[1] Der Rechtfertigungsgrund für die Befristung muss nicht im Arbeitsvertrag angegeben werden.

Bei Abschluss des befristeten Arbeitsverhältnisses	**ok?**
Liegen die folgenden Voraussetzungen für eine **kalendermäßige Befristung** des Arbeitsverhältnisses **ohne Sachgrund** vor (§ 14 Abs. 2 TzBfG)? – Es handelt sich um eine Neueinstellung, d. h. mit demselben Arbeitgeber bestand zu keinem vorherigen Zeitpunkt ein befristetes oder unbefristetes Arbeitsverhältnis oder die Vorbeschäftigung unterliegt einer Ausnahme vom Vorbeschäftigungsverbot.[2] – Die Gesamtdauer der Befristung beträgt (inklusive Verlängerungen) höchstens 2 Jahre. – Der einmal befristete Arbeitsvertrag wurde während dieser Zeit höchstens 3 mal verlängert.	
Liegen die folgenden Voraussetzungen für eine **Befristung** des Arbeitsverhältnisses **ohne Sachgrund** mit einem **älteren Arbeitnehmer** vor (§ 14 Abs. 3 TzBfG)? – Der Arbeitnehmer hat bei Beginn des Arbeitsverhältnisses das 52. Lebensjahr vollendet. – Der Arbeitnehmer war unmittelbar vor Beginn des befristeten Arbeitsverhältnisses mindestens 4 Monate beschäftigungslos oder er hat Transferkurzarbeitergeld bezogen oder er hat an einer öffentlich geförderten Beschäftigungsmaßnahme teilgenommen. – Die Gesamtdauer der Befristung beträgt (inklusive Verlängerungen) höchstens 5 Jahre.	

[2] Das Vorbeschäftigungsverbot wird **verfassungskonform einschränkend ausgelegt** werden, wenn:
- die Vorbeschäftigung **sehr lange zurückliegt,**
- die Tätigkeit **ganz anders geartet** ist oder
- die Vorbeschäftigung von **sehr kurzer Dauer** ist.

Das BAG hat in mehreren Entscheidungen zum Vorbeschäftigungsverbot Stellung genommen. Konkret reichen 8 Jahre und erst recht 5,5 Jahre (BAG, Urteil vom 23.1.2019, 7 AZR 13/17) zwischen den Arbeitsverhältnissen nicht aus. Auch 15 Jahre waren noch nicht sehr lang (BAG, Urteil vom 17.4.2019, 7 AZR 323/17). Sehr lang zurückliegend ist dagegen eine Vorbeschäftigung, die bereits 22 Jahre zurückliegt (BAG, Urteil vom 21.8.2019, 7 AZR 452/17).

Bei Abschluss des befristeten Arbeitsverhältnisses	**ok?**
Liegen die Voraussetzungen für eine **kalendermäßige Befristung** des Arbeitsverhältnisses **ohne Sachgrund** nach einer **Existenzgründung** vor (§ 14 Abs. 2a TzBfG)? – Es handelt sich um die Neugründung eines Unternehmens, nicht um die bloße Gründung eines weiteren Betriebs innerhalb eines bestehenden Unternehmens oder die bloße Verlegung eines Betriebs. – Der Zeitpunkt der vereinbarten Arbeitsaufnahme liegt in den ersten 4 Jahren nach Aufnahme der Erwerbstätigkeit. – Es handelt sich um eine Neueinstellung, d. h. mit demselben Arbeitgeber bestand zu keinem vorherigen Zeitpunkt ein befristetes oder unbefristetes Arbeitsverhältnis oder die Vorbeschäftigung unterliegt einer Ausnahme vom Vorbeschäftigungsverbot.[3] – Die Gesamtdauer der Befristung beträgt (inklusive Verlängerungen) höchsten 4 Jahre.	
Soll die Laufzeit des befristeten Arbeitsvertrags verlängert werden:[4] – Falls die Anzahl der zulässigen Vertragsverlängerungen begrenzt ist, wurde diese nicht überschritten. – Die Verlängerung der Befristung schließt sich unmittelbar an die vorangegangene Befristung an. – Die Verlängerung der Befristung wurde vor Ablauf des zu verlängernden Vertrags vereinbart.[5] – Im Rahmen der Verlängerung wurde ausschließlich der Beendigungszeitpunkt verändert, nicht jedoch die übrigen Vertragsbedingungen. – Die Verlängerung wurde schriftlich vereinbart. – Der Betriebsrat wurde nach § 99 BetrVG beteiligt.	

[3] Das Vorbeschäftigungsverbot wird **verfassungskonform einschränkend ausgelegt** werden, wenn:
- die Vorbeschäftigung **sehr lange zurückliegt,**
- die Tätigkeit **ganz anders geartet** ist oder
- die Vorbeschäftigung von **sehr kurzer Dauer** ist.

Das BAG hat in mehreren Entscheidungen zum Vorbeschäftigungsverbot Stellung genommen. Konkret reichen 8 Jahre und erst recht 5,5 Jahre (BAG, Urteil vom 23.1.2019, 7 AZR 13/17) zwischen den Arbeitsverhältnissen nicht aus. Auch 15 Jahre waren noch nicht sehr lang (BAG, Urteil vom 17.4.2019, 7 AZR 323/17). Sehr lang zurückliegend ist dagegen eine Vorbeschäftigung, die bereits 22 Jahre zurückliegt (BAG, Urteil vom 21.8.2019, 7 AZR 452/17).

[4] Ein befristeter Vertrag mit Sachgrund kann ohne Berücksichtigung zeitlicher Vorgaben verlängert werden.

[5] Eine Verlängerung muss innerhalb der laufenden Befristung schriftlich vereinbart werden. Eine erneut befristete Anstellung nach Ablauf der ersten Befristung ist wegen eines vorher bestehenden Arbeitsverhältnisses unwirksam (LAG Hamm, Urteil v. 19.4.2012, 8 Sa 63/12).

Bei Abschluss des befristeten Arbeitsverhältnisses	ok?
Wurden die im Unternehmen **anwendbaren Tarifverträge** dahingehend geprüft, ob sie besondere Regelungen für befristete Arbeitsverhältnisse enthalten wie z. B. eine andere Höchstdauer für Befristungen oder eine abweichende Anzahl der zulässigen Vertragsverlängerungen?	
Wurde der **Betriebsrat** nach § 99 BetrVG **beteiligt**?	
Ist die **Möglichkeit einer ordentlichen Kündigung** vereinbart worden (§ 15 Abs. 3 TzBfG)?	
Soweit im befristeten Arbeitsverhältnis eine **Probezeit** vereinbart wird, ist diese verhältnismäßig?	

Während des befristeten Arbeitsverhältnisses	ok?
Werden die befristet Beschäftigten regelmäßig **über unbefristete Arbeitsplätze informiert**, die besetzt werden sollen?	
Wurde dem Arbeitnehmer, dessen Arbeitsverhältnis länger als 6 Monate bestanden und der in Textform den Wunsch nach einem auf unbestimmte Zeit geschlossenen Arbeitsvertrag angezeigt hat, innerhalb eines Monats nach Zugang der Anzeige eine begründete Antwort in Textform mitgeteilt?	
Wird dafür Sorge getragen, dass auch befristet Beschäftigte an angemessenen Aus- und Weiterbildungsmaßnahmen zur Förderung der beruflichen Entwicklung und Mobilität teilnehmen können?	
Wird die Arbeitnehmervertretung regelmäßig über die Anzahl der befristet Beschäftigten und ihren Anteil an der Gesamtbelegschaft des Betriebs und des Unternehmens informiert?	
Soll das befristete Arbeitsverhältnis gekündigt werden: – Liegen die Voraussetzungen für eine **außerordentliche Kündigung** vor? – Liegen die Voraussetzungen für eine nur ausnahmsweise zulässige **ordentliche Kündigung** vor? – Die Möglichkeit einer ordentlichen Kündigung wurde einzelvertraglich oder im anwendbaren Tarifvertrag vereinbart? – Der Betriebsrat wurde nach § 102 BetrVG beteiligt?	

Kurz vor und nach vereinbartem Befristungsende	ok?
Ist im Fall einer Zweckbefristung der Arbeitnehmer 2 Wochen vor Zweckerreichung **schriftlich über die Zweckerreichung unterrichtet** worden (§ 15 Abs. 2 TzBfG)?	
Ist im Fall einer Zeitbefristung **bei Tätigkeit des Arbeitnehmers über das vereinbarte Befristungsende hinaus** unverzüglich **widersprochen** worden (§ 15 Abs. 5 TzBfG)?	

Kurz vor und nach vereinbartem Befristungsende	ok?
Ist im Falle einer Zweckbefristung **bei Tätigkeit des Arbeitnehmers nach Zweckerreichung die Zweckerreichung** unverzüglich **mitgeteilt** worden?	
Wurde der Arbeitnehmer frühzeitig darüber **informiert**, dass er sich spätestens 3 Monate vor Beendigung des Arbeitsverhältnisses persönlich bei der **Agentur für Arbeit** als arbeitsuchend melden muss?	
Wurde dem Arbeitnehmer, dessen Arbeitsverhältnis länger als 6 Monate bestanden und der in Textform den Wunsch nach einem auf unbestimmte Zeit geschlossenen Arbeitsvertrag angezeigt hat, innerhalb eines Monats nach Zugang der Anzeige eine begründete Antwort in Textform mitgeteilt?	

Beitragsbemessungsgrenzen: Teilmonate

Die Beitragsbemessungsgrenze (BBG) ist nur anteilig anzusetzen, wenn nicht im ganzen Monat Beitragspflicht besteht. Die Tabelle enthält die für 2023 in Teilmonaten geltenden Beitragsbemessungsgrenzen. Geordnet nach SV-Tagen sind die in der Kranken- und Pflegeversicherung bundeseinheitlich gültige Teilmonats-BBG sowie die in Ost und West abweichenden Teilmonats-BBGen in der Renten- und Arbeitslosenversicherung aufgelistet.

SV-Tage	Kranken- und Pflegeversicherung bundeseinheitlich[1]	Renten- und Arbeitslosenversicherung[1]	
		West	Ost
1	166,25	243,33	236,67
2	332,50	486,67	473,33
3	498,75	730,00	710,00
4	665,00	973,33	946,67
5	831,25	1.216,67	1.183,33
6	997,50	1.460,00	1.420,00
7	1.163,75	1.703,33	1.656,67
8	1.330,00	1.946,67	1.893,33
9	1.496,25	2.190,00	2.130,00
10	1.662,50	2.433,33	2.366,67
11	1.828,75	2.676,67	2.603,33
12	1.995,00	2.920,00	2.840,00
13	2.161,25	3.163,33	3.076,67
14	2.327,50	3.460,67	3.313,33
15	2.493,75	3.650,00	3.550,00

[1] Alle Werte in EUR.

SV-Tage	Kranken- und Pflegeversicherung bundeseinheitlich[1]	Renten- und Arbeitslosenversicherung[1]	
		West	Ost
16	2.660,00	3.893,33	3.786,67
17	2.826,25	4.136,67	4.023,33
18	2.992,50	4.380,00	4.260,00
19	3.158,75	4.623,33	4.496,67
20	3.325,00	4.866,67	4.733,33
21	3.491,25	5.110,00	4.970,00
22	3.657,50	5.353,33	5.206,67
23	3.823,75	5.596,67	5.443,33
24	3.990,00	5.840,00	5.680,00
25	4.156,25	6.083,33	5.916,67
26	4.322,50	6.326,67	6.153,33
27	4.488,75	6.570,00	6.390,00
28	4.655,00	6.813,33	6.626,67
29	4.821,25	7.056,67	6.863,33
30	4.987,50	7.300,00	7.100,00

Beitragstragung zur Sozialversicherung (KV, PV, RV, ALV)

Die Tabelle enthält die zulässigen Konstellationen der Beitragstragung bzw. Aufteilung der Beitragslast zwischen Arbeitgeber und Arbeitnehmer zur gesetzlichen Kranken-, Pflege-, Renten- und Arbeitslosenversicherung. Der Beitragszuschlag für Kinderlose zur Pflegeversicherung muss grds. vom Mitglied allein getragen werden. Für Geringverdiener ist der durchschnittliche Zusatzbeitragssatz in der Krankenversicherung maßgebend.

Krankenversicherung: Beitragstragung			
Versicherungszweig/ Beitragssatz	Gilt für Arbeitnehmer	Tragung	
		Arbeitnehmer	Arbeitgeber
KV: allgemeiner Beitragssatz (14,6 %)	mit mindestens 6 Wochen Entgeltfortzahlungsanspruch	7,3 %	7,3 %
Kassenindividueller Zusatzbeitragssatz	–	50 % des kassenindividuellen Beitragssatzes	50 % des kassenindividuellen Beitragssatzes

Krankenversicherung: Beitragstragung			
Versicherungszweig/ Beitragssatz	**Gilt für Arbeitnehmer**	**Tragung**	
		Arbeitnehmer	**Arbeitgeber**
KV: allgemeiner Beitragssatz (14,6 %)	die zur Berufsausbildung beschäftigt sind und deren Arbeitsentgelt nicht mehr als 325 EUR im Monat beträgt (Geringverdiener)[1]	–	14,6 %
Durchschnittlicher Zusatzbeitragssatz[2] (2023: 1,6 %)		0,8 %	0,8 %
KV: ermäßigter Beitragssatz (14,0 %)	ohne Krankengeldanspruch und Arbeitnehmer in Altersteilzeit während der Freistellungsphase[3]	7,0 %	7,0 %
KV: pauschale Beiträge (13,0 %)	in einer versicherungsfreien geringfügig entlohnten Beschäftigung (nur GKV-Versicherte)	–	13,0 %
KV: pauschale Beiträge (5,0 %)	in einer versicherungsfreien geringfügig entlohnten Beschäftigung im Privathaushalt (nur GKV-Versicherte)	–	5,0 %

Pflegeversicherung: Beitragstragung			
Versicherungszweig/ Beitragssatz	**Gilt für Arbeitnehmer, die**	**Tragung**	
		Arbeitnehmer	**Arbeitgeber**
Alle Länder außer Sachsen:			
PV: voller Beitragssatz (3,05 %)	gesetzlich krankenversichert sind und nicht befreit wurden	1,525 %	1,525 %
PV: voller Beitragssatz (3,05 %)	zur Berufsausbildung beschäftigt sind, der gesetzlichen Pflegeversicherung angehören und deren Arbeitsentgelt nicht mehr als 325 EUR im Monat beträgt[1]	–	3,05 %

[1] Die Regelung gilt auch für einen Freiwilligendienst leistende Versicherte.

[2] § 242a SGB V.

[3] BSG, Urteil v. 25.8.2004, B 12 KR 22/02 R.

Pflegeversicherung: Beitragstragung			
Versicherungszweig/ Beitragssatz	**Gilt für Arbeitnehmer, die**	**Tragung**	
		Arbeitnehmer	**Arbeitgeber**
PV: halber Beitragssatz (1,525 %)	die Anspruch auf Beihilfe nach dem Beamtenrecht haben und deshalb nur Beiträge aufgrund des halben Beitragssatzes zahlen müssen	0,7625 %	0,7625 %
Freistaat Sachsen:			
PV: voller Beitragssatz (3,05 %)	im Freistaat Sachsen beschäftigt sind	2,025 %	1,025 %
PV: voller Beitragssatz (3,05 %)	als Auszubildende tätig sind und der gesetzl. Pflegeversicherung angehören, wobei das Arbeitsentgelt nicht mehr als 325 EUR im Monat beträgt[1]	–	3,05 %
PV: halber Beitragssatz (1,525 %)	die Anspruch auf Beihilfe nach dem Beamtenrecht haben und deshalb nur Beiträge aufgrund des halben Beitragssatzes zahlen müssen	1,0125 %	0,5125 %
PV-Beitragszuschlag für Kinderlose (bundesweit)			
PV: Beitragszuschlag für Kinderlose (0,35 %)	nach dem 31.12.1939 geboren wurden und kinderlos sind (zahlbar ab Ablauf des Monats in dem das 23. Lebensjahr vollendet wird)	0,35 %	–
PV: Beitragszuschlag für Kinderlose (0,35 %)	zur Berufsausbildung beschäftigt sind, der gesetzlichen Pflegeversicherung angehören, das 23. Lebensjahr vollendet und keine Kinder haben, und deren Arbeitsentgelt nicht mehr als 325 EUR im Monat beträgt[1]	–	0,35 %

Rentenversicherung: Beitragstragung			
Versicherungszweig/ Beitragssatz	**Gilt für Arbeitnehmer, die**	**Tragung**	
		Arbeitnehmer	**Arbeitgeber**
RV: allgemein (18,6 %)	rentenversicherungspflichtig sind	9,3 %	9,3 %

Rentenversicherung: Beitragstragung			
Versicherungszweig/ Beitragssatz	Gilt für Arbeitnehmer, die	Tragung	
		Arbeitnehmer	Arbeitgeber
RV: knappschaftlich (24,7 %)	rentenversicherungspflichtig in einem knappschaftlichen Betrieb beschäftigt sind	9,3 %	15,4 %
RV: allgemein (18,6 %)	zur Berufsausbildung beschäftigt sind und deren Arbeitsentgelt nicht mehr als 325 EUR im Monat beträgt[1]	–	18,6 %
RV: pauschale Beiträge (15,0 %)	eine geringfügig entlohnte versicherungsfreie Beschäftigung ausüben	–	15,0 %
RV: pauschale Beiträge (5,0 %)	eine geringfügig entlohnte versicherungsfreie Beschäftigung im Privathaushalt ausüben	–	5 %
RV: allgemein (18,6 %)	eine geringfügig entlohnte rentenversicherungspflichtige Beschäftigung ausüben[4]	3,6 %	15,0 %
RV: allgemein (18,6 %)	eine geringfügig entlohnte rentenversicherungspflichtige Beschäftigung im Privathaushalt ausüben[5]	13,6 %	5,0 %

Arbeitslosenversicherung: Beitragstragung			
Versicherungszweig/ Beitragssatz	Gilt für Arbeitnehmer, die	Tragung	
		Arbeitnehmer	Arbeitgeber
AV: allgemein (2,6 %)	arbeitslosenversicherungspflichtig sind	1,3 %	1,3 %
AV: allgemein (2,6 %)	zur Berufsausbildung beschäftigt sind und deren Arbeitsentgelt nicht mehr als 325 EUR im Monat beträgt[1]	–	2,6 %

[4] Regelung gilt auch für auf Antrag rentenversicherungspflichtige geringfügig entlohnte Beschäftigte.

[5] Regelung gilt auch für auf Antrag rentenversicherungspflichtige geringfügig entlohnte Beschäftigte im Privathaushalt.

Betriebsrat: Größe und Freistellung

Aus dieser tabellarischen Übersicht kann die Größe des Betriebsrats und die Anzahl der freizustellenden Betriebsratsmitglieder entnommen werden. Die Anzahl der zu wählenden Betriebsratsmitglieder richtet sich nach der Anzahl der „in der Regel" beschäftigten wahlberechtigten Arbeitnehmer zum Zeitpunkt des Erlasses des Wahlausschreibens (§ 9 BetrVG). Die Zahl der freizustellenden Mitglieder des Betriebsratsgremiums basiert auf der Anzahl der im Betrieb „in der Regel" beschäftigten Arbeitnehmer zum Zeitpunkt der Freistellungswahl (§ 38 BetrVG). Maßgeblich ist damit der „regelmäßige Personalbestand" des Betriebs. Leiharbeitnehmer sind mitzurechnen, wenn sie diese Voraussetzung erfüllen.

Anzahl der zu wählenden Betriebsratsmitglieder, § 9 BetrVG	
Betriebsgröße	**Betriebsratsmitglied/er**
5 bis 20 wahlberechtigte Arbeitnehmer (AN)	1
21 bis 50 wahlberechtigte AN	3
51 wahlberechtigte AN bis 100 AN	5
101 bis 200 AN	7
201 bis 400 AN	9
401 bis 700 AN	11
701 bis 1 000 AN	13
1 001 bis 1.500 AN	15
1.501 bis 2.000 AN	17
2.001 bis 2.500 AN	19
2.501 bis 3.000 AN	21
3.001 bis 3.500 AN	23
3.501 bis 4.000 AN	25
4.001 bis 4.500 AN	27
4.501 bis 5.000 AN	29
5.001 bis 6.000 AN	31
6.001 bis 7.000 AN	33
7.001 bis 9.000 AN	35

In Betrieben mit mehr als 9.000 Arbeitnehmern erhöht sich die Zahl der Mitglieder des Betriebsrats für je angefangene weitere 3.000 Arbeitnehmer um je 2 Mitglieder.

Berufliche Freistellung von Betriebsratsmitgliedern, § 38 BetrVG	
Betriebsgröße	**Anzahl der freizustellenden Betriebsratsmitglieder**
200 bis 500 AN	1
501 bis 900 AN	2
901 bis 1.500 AN	3
1.501 bis 2.000 AN	4
2.001 bis 3.000 AN	5
3.001 bis 4.000 AN	6
4.001 bis 5.000 AN	7
5.001 bis 6.000 AN	8
6.001 bis 7.000 AN	9
7.001 bis 8.000 AN	10
8.001 bis 9.000 AN	11
9.001 bis 10.000 AN	12

In Betrieben mit mehr als 10.000 Arbeitnehmern ist für je angefangene weitere 2.000 Arbeitnehmer ein weiteres Betriebsratsmitglied von der beruflichen Tätigkeit freizustellen. Freistellungen können auch in Form von Teilfreistellungen erfolgen, § 38 Abs. 1 Satz 3 BetrVG.

Betriebsrat: Wahlberechtigung und Wählbarkeit

Die **Wahlberechtigung** ist in § 7 BetrVG geregelt. Danach waren bisher alle Arbeitnehmer eines Betriebs wahlberechtigt, die das 18. Lebensjahr vollendet haben. Mit Inkrafttreten des Betriebsrätemodernisierungsgesetzes[1] wurde § 7 BetrVG geändert und diese Altersgrenze herabgesetzt. Wahlberechtigt sind nun **alle Arbeitnehmer eines Betriebs**, die das **16. Lebensjahr** vollendet haben.

Regelungen zur **Wählbarkeit** enthält § 8 BetrVG. Danach sind im Grundsatz **alle wahlberechtigten Arbeitnehmer wählbar**, die **dem Betrieb 6 Monate angehören** und das 18. Lebensjahr vollendet haben. Anders als bei der Wahlberechtigung nach § 7 wurde die Altersgrenze für die Wählbarkeit durch das Betriebsrätemodernisierungsgesetz nicht abgesenkt, es bleibt bei der bisherigen Altersgrenze von 18 vollendeten Lebensjahren (weitere Sonderregelungen s. in § 8 Abs. 1 und 2 BetrVG).

---

[1] BGBl. 2021 I S. 1762.

Beschäftigter	Wahlberechtigung	Wählbarkeit
Altersteilzeit während der Freistellungsphase	**nein**[2]	**nein**
Aufhebungsvertrag nach Anfechtung	**nein**	umstritten[3]
Aushilfskraft	**ja** wenn sie am Wahltag in einem Arbeitsverhältnis steht[4]	**nein** es sei denn, die Aushilfskraft wird für mehr als 6 Monate eingestellt
Arbeitnehmer des öffentlichen Dienstes in Betrieben privatrechtlich organisierter Unternehmen tätig[5]	**ja**	**ja**
Arbeitnehmer kurz vor der Verrentung (aber am letzten Wahltag noch im Arbeitsverhältnis)	**ja**	**ja**
Arbeitnehmer während der Arbeitsunfähigkeit	**ja**	**ja**
Außendienstmitarbeiter	**ja**	**ja**
außerordentlich gekündigter Arbeitnehmer	**nein** ab Zugang der Kündigungserklärung, es liegen die Voraussetzungen des allgemeinen Anspruchs auf Weiterbeschäftigung vor[6]	**ja** sofern Kündigungsschutzklage erhoben ist und noch keine rechtskräftige Entscheidung vorliegt
Ausländer/ Staatenlose	**ja**	**ja**

2 Vgl. BAG, Beschluss v. 23.7.2014, 7 ABR 23/12.

3 Da auch gekündigte Arbeitnehmer nach Ablauf der Kündigungsfrist noch wählbar sind (BAG, Beschluss v. 10.11.2004, 7 ABR 12/04), wird empfohlen, die Wählbarkeit in diesem Falle anzuerkennen.

4 Unerheblich ist, ob die Aushilfskraft einmalig, hin und wieder oder immer herangezogen wird.

5 BAG, Beschluss v. 15.8.2012, 7 ABR 24/11; Ergänzung des § 5 Abs. 1 BetrVG durch Art. 9 des Gesetzes zur Errichtung eines Bundesaufsichtsamts für Flugsicherung und zur Änderung und Anpassung weiterer Vorschriften vom 29.7.2009, in Kraft seit 4.8.2009, BGBl. I 2009, 2424 (2429), auch für Beamte, Soldaten und in solchen Betrieben zur Berufsausbildung Beschäftigte.

6 Vgl. BAG, Beschluss v. 25.10.2017, 7 ABR 10/16.

Beschäftigter	Wahlberechtigung	Wählbarkeit
Auslandsentsendung wenn dem inländischen Betrieb noch zuzuordnen[7]	ja	ja
Auszubildender	ja wenn nicht in reinen Ausbildungsbetrieben zur Berufsausbildung tätig	ja wenn nicht in reinen Ausbildungsbetrieben zur Berufsausbildung tätig
Auszubildende des öffentlichen Dienstes, die zu ihrer Berufsausbildung in Betrieben privatrechtlich organisierter Unternehmen tätig sind	ja	ja
Beamte, die in Betrieben privatrechtlich organisierter Unternehmen tätig sind	ja	ja
Beamte oder Arbeitnehmer in ARGE-SGB II, soweit die ARGE-SGB II privatrechtlich organisiert ist	ja soweit länger als 3 Monate eingesetzt	ja[8]
befristet beschäftigte Arbeitnehmer	ja	ja
Beschäftigungsverbote z. B. während der Schwangerschaft	ja	ja
Dienstverpflichtete für den Katastrophenschutz	ja	ja
Ein-Euro-Jobber	nein	nein
Elternzeit	ja	ja
Erwerbsminderungsrente § 43 SGB VI	ja	ja
fehlerhaftes Arbeitsverhältnis	ja	ja

---

7 Ein ins Ausland entsandter Arbeitnehmer ist noch dem inländischen Betrieb zuzuordnen, wenn er dem inländischen Betrieb gegenüber noch weisungsgebunden ist. Dies ist dann der Fall, wenn er nicht in eine im Ausland bestehende betriebliche Organisation eingegliedert wird, z. B. bei Montagearbeiten. Die Umstände des Einzelfalls sind entscheidend: Dauer des Auslandseinsatzes, das Bestehen und die Voraussetzungen eines Rückrufrechts zu einem Inlandseinsatz sowie sonstige Weisungsbefugnisse.

8 Vgl. BAG, Beschl. v. 16.1.2008, 7 ABR 66/06; LAG Schleswig-Holstein, Beschl. v. 5.4.2001, 2 TaBV 35/10.

Beschäftigter	Wahlberechtigung	Wählbarkeit
Freie Mitarbeiter	**nein** es sei denn, dass scheinselbstständig	**nein** es sei denn, dass scheinselbstständig
Geringfügig Beschäftigte	**ja**	**ja**
Heimarbeit	**ja**	**ja**
Homeoffice	**ja**	**ja**
In Beschäftigungs- und Qualifizierungsgesellschaften tätige Personen	**nein** es sei denn, dass als Stammpersonal dort tätig	**nein**
Kurzarbeit Null	**ja**	**ja**
Leiharbeitnehmer[9,10] **(Arbeitnehmerüberlassung nach AÜG)**	**ja** wenn der Leiharbeitnehmer nach der Prognose des Wahlvorstandes länger als 3 Monate im Betrieb eingesetzt werden wird.[11] **ACHTUNG**: Es kommt nicht darauf an, dass der Leiharbeitnehmer am Wahltag bereits 3 Monate im Betrieb beschäftigt ist	**nein**[12]
Konzernleihe (mobiler Einsatz von Arbeitnehmern im Konzern)	**ja** wenn der Konzernarbeitnehmer im Betrieb des anderen Konzernunternehmens voraussichtlich länger als 3 Monate eingesetzt wird, ist er dort wahlberechtigt	**nein**
Leitende Angestellte[13]	**nein**	**nein**
Mitglieder des Wahlvorstandes	**ja**	**ja**

9 Leiharbeitnehmer zählen nach § 14 Abs. 2 Satz 3 AÜG bei der Berechnung der Betriebsgröße mit.

10 Bei einem fehlerhaften Arbeitsverhältnis ist der Arbeitsvertrag anfechtbar oder nichtig, aber in Vollzug gesetzt.

11 Die Wahlberechtigung ist aber nicht gegeben, wenn vorhersehbar ist, dass die Zeitarbeitsfirma den Leiharbeitnehmer während des Überlassungszeitraumes austauschen wird.

12 S. § 14 Abs. 2 AÜG.

13 Ebenso Beamte und Soldaten, soweit sie als leitende Angestellte anzusehen sind.

Beschäftigter	Wahlberechtigung	Wählbarkeit
Mobile Worker	**ja** in dem Betrieb, in dem er tatsächlich eingegliedert ist (= organisatorische Einbindung)	**ja** in dem Betrieb, in dem er tatsächlich eingegliedert ist (= organisatorische Einbindung)
Mutterschutz	**ja**	**ja**
neu eingestellte Arbeitnehmer	**ja** wenn am Wahltag bereits in den Betrieb eingegliedert, der bloße Abschluss des Arbeitsvertrages reicht nicht aus	**nein** es sei denn, sie gehören am Wahltag schon mindestens 6 Monate dem Betrieb an
ordentlich gekündigte Arbeitnehmer	bis zum Ablauf der Kündigungsfrist **ja**[14] danach nur, bei tatsächlicher Weiterbeschäftigung, ein bloßer Weiterbeschäftigungsanspruch reicht aber nicht aus, ebenso wenig wie eine Kündigungsschutzklage[15]	**ja** wenn Kündigungsschutzklage erhoben und eine rechtskräftige Entscheidung noch nicht ergangen ist
Personalgestellung	**ja** wenn Arbeitnehmer in den Betrieb eingegliedert ist	**ja** wenn Arbeitnehmer in den Betrieb eingegliedert ist
Pflegezeit, § 3 PflegezeitG	**ja**	**ja**
Praktikanten	**ja** **AUSNAHME:** Praktikanten erhalten nur einen „allgemeinen Einblick in das Arbeitsleben", z. B. bei einem schulischen Betriebspraktikum	**ja** wenn am Wahltag mindestens 6 Monate im Betrieb tätig

[14] Gilt auch, wenn der Arbeitnehmer von seiner Arbeitsverpflichtung freigestellt ist.

[15] Nach Ablauf der Kündigungsfrist steht dem gekündigten Arbeitnehmer ohne Weiterbeschäftigung auch dann das aktive Wahlrecht nicht mehr zu, wenn er Kündigungsschutzklage erhoben hat.

Beschäftigter	Wahlberechtigung	Wählbarkeit
Sabbatjahr **Pflichten aus dem Arbeitsverhältnis sind nur für eine bestimmte Zeit suspendiert**	ja	ja
Soldaten in Betrieben privatrechtlich organisierter Unternehmen	ja	ja
strafgerichtliche Verurteilung	ja	**nein** wenn der Arbeitnehmer infolge einer strafgerichtlichen Verurteilung nicht die Fähigkeit besitzt, Rechte aus öffentlichen Wahlen zu erlangen, § 8 Abs. 1 Satz 3 BetrVG
teilzeitbeschäftigte Arbeitnehmer[16]	ja	ja
Telearbeit/Homeoffice	ja	ja
Telearbeit	ja	ja
vorübergehende Erwerbsunfähigkeit	ja	ja
Wehrdienst bzw. **freiwilliger Wehrdienst**	ja	ja
Zivildienst[17]	ja	ja

---

[16] Einschließlich Arbeitnehmer mit Arbeit auf Abruf oder Jobsharing.

[17] S. § 9 ZivilschutzG, wonach das Arbeitsverhältnis in seinem Bestand durch den Einsatz nicht berührt wird.

Brückenteilzeit: Anspruch

Diese Checkliste gibt einen Überblick über die Anspruchsvoraussetzungen der Brückenteilzeit nach § 9a TzBfG. Arbeitnehmer in Brückenteilzeit können seit dem 1.1.2019 nach einer befristeten Teilzeitphase wieder zu ihrer vorherigen Arbeitszeit zurückkehren. Der Anspruch auf Brückenteilzeit ist – ebenso wie der Anspruch auf unbefristete Teilzeitarbeit – nicht an das Vorliegen bestimmter Gründe gebunden. Während der Brückenteilzeit besteht kein Anspruch auf Verlängerung oder Verkürzung der Arbeitszeit oder auf vorzeitige Rückkehr zur ursprünglich vertraglich vereinbarten Arbeitszeit (§ 9a Abs. 4 TzBfG). Lehnt der Arbeitgeber den Antrag des Arbeitnehmers auf Brückenteilzeit ab, muss dies spätestens einen Monat vor dem gewünschten Beginn der Brückenteilzeit in Textform erfolgen (§§ 9a Abs. 3, 8 Abs. 5 Satz 1 TzBfG; § 126 BGB). Eine eigenhändige Unterschrift ist nicht mehr erforderlich. Ein Telefax oder eine E-Mail sind etwa ausreichend. Vor Ablauf dieser Frist muss die Ablehnungserklärung dem Arbeitnehmer zugehen (§§ 9a Abs. 3, 8 Abs. 5 Satz 1 TzBfG). Eine Begründung der Ablehnung ist nicht erforderlich.

Achtung

Bei einem Frist- oder Formfehler im Ablehnungsschreiben gilt die Brückenteilzeit als nach den Wünschen des Arbeitnehmers festgelegt (§§ 9a Abs. 3, 8 Abs. 5 Satz 2 TzBfG).

	Check		OK	Bemerkung
1)	Dauer des Arbeitsverhältnisses	Das Arbeitsverhältnis besteht länger als **6 Monate** (§ 9a Abs. 1 Satz 1 TzBfG).		
2)	Größe des Arbeitgebers	Der Arbeitgeber beschäftigt in der Regel **mehr als 45 Arbeitnehmer** (§ 9a Abs. 1 Satz 3 TzBfG). Hierbei zählt jeder Kopf, unabhängig vom Beschäftigungsumfang. Auszubildende werden bei der Berechnung aber nicht berücksichtigt (§ 9a Abs. 7 TzBfG).		
3)	Dauer der Brückenteilzeit	Die Brückenteilzeit wird für **mindestens 1 Jahr und höchstens 5 Jahre** verringert (§ 9a Abs. 1 Satz 2 TzBfG). Die Arbeitsvertragsparteien können einvernehmlich einen anderen Zeitraum vereinbaren. Durch Tarifvertrag kann der Rahmen für den Zeitraum der Arbeitszeitverringerung abweichend, auch zuungunsten des Arbeitnehmers, festgelegt werden (§ 9a Abs. 6 TzBfG).		

	Check		OK	Bemerkung
4)	Betriebliche Gründe	Der gewünschten Verringerung stehen keine **betrieblichen Gründe** entgegen, die die Organisation, den Arbeitsablauf oder die Sicherheit im Betrieb wesentlich beeinträchtigen oder unverhältnismäßige Kosten verursachen (§§ 9a Abs. 2 Satz 1, 8 Abs. 4 TzBfG).		
5)	Zumutbarkeitsregelung	Arbeitgeber mit **46 bis 200 Arbeitnehmern** können einen Antrag auf Brückenteilzeit ablehnen, wenn pro angefangenen 15 Arbeitnehmern bereits mindestens ein Arbeitnehmer Brückenteilzeit vereinbart hat (vgl. zu den Schwellenwerten § 9a Abs. 2 Satz 2 TzBfG). Auszubildende werden bei der Berechnung nicht berücksichtigt (§ 9a Abs. 7 TzBfG). **Stichtag** für die Berechnung der Zumutbarkeitsgrenze ist der Beginn der beantragten Brückenteilzeit. Der Arbeitgeber hat die voraussichtliche Situation an diesem Tag zu berücksichtigen. Entscheidend ist bei der Berechnung der Größe des Arbeitgebers das **Unternehmen**, nicht der Betrieb. Die Arbeitnehmer aller Betriebe sind also zusammenzuzählen. Für die Berechnung der Zumutbarkeitsgrenze kommt es nur auf **Arbeitnehmer** an, **die sich in Brückenteilzeit befinden**. Arbeitnehmer, die sich aus anderen Gründen in Teilzeit befinden, bleiben hier unberücksichtigt.		

	Check		OK	Bemerkung
6)	Frist und Form des Antrags	Der Antrag ist mindestens **3 Monate** vor Beginn der gewünschten Brückenteilzeit in **Textform** gestellt worden (§§ 9a Abs. 3, 8 Abs. 2 Satz 1 TzBfG; § 126 BGB). Der Umfang der Verringerung und der begehrte Zeitraum **müssen**, die gewünschte Verteilung **soll** im Antrag angegeben werden.		
7)	Erneuter Antrag nach Brückenteilzeit	Frühestens **ein Jahr nach Rückkehr aus der Brückenteilzeit** kann der Arbeitnehmer eine erneute Verringerung der Arbeitszeit (Teilzeit oder Brückenteilzeit) verlangen (§ 9a Abs. 5 Satz 1 TzBfG).		
8)	Erneuter Antrag nach Ablehnung der Brückenteilzeit aus betrieblichen Gründen	Hat der Arbeitgeber einen Verringerungsantrag **wegen betrieblicher Gründe** abgelehnt, kann der Arbeitnehmer frühestens nach **2 Jahren** eine erneute Verringerung der Arbeitszeit (Teilzeit oder Brückenteilzeit) beantragen (§§ 9a Abs. 5 Satz 2, 8 Abs. 6 TzBfG).		
9)	Erneuter Antrag nach Ablehnung der Brückenteilzeit aufgrund der Zumutbarkeitsregelung	Nach der Ablehnung eines Antrags auf Brückenteilzeit wegen Erreichen der **Zumutbarkeitsgrenze** bei Arbeitgebern mit 46 bis 200 Arbeitnehmern kann der Arbeitnehmer frühestens nach Ablauf von **einem Jahr** erneut eine Verringerung der Arbeitszeit (Teilzeit oder Brückenteilzeit) verlangen (§ 9a Abs. 5 Satz 3 TzBfG).		

Elterngeld und Elternzeit

Die Arbeitshilfe beinhaltet tabellarische Übersichten zu den rechtlichen Voraussetzungen von Elterngeld und Elternzeit. Dargestellt werden die Voraussetzungen, die Dauer der Elternzeit bzw. Höhe des Elterngeldes, die Auswirkungen auf das Arbeitsverhältnis, die einschlägigen Antragsfristen sowie Pflichten von Arbeitgeber und Arbeitnehmer.

Elterngeld	Staatliche Geldleistung
Voraussetzungen	**§ 1 BEEG** – Wohnsitz oder gewöhnlichen Aufenthalt in Deutschland – Betreuung eines eigenen Kindes oder adoptierten Kindes oder Kindes des Ehegatten oder Lebenspartners – Keine Ausübung einer vollen Erwerbstätigkeit (bei bis zum 31.8.2021 geborenen Kindern: bis zu 30 Wochenstunden; bei ab dem 1.9.2021 geborenen Kindern: bis zu 32 Wochenstunden)
Höhe	**§ 2 BEEG** – Mindestens 67 % des monatlichen Einkommens (Durchschnitt der letzten 12 Monate), maximal jedoch 1.800 EUR monatlich (Berechnung: Monats-Brutto abzüglich pauschalierter Abzüge). Bei Nettoeinkommen über 1.200 EUR Kürzung auf 65 %. – Prozentuale Steigerung bei monatlichem Einkommen unter 1.000 EUR. – Mindestbetrag: 300 EUR monatlich – „Geschwisterbonus“ bei mehreren Kindern (10 %, mindestens 75 EUR) – Kein Elterngeld ab 250.000 EUR Jahreseinkommen (Alleinstehende) bzw. 300.000 EUR (bei 2 Bezugsberechtigten). – Elterngeld Plus: höchstens in Höhe der Hälfte des zustehenden Basiselterngeldbetrages bei verdoppelter Bezugsdauer.
Dauer	**§ 4 BEEG** – Anspruch besteht grundsätzlich nur in den ersten 14 Lebensmonaten des Kindes – Mindestens 2 und höchstens 12 Monate Bezugsdauer – Sind 2 betreuende Elternteile vorhanden: Für ein Elternteil maximal 12 Monate + 2 sog. „Partnermonate“ für den anderen Elternteil – Elterngeld Plus und Partnerschaftsmonate für bis zum 31.8.2021 geborene Kinder: Anspruch für höchstens 24 Monate plus 4 Partnerschaftsmonate (insgesamt max. 28 Monate); für ab 1.9.2021 geborene Kinder: Elterngeld Plus bis zum vollendeten 32. Lebensmonat, wenn ab dem 15. Lebensmonat von einem Elternteil durchgängig in Anspruch genommen

Elterngeld	Staatliche Geldleistung
Antragsfristen	**§ 7 BEEG** – Antrag ist ab Geburt des Kindes, aber nur rückwirkend für 3 Monate zulässig – Antrag ist daher spätestens im 4. Lebensmonat des Kindes zu stellen
Pflichten des Arbeitgebers	**§§ 2 Abs. 7, 9 BEEG** – Erteilung eines Einkommensnachweises – Erteilung eines Arbeitszeitnachweises
Auswirkungen auf das Arbeitsverhältnis	Grundsätzlich keine, wenn keine Elternzeit beantragt wird

Elternzeit	Freistellung von der Arbeitspflicht durch den Arbeitgeber

Voraussetzungen	**§ 15 BEEG**
	– Betreuung eines eigenen Kindes oder adoptierten Kindes oder Kindes des Ehegatten oder Lebenspartners im eigenen Haushalt
	– Betreuung eines Enkelkindes im eigenen Haushalt, wenn parallel kein Elternteil Elternzeit nimmt und:
	  – ein Elternteil des Kindes minderjährig ist, oder
	  – ein Elternteil des Kindes sich in Ausbildung befindet (für bis 30.6.2015 geborene Kinder: nur wenn das Elternteil sich im letzten oder vorletzten Jahr der Ausbildung befindet), die Ausbildung vor der Volljährigkeit begonnen wurde und die Arbeitskraft des Elternteils im Allgemeinen voll in Anspruch nimmt (sog. Großelternzeit)

Dauer	**§ 15 Abs. 2 BEEG** – Höchstens 3 Jahre – Grundsätzlich nur bis zur Vollendung des 3. Lebensjahres des Kindes – Für ab dem 1.7.2015 geborene Kinder: Bis zu 24 Monate können ohne Zustimmung des Arbeitgebers zwischen dem vollendeten 3. und dem vollendeten 8. Lebensjahr des Kindes beansprucht werden; Verteilung auf bis zu 3 Zeitabschnitte zustimmungsfrei möglich – Für bis zum 30.6.2015 geborene Kinder: Übertragung von bis zu 12 Monaten auf die Zeit bis zur Vollendung des 8. Lebensjahres möglich, wenn der Arbeitgeber zustimmt

Elternzeit	Freistellung von der Arbeitspflicht durch den Arbeitgeber
Antragsfristen	**§ 16 BEEG** – Spätestens 7 Wochen vor Beginn der Elternzeit – Für ab 1.7.2015 geborene Kinder: 13 Wochen, wenn Elternzeit ab dem vollendeten 3. Lebensjahr in Anspruch genommen wird – Schriftlicher Antrag beim Arbeitgeber notwendig
Rechte und Pflichten des Arbeitgebers	**§ 15 Abs. 5 – 7 BEEG** Einer Teilzeittätigkeit (15 bis 30 Wochenstunden für bis zum 31.8.2021 geborene Kinder; 15 bis 32 Wochenstunden für ab dem 1.9.2021 geborene Kinder) muss zugestimmt werden, wenn – das Arbeitsverhältnis länger als 6 Monate besteht – mehr als 15 Arbeitnehmer beschäftigt werden – und keine dringenden betrieblichen Gründe entgegenstehen. **§ 15 Abs. 4 BEEG** Einer Teilzeittätigkeit (bis zu 30/32 Wochenstunden im Monatsdurchschnitt) bei einem anderen Arbeitgeber muss zugestimmt werden, wenn keine dringenden betrieblichen Gründe entgegenstehen. **§ 17 BEEG** Der Jahresurlaub kann für die Zeiten der Elternzeit anteilig gekürzt werden. **§ 21 BEEG** Für die Dauer der Elternzeit kann ein anderer Arbeitnehmer als Vertretung befristet eingestellt werden.
Auswirkungen auf das Arbeitsverhältnis	Die gegenseitigen Hauptleistungspflichten werden suspendiert (keine Arbeitspflicht, keine Vergütungspflicht), das Arbeitsverhältnis besteht aber fort und wird nach Ablauf der Elternzeit fortgesetzt. Teilzeittätigkeit ist bis zu 30/32 Wochenstunden im Monatsdurchschnitt zulässig. **§ 18 BEEG**: Sonderkündigungsschutz Der Arbeitgeber darf das Arbeitsverhältnis nur nach vorheriger Zustimmung der nach Landesrecht zuständigen Behörde kündigen. Für ab 1.7.2015 geborene Kinder – bei Elternzeit bis zum 3. Lebensjahr: Beginn des Kündigungsschutzes 8 Wochen vor Beginn der Elternzeit. – bei Elternzeit zwischen dem vollendeten 3. und dem vollendeten 8. Lebensjahr: Beginn des Kündigungsschutzes 14 Wochen vor Beginn der Elternzeit. Für bis zum 30.6.2015 geborene Kinder: Beginn des Kündigungsschutzes 8 Wochen vor Beginn der Elternzeit. **§ 19 BEEG**: Sonderkündigungsrecht des Arbeitnehmers Der Arbeitnehmer kann das Arbeitsverhältnis mit einer Frist von 3 Monaten zum Ende der Elternzeit kündigen.

Entgeltarten von A bis Z

Je nach Entgeltart ist die steuer- und sozialversicherungsrechtliche Bewertung unterschiedlich. In dieser Tabelle können Sie ablesen, wie die einzelnen Entgeltarten jeweils lohnsteuer- und sozialversicherungsrechtlich behandelt werden.

Art der Arbeitgeberleistung	Lohnsteuer	Sozialversicherung
Abfindung wegen einer vom Arbeitgeber veranlassten Auflösung des Dienstverhältnisses	pflichtig	frei
Aktienüberlassung, s. Vermögensbeteiligung		
Altersrenten (§ 19 Abs. 2 EStG) Abzug des Versorgungsfreibetrags in Höhe von 13,6 % der Rente, bei Rentenbeginn 2023 max. 1.020 EUR, zzgl. 306 EUR Zuschlag zum Versorgungsfreibetrag pro Jahr	frei	frei
Altersteilzeit Aufstockungsbeträge und Beiträge zur Höherversicherung nach dem Altersteilzeitgesetz, auch soweit sie über die gesetzlichen Mindestbeträge hinausgehen; s. auch Aufstockungsbeträge (§ 3 Nr. 28 EStG)	frei	frei
Altersübergangsgeld gem. § 249e AFG	frei	frei
Antrittsgebühr im grafischen Gewerbe (§ 3b EStG) wenn sie aufgrund tariflicher Regelung gewährt werden, bis zur Höhe der Sonn- und Feiertagszuschläge	frei	frei
Arbeitgeberanteile zur gesetzlichen Sozialversicherung (§ 3 Nr. 62 EStG)	frei	frei
Arbeitgeberdarlehen, s. Zinsersparnis		
Arbeitnehmersparzulage	frei	frei
Arbeitsessen (R 19.6 Abs. 2 LStR) während einem außergewöhnlichen Arbeitseinsatz, wenn der Wert der Mahlzeit 60 EUR pro Arbeitnehmer nicht übersteigt	frei	frei
Arbeitskleidung, s. Berufskleidung		
Arbeitsmittel, s. Werkzeuggeld		
Arbeitslosenhilfe, Arbeitslosengeld II (§ 3 Nr. 2 EStG)	frei	frei
Aufmerksamkeiten (R 19.6 Abs. 1 LStR) wenn deren Wert 60 EUR nicht übersteigt, z. B. Blumen, Buch, Genussmittel aus persönlichem Anlass des Arbeitnehmers	frei	frei
Aufstockungsbeträge nach dem Altersteilzeitgesetz (§ 3 Nr. 28 EStG) auch soweit sie die Mindestgrenze von 20 % des Teilzeitarbeitsentgeltes bzw. Regelarbeitsentgelt (Verträge ab 1.7.2007) überschreiten. Obergrenze der Steuerfreiheit: Aufstockung bis 100 % des Nettoarbeitsentgeltes bei vergleichbarer Vollbeschäftigung	frei	frei

Art der Arbeitgeberleistung	Lohnsteuer	Sozialversicherung
Auslagenersatz (§ 3 Nr. 50 EStG) für Ausgaben des Arbeitnehmers, die vom Arbeitgeber ersetzt werden	frei	frei
Autotelefon (einschließlich Freisprecheinrichtung) – im Dienstwagen – im Pkw des Arbeitnehmers, wie beim Telefon in der Wohnung ohne Einzelnachweis max. 20 EUR pro Monat, s. Telefon	frei	frei
Berufskleidung (§ 3 Nr. 31 EStG) falls es sich um typische Berufskleidung handelt, die dem Arbeitnehmer unentgeltlich oder verbilligt überlassen wird, z. B. Schutzkleidung	frei	frei
Betriebliche Gesundheitsförderung (§ 3 Nr. 34 EStG) Bar- und Sachleistungen bis zu 600 EUR im Jahr, die der Arbeitgeber zusätzlich zur Gesundheitsvorsorge erbringt	frei	frei
Betriebsrenten (§ 19 Abs. 2 EStG) Alters- und Erwerbsunfähigkeitsrenten, die von früheren Arbeitgebern oder aus einer betrieblichen Versorgungskasse gezahlt werden. Bei Altersrenten, wenn der Arbeitnehmer das 63. Lebensjahr oder – wenn er Schwerbehinderter ist das 60. Lebensjahr – vollendet hat, und bei Erwerbsunfähigkeitsrenten bleiben bei Betriebsrenten mit Rentenbeginn 2023 13,6 % der Bezüge, höchstens 1.020 EUR, plus Zuschlag zum Versorgungsfreibetrag von maximal 306 EUR jährlich steuerfrei.	pflichtig	pflichtig (nur KV und PV)
Betriebsveranstaltung		
– übliche Zuwendungen bei herkömmlichen Veranstaltungen in Form von Speisen und Getränken, Fahrtkosten, Übernachtungskosten, Aufwendungen für den äußeren Rahmen usw., soweit die Zuwendungen pro Mitarbeiter 110 EUR brutto nicht übersteigen (§ 19 Abs. 1 Satz 1 Nr. 1a EStG)	frei	frei
– die Zuwendungen bei lohnsteuerpflichtigen Veranstaltungen werden mit 25 % pauschal versteuert (§ 40 Abs. 2 Nr. 2 EStG)	pauschal	frei
Bewirtungskosten		
– Geschäftlich veranlasste Bewirtung: Bei Bewirtung von Geschäftspartnern des Arbeitgebers können die vom Arbeitnehmer verauslagten Aufwendungen steuerfrei ersetzt werden (steuerfreier Auslagenersatz nach § 3 Nr. 50 EStG)	frei	frei
– Arbeitnehmerbewirtung bei Auswärtstätigkeit: Beträgt der Gesamtwert der vom Arbeitgeber unmittelbar oder mittelbar gewährten Speisen und Getränke nicht mehr als 60 EUR brutto, wird beim Arbeitnehmer auf die Besteuerung des hieraus resultierenden geldwerten Vorteils verzichtet, wenn der Arbeitnehmer seinerseits für die dienstliche Reisetätigkeit dem Grunde nach eine Verpflegungspauschale als Werbungskosten geltend machen kann (§ 8 Abs. 2 Satz 9 EStG)	frei	frei
– Reine Arbeitnehmerbewirtung bei außergewöhnlichen Arbeitseinsätzen bis zu 60 EUR brutto (R 19.6 Abs. 2 Satz 2 LStR)	frei	frei

Art der Arbeitgeberleistung	Lohnsteuer	Sozialversicherung
Darlehen, s. Zinsersparnisse		
Dienstrad Überlassung von Fahrrädern und E-Bikes, die verkehrsrechtlich		
– als Fahrrad eingestuft werden (unter 25 km/h, keine Kennzeichen- oder Versicherungspflicht), zusätzlich zum ohnehin geschuldeten Arbeitslohn (§ 3 Nr. 37 EStG)	frei	frei
– als Fahrrad eingestuft werden (unter 25 km/h, keine Kennzeichen- oder Versicherungspflicht), bei Entgeltumwandlung (§ 8 Abs. 2 Sätze 2-5 EStG i. V. m. gleichlautendem Ländererlass v. 9.1.2020, BStBl 2020 I S. 174)	pflichtig	pflichtig
– als Kfz eingestuft werden (E-Bikes über 25 km/h, mit Kennzeichen- und Versicherungspflicht, § 8 Abs. 2 Sätze 2–5 EStG i. V. m. gleichlautendem Ländererlass v. 9.1.2020, BStBl 2020 I S. 174)	pflichtig	pflichtig
Übereignung eines Dienstrads, das verkehrsrechtlich als Fahrrad eingestuft wird, zusätzlich zum ohnehin geschuldeten Arbeitslohn, wenn pauschal mit 25 % versteuert (§ 40 Abs. 2 Nr. 7 EStG)	pauschal	frei
Dienstwohnung, s. Werkswohnung		
Direktversicherung (§ 3 Nr. 63 EStG) Arbeitgeberbeiträge zu Direktversicherungen mit lebenslanger Rentenzahlung frühestens ab dem 60. Lebensjahr		
– bis zu 4 % der BBG RV/West (2023: 3.504 EUR)	frei	frei
– bis zu 8 % der BBG RV/West (2023: 7.008 EUR)	frei[1]	pflichtig
Doppelte Haushaltsführung soweit der Arbeitgeber keine höheren Mehraufwendungen ersetzt, als der Arbeitnehmer ansonsten als Werbungskosten geltend machen könnte (§ 9 EStG, R 9.11 Abs. 5 bis 11 LStR)	frei	frei
Ehrenamtsfreibetrag (§ 3 Nr. 26a EStG) Aufwandsentschädigung für ehrenamtliche Nebentätigkeiten bis zu 840 EUR pro Jahr	frei	frei
Elektrofahrzeug/Hybridelektrofahrzeug/Elektrofahrrad Aufladen von Dienstfahrzeugen und privaten (Hybrid-)Elektrofahrzeugen (§ 3 Nr. 46 EStG) sowie E-Bikes:		
– im Betrieb des Arbeitgebers	frei	frei
– in einem verbundenen Unternehmen	frei	frei
– für Leiharbeitnehmer im Betrieb des Entleihers	frei	frei
– durch einen Dritten, z. B. Geschäftsfreunde oder Kunden des Arbeitgebers	pflichtig	pflichtig
Erstattung der vom Arbeitnehmer selbst getragenen Stromladekosten für betriebliches (Hybrid-)Elektrofahrzeug	frei	frei

[1] Ggf. unter Anrechnung pauschalbesteuerter bAV-Beiträge nach § 40b EStG a.F.

Art der Arbeitgeberleistung	Lohn-steuer	Sozialver-sicherung
(Zeitweise) unentgeltliche oder verbilligte Überlassung einer betrieblichen Ladevorrichtung (§ 3 Nr. 46 EStG)	frei	frei
Übereignung einer Ladevorrichtung, wenn pauschal mit 25 % versteuert (§ 40 Abs. 2 Satz 1 Nr. 6 EStG)	pauschal	frei
Zuschüsse des Arbeitgebers für eine private Ladevorrichtung des Arbeitnehmers, wenn pauschal mit 25 % versteuert (§ 40 Abs. 2 Satz 1 Nr. 6 EStG)	pauschal	frei
Übereignung eines Elektrofahrrads, das verkehrsrechtlich nicht als Kfz gilt (keine Kennzeichen- oder Versicherungspflicht) und das zusätzlich zum ohnehin geschuldeten Arbeitslohn gewährt wird, wenn pauschal mit 25 % versteuert (§ 40 Abs. 2 Nr. 7 EStG)	pauschal	frei
Erholungsbeihilfe		
– wenn die Zahlung dem Anlass nach gerechtfertigt ist, z. B. in Krankheits- oder Unglücksfällen, bis 600 EUR jährlich, darüber hinaus nur bei besonderem Notfall (dabei sind Einkommensverhältnisse und Familienstand zu berücksichtigen) (R 3.11 Abs. 2 LStR)	frei	frei
– sonstige Leistungen, z. B. Urlaub in Betriebserholungsstätten oder Barzuschüsse zum Erholungsurlaub	pflichtig	pflichtig
– werden die Beihilfen pauschal versteuert (bis zu 156 EUR zzgl. 104 EUR für den Ehegatten und 52 EUR für jedes Kind) (§ 40 Abs. 2 Nr. 3 EStG)	pauschal	frei
Essenmarken (R 8.1 Abs. 7 Nr. 4 LStR)		
– die zur Verbilligung von Mahlzeiten für die Arbeitnehmer unmittelbar an eine Kantine, Gaststätte usw. gegeben werden, soweit der vom Arbeitnehmer noch zu entrichtende Eigenanteil den amtlichen Sachbezugswert der Mahlzeit nicht unterschreitet (2023: Mittag- und Abendessen: je 3,80 EUR, Frühstück: 2,00 EUR)	frei	frei
– überschreitet der Eigenanteil den amtlichen Sachbezugswert nicht und wird der geldwerte Vorteil pauschal mit 25 % versteuert	pauschal	frei
Fahrtkostenzuschuss (§ 3 Nr. 15 EStG) für Fahrten zwischen Wohnung und erste Tätigkeitsstätte		
– mit öffentlichen Verkehrsmitteln, wenn Zuschuss zusätzlich zum ohnehin geschuldeten Arbeitslohn gewährt wird	frei	frei
– bei Benutzung des arbeitnehmereigenen Pkw oder bei Fahrtkostenzuschüssen im Wege einer Gehaltsumwandlung	pflichtig	pflichtig
– wird der Zuschuss pauschal mit 15 % versteuert (§ 40 Abs. 2 EStG)	pauschal	frei
– wird der Zuschuss pauschal mit 25 % versteuert, ohne Anrechnung auf die Entfernungspauschale (§ 40 Abs. 2 Satz 2–4 EStG)	pauschal	frei
Fehlgeldentschädigung (R 19.3 Abs. 1 Nr. 4 LStR)		
soweit der Betrag 16 EUR monatlich nicht überschreitet	frei	frei

Art der Arbeitgeberleistung	Lohnsteuer	Sozialversicherung
Feiertagszuschlag (§ 3b EStG) für tatsächlich geleistete Feiertagsarbeit, soweit sie für Arbeiten am 31.12. ab 14.00 Uhr sowie an gesetzlichen Feiertagen 125 % bzw. für Arbeiten am 24.12. ab 14.00 Uhr sowie an den Weihnachtsfeiertagen und am 1.5. 150 % des Grundlohns von max. 50 EUR* pro Stunde nicht übersteigen. Als Feiertagsarbeit gilt auch die Arbeit von 0 Uhr bis 4 Uhr des auf den Feiertag folgenden Tages * Für die Beitragsfreiheit in der Sozialversicherung gilt ein Stundensatz von max. 25 EUR.	frei	frei
Fortbildungsleistung (§ 3 Nr. 19 EStG) soweit sie die allgemeine Beschäftigungsfähigkeit erhöht	frei	frei
Freianzeigen der Mitarbeiter von Zeitungsverlagen, soweit der Rabattfreibetrag von 1.080 EUR jährlich nicht überschritten wird, s. Personalrabatt	frei	frei
Freibrot an Arbeitnehmer in der Brotindustrie, soweit der Rabattfreibetrag von 1.080 EUR jährlich nicht überschritten wird, s. Personalrabatt	frei	frei
Freifahrten, s. Sammelfahrten		
Freiflüge oder verbilligte Flugreisen für Angestellte der Luftverkehrsgesellschaften, soweit der Rabattfreibetrag von 1.080 EUR jährlich nicht überschritten wird, s. Personalrabatt	frei	frei
Freitabak, s. Personalrabatt		
Geburtsbeihilfe (§ 19 Abs. 1 EStG)	pflichtig	pflichtig
Gesundheitsförderung (§ 3 Nr. 34 EStG) Arbeitgeberleistungen zusätzlich zum ohnehin geschuldeten Entgelt bis zu 600 EUR jährlich pro Mitarbeiter	frei	frei
Getränke und Genussmittel (R 19.3 Abs. 2 LStR) die der Arbeitgeber dem Arbeitnehmer unentgeltlich oder verbilligt zum Gebrauch im Betrieb überlässt, z. B. Kaffee, Süßigkeiten	frei	frei
Haustrunk, s. Personalrabatt		
Heimarbeiterzuschläge (R 9.13 Abs. 2 LStR) soweit sie 10 % des Grundlohns nicht übersteigen	frei	frei
Heiratsbeihilfe	pflichtig	pflichtig
Insolvenzgeld nach dem SGB III, s. Konkursausfallgeld		
Internetnutzung – Arbeitgeberzuschüsse zur privaten Internetnutzung (§ 2 Abs. 1 LStDV) – werden die Zuschussleistungen pauschal versteuert (§ 40 Abs. 2 Nr. 5 EStG)	pflichtig pauschal	pflichtig frei
Jahreswagenrabatt, s. Personalrabatt		

Art der Arbeitgeberleistung	Lohnsteuer	Sozialversicherung
Jobticket geldwerte Vorteile aus der unentgeltlichen oder verbilligten Überlassung eines Jobtickets		
– das zusätzlich zum ohnehin geschuldeten Arbeitslohn gezahlt wird (§ 3 Nr. 15 EStG)	frei	frei
– bei Gehaltsumwandlung	pflichtig	pflichtig
– bei Gehaltsumwandlung bis 50 EUR monatlich (§ 8 Abs. 2 Satz 11 EStG)	frei[2]	frei
– bei Gehaltsumwandlung bzw. Verzicht auf Steuerbefreiung, wenn mit 25 % pauschal versteuert (§ 40 Abs. 2 Satz 2–4 EStG)[3]	pauschal	frei
– bei Gehaltsumwandlung, wenn mit 15 % pauschal versteuert (§ 40 Abs. 2 Satz 2 EStG)[4]	pauschal	frei
Kindergartenzuschüsse (§ 3 Nr. 33 EStG) Leistungen des Arbeitgebers zur Unterbringung und Betreuung von nicht schulpflichtigen Kindern in betriebsfremden oder betriebseigenen Kindergärten u. Ä.	frei	frei
Kindergeld nach dem Bundeskindergeldgesetz	frei	frei
Konkursausfallgeld, s. Insolvenzgeld	frei	frei
Mehrarbeitszuschlag (§ 2 Abs. 2 Nr. 6 LStDV)	pflichtig	pflichtig
Mutterschaftsgeldzuschuss nach dem MuSchG	frei	frei
Nachtarbeitszuschlag (§ 3b EStG) die für tatsächlich geleistete Nachtarbeit neben dem Grundlohn gezahlt werden, soweit sie 25 % des Grundlohns von max. 50 EUR* pro Stunde nicht übersteigen. Wenn die Nachtarbeit vor 0 Uhr beginnt, ist für die Zeit von 0 Uhr bis 4 Uhr ein Zuschlag bis zu 40 % steuer- und beitragsfrei. * Für die Beitragsfreiheit in der Sozialversicherung gilt ein Stundensatz von max. 25 EUR.	frei	frei
Nebentätigkeit		
– Einnahmen hieraus als Übungsleiter, Ausbilder, Erzieher oder für die nebenberufliche Pflege alter, kranker oder Menschen mit Behinderungen in einer nach dem Körperschaftsteuergesetz steuerbefreiten Einrichtung bis zu 3.000 EUR (§ 3 Nr. 26 EStG). (Erfüllt die Nebentätigkeit die Merkmale einer geringfügigen Beschäftigung, ist diese auch über diesen Betrag hinaus versicherungsfrei (§ 8 Abs. 1 Nr. 1 SGB IV)	frei	frei
– Nebenberufliche ehrenamtliche Tätigkeit im gemeinnützigen, mildtätigen und kirchlichen Bereich bis 840 EUR pro Jahr, s. Ehrenamtsfreibetrag	frei	frei

[2] Sofern die 50-EUR-Freigrenze nach Zusammenrechnen aller zu berücksichtigenden Sachbezüge in Summe nicht überschritten wird.

[3] Ohne Anrechnung auf die Entfernungspauschale.

[4] Mit Anrechnung auf die Entfernungspauschale.

Art der Arbeitgeberleistung	Lohn-steuer	Sozialver-sicherung
Pensionsfonds, Pensionskasse (§ 3 Nr. 63 EStG) – bis zu 4 % der BBG RV/West (2023 max. 3.504 EUR) – bis zu 8 % der BBG RV/West (2023 max. 7.008 EUR)	 frei frei[5]	 frei pflichtig
Pensionskasse, umlagefinanziert (§ 3 Nr. 56 EStG) – bis zu 3 % der BBG RV/West (2023 max. 2.628 EUR)	 frei[6]	 frei
Personalrabatt (§ 8 Abs. 3 EStG) beim Bezug von Waren oder Dienstleistungen, die vom Arbeitgeber nicht überwiegend für den Bedarf seiner Arbeitnehmer hergestellt, vertrieben oder erbracht werden, soweit der Nachlass insgesamt 1.080 EUR im Kalenderjahr (Rabattfreibetrag) nicht übersteigt. Dabei sind die um 4 % geminderten Endpreise zugrunde zu legen, zu denen der Arbeitgeber die Waren oder Dienstleistungen fremden Letztverbrauchern anbietet	 frei	 frei
Prämie (§ 19 Abs. 1 EStG) z. B. für Verbesserungsvorschläge oder unfallfreies Fahren	 pflichtig	 pflichtig
Reisekostenvergütung (§ 3 Nr. 13 und 16 EStG) soweit der Arbeitgeber keine höheren Beträge ersetzt, als der Arbeitnehmer ansonsten als Werbungskosten abziehen könnte	 frei	 frei
Sachbezüge (§ 8 Abs. 1 EStG i. V. m. § 8 Abs. 2 Satz 11 EStG) soweit sie monatlich nicht die Freigrenze von 50 EUR überschreiten	frei	frei
Sachprämien (§ 3 Nr. 38 EStG) aus Kundenbindungsprogrammen (z. B. Miles and More), bis 1.080 EUR im Kalenderjahr	 frei	 frei
Sammelbeförderung (§ 3 Nr. 32 EStG) der Arbeitnehmer zwischen Wohnung und erster Tätigkeitsstätte mit einem vom Arbeitgeber eingesetzten Beförderungsmittel (Bus oder für mehrere Arbeitnehmer zur Verfügung gestellter Pkw), wenn dies betrieblich notwendig ist	 frei	 frei
Sonntagsarbeitszuschlag (§ 3b EStG) die für tatsächlich geleistete Sonntagsarbeit neben dem Grundlohn gezahlt werden, soweit sie 50 % des Grundlohns von max. 50 EUR* pro Stunde nicht übersteigen, als Sonntagsarbeit gilt auch die von 0 Uhr bis 4 Uhr des auf den Sonntag folgenden Tages geleistete Arbeit * Für die Beitragsfreiheit in der Sozialversicherung gilt ein Stundensatz von max. 25 EUR.	 frei	 frei
Sterbegeld (§ 19 Abs. 2 EStG) das der frühere Arbeitgeber gewährt, soweit der Versorgungsbezug bei Rentenbeginn 2023 mit 13,6 %, max. 1.020 EUR pro Jahr, zzgl. 306 EUR nicht übersteigt; s. Betriebsrenten	 pflichtig	 frei

[5] Ggf. unter Anrechnung pauschalbesteuerter bAV-Beiträge nach § 40b EStG a.F.

[6] Ggf. unter Anrechnung steuerfreier bAV-Beiträge nach § 3 Nr. 63 EStG.

Art der Arbeitgeberleistung	Lohnsteuer	Sozialversicherung
Telefon		
– Privatgespräche am Arbeitsplatz (§ 3 Nr. 45 EStG)	frei	frei
– Telefonanschluss in der Wohnung Gesprächsgebühren für betriebliche Telefonate, wenn der Arbeitnehmer Aufzeichnungen führt, zumindest für 3 Monate	frei	frei
– Ohne Nachweis bei einem Arbeitnehmer, der betrieblich veranlasste Telefongespräche in der Wohnung glaubhaft gemacht hat (z. B. Außendienstmitarbeiter), max. 20 EUR pro Monat	frei	frei
Trinkgeld		
– freiwillige Trinkgelder, die ohne Rechtsanspruch gewährt werden, in unbegrenzter Höhe (§ 3 Nr. 51 EStG)	frei	frei
– Trinkgelder mit Rechtsanspruch, z. B. mtl. pauschaler Bedienungszuschlag im Gaststättengewerbe, Metergelder im Möbeltransportgewerbe, Treppengelder im Kohlenhandel	pflichtig	pflichtig
Umsatzprovision (§ 19 Abs. 1 EStG)	pflichtig	pflichtig
Umzugskostenvergütung		
– aus öffentlichen Kassen (§ 3 Nr. 13 EStG)	frei	frei
– im privaten Dienst bei dienstlich veranlasstem Umzug bis zur Höhe der Beträge, die nach dem Bundesumzugsrecht als höchstmögliche Umzugskostenvergütung gezahlt werden könnten (§ 3 Nr. 16 EStG)	frei	frei
Vermögensbeteiligung (§ 3 Nr. 39 EStG)		
Kostenlose oder verbilligte Überlassung von Aktien, Mitarbeiterbeteiligung von Aktien, Mitarbeiterbeteiligungsfonds u. a. Beteiligungen am eigenen Unternehmen bis zu 1.440 EUR	frei	frei
Vermögenswirksame Leistung		
Zuschüsse des Arbeitgebers zu vermögenswirksamen Leistungen (Wenn das zu versteuernde Einkommen 17.900 EUR bei Einzelveranlagung bzw. 35.800 EUR bei Zusammenveranlagung nicht übersteigt, wird eine Arbeitnehmersparzulage gezahlt. Für Vermögensbeteiligungen nach dem Mitarbeiterbeteiligungsgesetz erhöht sich die Einkommensgrenze auf 20.000 EUR bzw. 40.000 EUR).	pflichtig	pflichtig
Verpflegungskostenzuschuss (§ 3 Nr. 13 und 16 EStG) – 28 EUR bei 24-stündiger Abwesenheit – 14 EUR bei über 8-stündiger Abwesenheit die Beträge gelten einheitlich für Auswärtstätigkeit sowie für die berufliche doppelte Haushaltsführung. Bei mehrtägigen Reisen können unabhängig von der tatsächlichen Abwesenheitszeit 14 EUR sowohl für den Anreise- als auch für den Abreisetag gewährt werden Bei Auslandsreisen, s. Verpflegungspauschalen nach der Auslandsreisekostentabelle 2023	frei	frei
Vorruhestandsleistung (§ 3 Nr. 9 EStG, R 9 LStR)	pflichtig	pflichtig

Art der Arbeitgeberleistung	Lohnsteuer	Sozialversicherung
Vorsorgeuntersuchung		
die auf Veranlassung des Arbeitgebers überwiegend aus betrieblichen Gründen unentgeltlich durchgeführt werden	frei	frei
Werkswohnung (§ 8 Abs. 2 Satz 9 EStG, R 8.1 Abs. 3 LStR)		
– Mietpreis bis 25 EUR/m² und Arbeitnehmer entrichtet mind. 2/3 des ortsüblichen Mietpreises	frei	frei
– Mietpreis über 25 EUR/m² und die Mietpreisverbilligung der ortsüblichen Miete beträgt max. 50 EUR pro Monat	frei[7]	frei
Werkzeuggeld (§ 3 Nr. 30 EStG)		
soweit es die Aufwendungen des Arbeitnehmers für die betriebliche Nutzung nicht übersteigt	frei	frei
Winterdienstausfallgeld, Wintergeld (§ 3 Nr. 2 EStG)		
nach dem Arbeitsförderungsgesetz	frei	frei
Zinsersparnis (§ 8 Abs. 2 EStG, R 8.1 Abs. 11 LStR)		
– bei zinsverbilligten oder unverzinslichen Arbeitgeberdarlehen, soweit der vereinbarte Zinssatz den Marktzins unterschreitet	pflichtig	pflichtig
– bei zinsverbilligten oder unverzinslichen Arbeitgeberdarlehen, soweit der vereinbarte Zinssatz den Marktzins unterschreitet **und** der daraus entstehende geldwerte Vorteil max. 50 EUR beträgt	frei[7]	frei
– Darlehen mit Zinssatz unter dem Marktzins, wenn das Darlehen am Ende des jeweiligen Lohnzahlungszeitraum die (Rest-)Summe von 2.600 Euro nicht übersteigt	frei	frei
Zukunftssicherungsleistungen		
– die der Arbeitgeber aufgrund gesetzlicher Verpflichtungen erbringt	frei	frei
– die der Arbeitgeber ohne gesetzliche Verpflichtung erbringt (§ 2 Abs. 2 Nr. 3 LStDV)	pflichtig	pflichtig
– Aufwendungen des Arbeitgebers für die Zukunftssicherung in Form von Direktversicherungsbeiträgen oder Leistungen an Pensionskassen, falls diese pauschal versteuert werden und vom Arbeitgeber zusätzlich zum Entgelt oder vom Arbeitnehmer durch Entgeltverzicht aus Einmalzahlungen finanziert werden (§ 40b EStG)	pauschal	frei
– Beiträge des Arbeitgebers bis 50 EUR zu Versicherungsleistungen, aufgrund derer der Arbeitnehmer nur Versicherungsschutz beanspruchen kann (Arbeitgeber ist Versicherungsnehmer)	frei[7]	frei

[7] Sofern die 50-EUR-Freigrenze nach Zusammenrechnen aller zu berücksichtigenden Sachbezüge in Summe nicht überschritten wird.

Entgelttransparenzgesetz: Auskunftsanspruch

Diese Checkliste gibt einen Überblick über die Voraussetzungen für die Geltendmachung eines Auskunftsanspruchs des Arbeitnehmers gegen den Arbeitgeber nach § 10 Entgelttransparenzgesetz (EntgTranspG).

Auskunftsanspruch nach dem Entgelttransparenzgesetz
Anwendungsbereich
1. Beschäftigte = vor allem Arbeitnehmer und Auszubildende sowie in Heimarbeit Beschäftigte[1] 2. Unternehmen mit i. d. R. mehr als 200 Beschäftigten[2]
Ausschluss des Auskunftsanspruchs
1. Keine oder weniger als 6 vergleichbare Beschäftigte des jeweils anderen Geschlechts[3] 2. Kein Vergleich zwischen unterschiedlichen Beschäftigtengruppen des § 5 Abs. 2 EntgTranspG, z. B. Arbeitnehmer und Auszubildende 3. Letzte Auskunftserteilung gegenüber dem Beschäftigten innerhalb der letzten 2 Jahre und keine wesentliche Veränderung (bzw. für die Anfangsphase erstmaliges Auskunftsverlangen frühestens 6 Monate nach Inkrafttreten des Gesetzes und dann erst wieder nach 3 Kalenderjahren)[4]
Einschränkung des Auskunftsanspruchs
1. Keine Auskunft bezüglich regional unterschiedlicher Entgeltregelungen desselben Arbeitgebers 2. Keine Auskunft in Bezug auf Entgeltregelungen in anderen Betrieben oder anderen Unternehmen
Auskunftsverlangen
1. Textform eingehalten[5]? Wenn mündlich, Zurückweisung, aber erneutes Verlangen in Textform zulässig 2. Hat der Beschäftigte gleiche oder gleichwertige Tätigkeiten (Vergleichstätigkeiten) benannt[6]? Wenn nicht, dann Ablehnung des Verlangens. Eventuell aber Unzumutbarkeit dieser Angabe im Sinne des § 10 Abs. 1 Satz 2 EntgTranspG mit der Folge, dass doch Auskunftsanspruch bestehen kann 3. Prüfung des Umfangs: nur Vergleichsentgelt oder auch 2 Entgeltbestandteile verlangt?
Adressat des Anspruchs
1. Wenn **Betriebsrat**: Pflicht des Arbeitgebers zur Weitergabe von Informationen zu Entgelt und Beschäftigte mit vergleichbarer Tätigkeit an Betriebsrat in Textform[7] 2. **Ohne Betriebsrat**: Arbeitgeber direkt[8] (u. U. Weitergabe an Vertreter der Tarifvertragsparteien) 3. Datenschutz: Kenntniserlangung ist auf die mit der Beantwortung des Auskunftsverlangens befassten Personen zu beschränken[9]

---

1 § 10 Abs. 1 EntgTranspG. Im Einzelfall können auch arbeitnehmerähnliche Personen im Sinne des innerstaatlichen Rechts Arbeitnehmer i. S. v. § 5 Abs. 2 Nr. 1 EntgTranspG sein.

2 § 12 Abs. 1 EntgTranspG.

3 § 12 Abs. 3 EntgTranspG.

4 §§ 10 Abs. 2, 25 Abs. 1 EntgTranspG.

5 § 10 Abs. 2 EntgTranspG.

6 § 10 Abs. 1 EntgTranspG.

7 § 13 EntgTranspG.

8 § 15 Abs. 1 EntgTranspG.

9 § 12 Abs. 3 Satz 3 EntgTranspG.

Auskunftsanspruch nach dem Entgelttransparenzgesetz
Inhalt
1. **Vergleichsentgelt**: Bruttoentgelt laut statistischem Median + ggf. bis zu 2 Entgeltbestandteile, Errechnung und Angabe des Vollzeitäquivalents 2. **Entgeltfindung**: Kriterien und Verfahren. Nach Rechtsgrundlage zu unterscheiden: a) gesetzliche (Mindestlohn) oder tarifvertragliche Regelungen: Verweis darauf und Angabe, wo der Beschäftigte diese Regelungen finden kann. Keine nähere Begründungspflicht bezüglich der Entgeltfindung, sondern Angemessenheitsvermutung zugunsten tarifvertraglicher Regelungen b) ansonsten: Darlegung der Kriterien und Verfahren, wie die Vergütung des die Auskunft verlangenden Beschäftigten sowie der Beschäftigten mit Vergleichstätigkeiten zustande kommt

Entsendebeschäftigungen: Leistungsumfang im Krankheitsfall

Liegen für einen im Ausland eingesetzten Arbeitnehmer die Voraussetzungen für eine Ausstrahlung[1] vor, so unterliegt die Person für die Dauer des Auslandseinsatzes weiterhin den deutschen Rechtsvorschriften. Dies gilt auch bei einer Entsendung in einen EU-, EWR-Staat, die Schweiz bzw. in einen Staat, mit dem ein Abkommen über Soziale Sicherheit besteht. Hierbei muss allerdings beachtet werden, dass lediglich in den vom Abkommen erfassten Sozialversicherungszweigen die deutschen Rechtsvorschriften weiter gelten. Bei einer Entsendung in das Vereinigte Königreich muss unterschieden werden, ob es sich bei der Entsendung um einen Anwendungsfall des Austrittsabkommens handelt oder um eine Ausstrahlung nach deutschen Rechtsvorschriften.

Entsendung in einen EU-, EWR-Staat, in die Schweiz oder in einen Staat, mit dem ein Abkommen über Soziale Sicherheit besteht

Bei einer Auslandstätigkeit in EU, EWR-Staaten oder in der Schweiz kann die im Ausland eingesetzte Person sich für die Inanspruchnahme von Sachleistungen mit der Europäischen Krankenversicherungskarte unmittelbar an einen Leistungserbringer wenden.

Bei einer Entsendung in das Vereinigte Königreich muss zunächst geprüft werden, ob der Sachverhalt vom Austrittsabkommen im Bereich der sozialen Sicherheit erfasst wird. Ist dies der Fall, dann kann sich die im Vereinigten Königreich eingesetzte Person für die Inanspruchnahme von Sachleistungen mit der Europäischen Krankenversicherungskarte unmittelbar an einen Leistungserbringer wenden. Ist der Sachverhalt nicht vom Austrittsabkommen im Bereich der sozialen Sicherheit erfasst, dann gelten die gleichen Regelungen wie bei Entsendungen ins vertragslose Ausland.

---

[1] § 4 SGB IV

Bei einer Auslandstätigkeit in einem Staat, mit dem ein Abkommen über Soziale Sicherheit für den Bereich Krankheit besteht, kann sich die im Ausland eingesetzte Person für die Inanspruchnahme von Sachleistungen mit der jeweiligen Anspruchsgrundlage an den zuständigen Träger wenden. Bei Aufenthalt in Nordmazedonien, Montenegro und in Serbien gilt die Europäische Krankenversicherungskarte als Anspruchsgrundlage.

Hat der im Ausland eingesetzte Arbeitnehmer Leistungen zulasten des Arbeitgebers in Anspruch genommen, so kann sich der Arbeitgeber die Kosten von der Krankenkasse erstatten lassen.[2]

Entsendung ins vertragslose Ausland

Wird eine Person in einem Staat eingesetzt, mit dem kein Abkommen über Soziale Sicherheit besteht, kann der im Ausland eingesetzte Arbeitnehmer Leistungen zulasten des Arbeitgebers in Anspruch nehmen. Der Arbeitgeber kann sich die Kosten von der Krankenkasse erstatten lassen. Die Krankenkasse kann dem Arbeitgeber die Kosten in der Höhe erstatten, in der diese bei einer Behandlung in Deutschland angefallen wären.

Staat	Bezeichnung der Bescheinigung	Leistungsumfang
Bosnien-Herzegowina	BH 6	Nur sofort notwendige Behandlungen.
EU-, EWR-Staaten und die Schweiz	European Health Insurance Card – EHIC	Alle Leistungen nach dem Recht des Aufenthaltslandes. Anspruch auf medizinisch notwendige Leistungen unter Berücksichtigung der Art der Leistungen und der voraussichtlichen Aufenthaltsdauer.
Israel	ISR/D 111	Nur Leistungen bei Mutterschaft.
Marokko	–	Das Abkommen sieht keine Leistungsaushilfe vor. Regelungen zur KV sind lediglich hinsichtlich der Zuständigkeit getroffen.
Montenegro	European Health Insurance Card – EHIC	Nur sofort notwendige Behandlungen.
Nordmazedonien	European Health Insurance Card – EHIC	Nur sofort notwendige Behandlungen.
Serbien	European Health Insurance Card – EHIC	Nur sofort notwendige Behandlungen.

---

[2] S. Kostenerstattung (Auslandsaufenthalt).

Staat	Bezeichnung der Bescheinigung	Leistungsumfang
Türkei	T/A 11	Nur sofort notwendige Behandlungen.
Tunesien	TN/A 11	Nur sofort notwendige Behandlungen. Rechnung muss selbst bezahlt werden, Erstattung über tunesischen CNAM oder durch deutsche Krankenkasse.
Vereinigtes Königreich		
– bei Anwendungsfällen des Austrittsabkommens	European Health Insurance Card – EHIC	Alle Leistungen nach dem Recht des Aufenthaltslands. Anspruch auf medizinisch notwendige Leistungen unter Berücksichtigung der Art der Leistungen und der voraussichtlichen Aufenthaltsdauer.
– bei Anwendungsfällen des Handels- und Kooperationsabkommens	Global Health Insurance Card – GHIC	Alle Leistungen nach dem Recht des Aufenthaltslands. Anspruch auf medizinisch notwendige Leistungen unter Berücksichtigung der Art der Leistungen und der voraussichtlichen Aufenthaltsdauer.

Fälligkeitstermine der Beiträge und Beitragsnachweise

Arbeitgeber müssen den Gesamtsozialversicherungsbeitrag spätestens zum **festgelegten Termin** dem Bankkonto der betreffenden Einzugsstelle gutschreiben.

Die **Beitragsnachweise** müssen der betreffenden Einzugsstelle spätestens stets 2 Arbeitstage vor Fälligkeit der Beiträge, bereits um **0.00 Uhr** (**Tagesbeginn**) des betreffenden Tages, zugegangen sein.

Hinweis: Abgabe des Beitragsnachweises über Lastschrifteinzug mit dem SEPA-Lastschriftmandat

Durch die SEPA-Bestimmungen sind genaue Einreichungsfristen für die Lastschriften bei den Banken vorgegeben. Um die Frist nicht zu verpassen, sollte der Beitragsnachweis rechtzeitig abgegeben werden. Danach ist eine fristgerechte Wertstellung zum Fälligkeitstag nicht mehr möglich. Als „Wertstellung" wird das Datum bezeichnet, an dem die Belastung eines Kontos wirksam wird.

Für das Jahr 2023 gelten folgende Fälligkeitstage:

Monat	Termin Beitragsgutschrift (Drittletzter Bankarbeitstag)	Termin Beitragsnachweis (2 Arbeitstage vor Fälligkeit der Beiträge)
Januar	27.	25.
Februar	24.	22.
März	29.	27.
April	26.	24.
Mai	26.	24.
Juni	28.	26.
Juli	27.	25.
August	29.	25.
September	27.	25.
Oktober	27.[1]	25.[2]
November	28.	24.
Dezember	27.	21.

[1] In Bundesländern mit Feiertag Reformationstag am 31.10.2023 verschiebt sich die Fälligkeit auf den 26.10.2023. Maßgebend sind die Verhältnisse am Hauptsitz der Einzugsstelle.

[2] In Bundesländern mit Feiertag Reformationstag am 31.10.2023 verschiebt sich die Fälligkeit auf den 24.10.2023. Maßgebend sind die Verhältnisse am Hauptsitz der Einzugsstelle.

Jahresarbeitsentgeltgrenzen/Versicherungspflichtgrenzen

Die Tabelle zeigt die Höhe der Jahresarbeitsentgeltgrenzen (JAEG) bzw. Versicherungspflichtgrenzen der gesetzlichen Krankenversicherung. Seit 1.1.2003 existieren 2 unterschiedliche Jahresarbeitsentgeltgrenzen, die jeweils nur für einen bestimmten Personenkreis anzuwenden sind.

Jahr	Allgemein[1]	Für am 31.12.2002 wegen Überschreitens der JAEG 2002 versicherungsfreie PKV-Versicherte[2]
2023	66.600 EUR	59.850 EUR
2022	64.350 EUR	58.050 EUR
2021	64.350 EUR	58.050 EUR
2020	62.550 EUR	56.250 EUR

[1] § 6 Abs. 6 SGB V.

[2] § 6 Abs. 7 SGB V.

Jahr	Allgemein[1]	Für am 31.12.2002 wegen Überschreitens der JAEG 2002 versicherungsfreie PKV-Versicherte[2]
2019	60.750 EUR	54.450 EUR
2018	59.400 EUR	53.100 EUR
2017	57.600 EUR	52.200 EUR
2016	56.250 EUR	50.850 EUR

Kirchensteuer- und Kappungssätze im Lohnsteuerabzugsverfahren

Die Tabelle enthält die für das jeweilige Bundesland geltenden Kirchensteuerhebesätze 2023, außerdem die Kirchensteuer-Pauschalierungssätze für das sog. vereinfachte Verfahren sowie die Kappungssätze im Lohnsteuerabzugsverfahren.

Bundesland	Kirchensteuer-Hebesatz in % der Maßstabssteuer	Kirchensteuer-Pauschsatz in % der pauschalierten Lohnsteuer[1]	Kirchensteuer-Kappung im Lohnsteuerabzugsverfahren[2] (in % der einzubehaltenden Lohnsteuer[3])
Baden-Württemberg	8[4]	5[5]	nein
Bayern	8	7	nein
Berlin	9	5	3

[1] Der ermäßigte Kirchensteuer-Pauschsatz gilt im **vereinfachten Verfahren**, wenn der ArbG **nicht** den Nachweis führt, dass einzelne ArbN keiner kirchensteuererhebenden Körperschaft angehören. Die pauschale Kirchensteuer ist gesondert in Zeile 26 der Lohnsteuer-Anmeldung einzutragen. Sie wird in einer Summe eingetragen; die Aufteilung auf die kirchensteuererhebenden Körperschaften wird von der Finanzverwaltung vorgenommen.

[2] Eine Kappung (= Begrenzung der Kirchensteuer nach oben) gibt es in allen Bundesländern außer in Bayern. Sie erfolgt aber nicht in allen Bundesländern im Lohnsteuerabzugsverfahren, sondern ist in den übrigen Bundesländern, die mit „nein" in der Tabelle stehen, auf Antrag bei der entsprechenden Diözese oder Landeskirche.

[3] Nach dem Gesetz gilt die festgesetzte Einkommensteuer als Bemessungsgrundlage für die Berechnung der Kirchensteuer. Im Lohnsteuerabzugsverfahren bemisst sich die Kirchensteuer nach der einzubehaltenden Lohnsteuer.

Bei **Arbeitnehmern mit Kindern** ist von einer fiktiven Lohnsteuer auszugehen, weil monatliche Freibeträge zu berücksichtigen sind.

[4] Ausnahme: 9 % für Bad Wimpfen für PLZ 74206.

[5] Ab 2024: 4,5 %.

Bundesland	Kirchensteuer-Hebesatz in % der Maßstabssteuer	Kirchensteuer-Pauschsatz in % der pauschalierten Lohnsteuer[1]	Kirchensteuer-Kappung im Lohnsteuerabzugsverfahren[2] (in % der einzubehaltenden Lohnsteuer[3])
Brandenburg	9	5	nein
Bremen	9	7	3,5
Hamburg	9	4	3
Hessen	9	7	nein
Mecklenburg-Vorpommern	9	5	3
Niedersachsen	9	6[6]	3,5[7]
Nordrhein-Westfalen	9	7	nein
Rheinland-Pfalz	9	7	nein
Saarland	9	7	nein
Sachsen	9	5	nein
Sachsen-Anhalt	9	5	3,5
Schleswig-Holstein	9	6	3
Thüringen	9	5	nein

[6] Ausnahme: 7 % für die Evangelische Kirche von Westfalen.

[7] Ausnahme: 3 % bei der Evangelisch-Lutherischen Kirche in Norddeutschland und 4 % für den in Niedersachsen gelegenen Teil der Erzdiözese Paderborn.

Kündigungsfristen im Arbeitsrecht

Bei der ordentlichen Kündigung eines Arbeitsverhältnisses ist die maßgebende Kündigungsfrist einzuhalten. Sie kann sich aus dem Einzelarbeitsvertrag, einem Tarifvertrag oder den gesetzlichen Regelungen ergeben. Gemäß § 622 Abs. 1 BGB besteht eine gesetzliche Grundkündigungsfrist von 4 Wochen zum Monatsende oder zum 15. eines Kalendermonats. Nach einer Beschäftigungszeit von 2 Jahren verlängern sich die Kündigungsfristen des Arbeitgebers gem. § 622 Abs. 2 BGB.

Beschäftigungsdauer	Kündigungsfrist	zum
bis 6 Monate (vereinbarte Probezeit)	2 Wochen	(täglich)
bis 2 Jahre	4 Wochen	15. oder Monatsende
2 – 4 Jahre	1 Monat	Monatsende

Beschäftigungsdauer	Kündigungsfrist	zum
5 – 7 Jahre	2 Monate	Monatsende
8 – 9 Jahre	3 Monate	Monatsende
10 – 11 Jahre	4 Monate	Monatsende
12 – 14 Jahre	5 Monate	Monatsende
15 – 19 Jahre	6 Monate	Monatsende
20 Jahre und mehr	7 Monate	Monatsende

Die **verlängerten Kündigungsfristen** (ab Überschreitung von 2 Beschäftigungsjahren) gelten nach dem Gesetzeswortlaut nur für die arbeitgeberseitige Kündigung. Der Arbeitnehmer hat somit grundsätzlich auch nach einer längeren Beschäftigungszeit nur eine Kündigungszeit von 4 Wochen (zum 15. eines Monats oder zum Monatsende) einzuhalten.

Allerdings ist es zulässig, von dieser gesetzlichen Regelung (sowohl Grundkündigungsfrist als auch verlängerte Fristen) durch **Tarifvertrag** (zugunsten und zu Ungunsten der Arbeitnehmer) abzuweichen (§ 622 Abs. 4 BGB). **Einzelvertraglich** kann eine **kürzere** als die Grundkündigungsfrist von 4 Wochen zum 15. eines Monats oder zum Monatsende nur dann vereinbart werden, wenn ein Arbeitnehmer zur vorübergehenden Aushilfe (bis längstens 3 Monate) eingestellt worden ist oder wenn der Arbeitgeber in der Regel nicht mehr als 20 Arbeitnehmer (ausgenommen Auszubildende) beschäftigt und die Kündigungsfrist 4 Wochen nicht unterschreitet. Die verlängerten Kündigungsfristen nach § 622 Abs. 2 können nicht einzelvertraglich abgekürzt werden.

Unberührt bleibt die Möglichkeit, **einzelvertraglich längere** Kündigungsfristen zu vereinbaren, wobei es unzulässig ist, für eine Kündigung des Arbeitsverhältnisses durch den Arbeitnehmer eine längere Kündigungsfrist als für den Arbeitgeber zu vereinbaren (§ 622 Abs. 6 BGB). Eine ausdrückliche Obergrenze für arbeitsvertragliche Kündigungsfristen sieht das Gesetz nicht vor. Allzu lange Fristen erschweren allerdings eine berufliche Bewegungsfreiheit, die durch Art. 12 GG geschützt ist. Erheblich verlängerte und in Allgemeinen Geschäftsbedingungen (AGB) festgeschriebene Kündigungsfristen können eine unangemessene Benachteiligung des Arbeitnehmers darstellen und daher gemäß § 307 Abs. 1 Satz 1 BGB unwirksam sein. Die Prüfung ist nach Abwägung aller Umstände des Einzelfalls, vor allem dann vorzunehmen, wenn die vereinbarte Kündigungsfrist wesentlich länger ist als die gesetzliche Regelfrist des § 622 Abs. 1 BGB.[1]

Beginn und Ende der Kündigungsfrist sind nach §§ 187 ff. BGB zu berechnen. Der Frist**beginn** richtet sich nach § 187 Abs. 1 BGB, d. h. der Zugangstag der Kündigung zählt für den Beginn der Frist nicht mit. Das Frist**ende**, also der Kündigungstermin, ist im Fall der Grundkündigungsfrist nach § 622 Abs. 1 BGB gesetzlich bestimmt auf den Ablauf des 15. bzw. des letzten Tages im Monat (jew. 24:00 Uhr), so dass sich eine Berechnung erübrigt.

---

1 BAG, Urteil v. 26.10.2017, 6 AZR 158/16.

Das Fristende verschiebt sich auch dann nicht nach hinten, wenn es auf einen Samstag, Sonntag oder gesetzlichen Feiertag fällt[2]. D. h., auch an Samstagen, Sonntagen und Feiertagen kann der Zugang einer Kündigung bewirkt werden; an diesen Tagen (und damit an jedem Tag im Jahr) kann die Kündigungsfrist auch auslaufen, eine Verlängerung bis zum nächsten Werktag findet nicht statt. Die Grenze bildet der Grundsatz von Treu und Glauben nach § 242 BGB: eine Kündigung zur „Unzeit" ist unwirksam.[3]

Nach der gesetzlichen **Grundkündigungsfrist von 4 Wochen** (§ 622 Abs. 1 BGB) ergeben sich für das **Jahr 2023** die folgenden **Kündigungstermine**:

Kündigung zum	Kündigungszugang spätestens am[4]
15.1.2023	18.12.2022
31.1.2023	3.1.2023
15.2.2023	18.1.2023
28.2.2023	31.1.2023
15.3.2023	15.2.2023
31.3.2023	3.3.2023
15.4.2023	18.3.2023
30.4.2023	2.4.2023
15.5.2023	17.4.2023
31.5.2023	3.5.2023
15.6.2023	18.5.2023
30.6.2023	2.6.2023
15.7.2023	17.6.2023
31.7.2023	3.7.2023
15.8.2023	18.7.2023
31.8.2023	3.8.2023
15.9.2023	18.8.2023
30.9.2023	2.9.2023
15.10.2023	17.9.2023
31.10.2023	3.10.2023

[2] § 193 BGB ist auf Kündigungsfristen weder unmittelbar noch analog anwendbar: BAG, Urteil v. 5.3.1970, 2 AZR 112/69; BGH, Urteil v. 17.2.2005, III ZR 172/04.

[3] BAG, Urteil v. 5.4.2001, 2 AZR 185/00; BAG, Urteil v. 16.9.2004, 2 AZR 447/03.

[4] Fällt der letzte Tag, an dem gekündigt werden kann, auf einen Sonnabend, Sonntag oder staatlich anerkannten Feiertag, so darf die Kündigung abweichend von § 193 BGB nicht erst am nächsten Werktag, sondern muss direkt am betreffenden Sonnabend, Sonntag oder Feiertag zugehen!

Kündigung zum	Kündigungszugang spätestens am[4]
15.11.2023	18.10.2023
30.11.2023	2.11.2023
15.12.2023	17.11.2023
31.12.2023	3.12.2023
15.1.2024	18.12.2023

Angaben ohne Gewähr.

Kündigungsrecht: Gesetzliche Beschränkungen

Gesetz	Geschützter Personenkreis/Sachverhalt
§ 623 BGB	Schriftformerfordernis der Kündigung
§ 622 Abs. 2 BGB	Bei einer ordentlichen Kündigung langjährig beschäftigter Arbeitnehmer gelten längere Kündigungsfristen.
§ 1 Abs. 1 KSchG; § 23 Abs. 1 KSchG	Arbeitnehmer, die länger als 6 Monate beschäftigt sind, fallen in Betrieben mit regelmäßig mehr als 10 Arbeitnehmern unter das KSchG.
§ 15 Abs. 1, Abs. 3 KSchG	Die ordentliche Kündigung eines Mitglieds des Betriebsrats/der Jugend- und Auszubildendenvertretung/Wahlvorstands/Wahlbewerbers ist unzulässig. Dies gilt nach § 15 Abs. 3a und b KSchG auch für Initiatoren einer Betriebsratswahl und für Arbeitnehmer, die Vorbereitungshandlungen zur Errichtung eines Betriebsrats unternehmen.
§§ 17, 18 KSchG	Anzeigepflicht vor Massenentlassungen; Entlassungssperre
§ 102 BetrVG	Anhörung des Betriebsrats vor jeder Kündigung
§ 103 Abs. 1 BetrVG	Die außerordentliche Kündigung eines Mitglieds des Betriebsrats/der Jugend- und Auszubildendenvertretung/Wahlvorstands/Wahlbewerbers bedarf der Zustimmung des Betriebsrats.
§ 29a HAG	Die ordentliche Kündigung eines in Heimarbeit beschäftigten Mitglieds des Betriebsrats/der Jugend- und Auszubildendenvertretung/Wahlvorstands/Wahlbewerbers ist unzulässig. Die außerordentliche Kündigung dieser Arbeitnehmervertreter bedarf der Zustimmung nach § 103 BetrVG.
§ 179 Abs. 3 SGB IX	Vertrauensleute der schwerbehinderten Menschen genießen den gleichen Schutz wie Mitglieder des Betriebsrats.
§ 613a Abs. 4 BGB	Vom Betriebsübergang betroffene Arbeitnehmer dürfen nicht wegen des Betriebsübergangs gekündigt werden.

Gesetz	Geschützter Personenkreis/Sachverhalt
§ 11 TzBfG	Arbeitnehmern, die sich weigern, von Vollzeit in Teilzeit zu wechseln oder umgekehrt, darf deshalb nicht gekündigt werden.
§ 15 Abs. 3 TzBfG	Die ordentliche Kündigung bei einer Befristung ist nur möglich, wenn dies vereinbart wurde.
§ 13 Abs. 2 TzBfG	Bei einer Arbeitsplatzteilung kann das Arbeitsverhältnis nicht deshalb gekündigt werden, weil ein Arbeitnehmer aus der Arbeitsplatzteilung ausscheidet.
§ 168 SGB IX	Die Kündigung eines schwerbehinderten Menschen bedarf der vorhergehenden Zustimmung des Integrationsamts.
§ 41 SGB VI	Der Anspruch auf Altersrente ist kein Kündigungsgrund.
§ 17 Abs. 1 MuSchG	Während der Schwangerschaft und bis zum Ablauf von 4 Monaten nach der Entbindung oder nach einer Fehlgeburt nach der 12. Schwangerschaftswoche darf der Arbeitgeber darf Arbeitsverhältnis nicht kündigen.
§ 18 Abs. 1 BEEG	Vom Verlangen der Elternzeit sowie während der Elternzeit darf der Arbeitgeber das Arbeitsverhältnis nicht kündigen.
§ 2 Abs. 1 ArbPlSchG	Von der Zustellung des Einberufungsbescheides bis zur Beendigung des Grundwehrdienstes sowie während einer Wehrübung darf der Arbeitgeber das Arbeitsverhältnis nicht kündigen. Das ArbPlSchG ist gemäß § 16 Abs. 7 ArbPlSchG auf den seit dem 1.7.2011 allein vorgesehenen freiwilligen Wehrdienst entsprechend anzuwenden.
§ 2 Abs. 1 EÜG	Der Arbeitgeber darf das Arbeitsverhältnis während der Eignungsübung nicht kündigen.
§ 58 Abs. 2 BImSchG	Die ordentliche Kündigung des Immissionsschutzbeauftragten ist unzulässig.
§§ 58d, 58 Abs. 2 BImSchG	Die ordentliche Kündigung des Störfallbeauftragten ist unzulässig.
§ 60 Abs. 3 KrWG i. V. m. § 58 Abs. 2 BImSchG	Die ordentliche Kündigung des Abfallbeauftragten ist unzulässig.
§ 66 WHG i. V. m. 58 Abs. 2 BImSchG	Die ordentliche Kündigung des Gewässerschutzbeauftragten ist unzulässig.
§ 38 Abs. 2 i. V. m. § 6 Abs. 4 BDSG	Die ordentliche Kündigung des Datenschutzbeauftragten ist unzulässig.
§ 5 PflegeZG	Von der Ankündigung bis zur Beendigung der kurzzeitigen Arbeitsverhinderung nach § 2 oder der Pflegezeit nach § 3 darf der Arbeitgeber das Arbeitsverhältnis nicht kündigen.

Gesetz	Geschützter Personenkreis/Sachverhalt
§ 2 Abs. 3 FPfZG i. V. m. § 5 PflegeZG	Von der Ankündigung bis zur Beendigung der Familienpflegezeit darf der Arbeitgeber das Arbeitsverhältnis nicht kündigen.
§ 8 Abs. 1 ATZG	Die Beantragung von Altersteilzeitarbeit ist kein Kündigungsgrund.
§ 22 Abs. 2 BBiG	Auszubildenden kann nach der Probezeit nur aus wichtigem Grund und ohne Einhalten einer Kündigungsfrist gekündigt werden.

Kurzfristige Beschäftigung: Prüfung der Berufsmäßigkeit

Eine Voraussetzung für eine versicherungsfreie kurzfristige Beschäftigung ist, dass diese nicht berufsmäßig ausgeübt wird. Ob Berufsmäßigkeit vorliegt oder nicht, hängt jedoch von verschiedenen Faktoren ab. Hier werden die häufigsten Fallkonstellationen aus der Praxis dargestellt und bewertet, ob sich Berufsmäßigkeit aufgrund des Status der Person ergeben kann. Berufsmäßigkeit aufgrund von anrechenbaren Vorbeschäftigungszeiten im laufenden Kalenderjahr kann sich grundsätzlich immer ergeben.

Wichtig

Die Prüfung der Berufsmäßigkeit ist nur bei Beschäftigungen erforderlich, bei denen das erzielte Arbeitsentgelt die monatliche Geringfügigkeitsgrenze überschreitet. Wird die Beschäftigung für einen kürzeren Zeitraum als einen Monat ausgeübt, ist im jeweiligen Monat dennoch keine anteilige Entgeltgrenze, sondern der monatliche Grenzbetrag anzusetzen.

Berufsmäßigkeit, Fallkonstellationen		
Eine kurzfristige Beschäftigung wird ausgeübt		Berufsmäßig aufgrund des Status der Person Ja/Nein
–	während parallel dazu eine **sozialversicherungspflichtige (Haupt-)Beschäftigung** ausgeübt wird.	Nein
–	während parallel dazu eine geringfügig entlohnte Beschäftigung mit einem monatlichen Arbeitsentgelt bis zur Geringfügigkeitsgrenze ausgeübt wird.	Nein

Berufsmäßigkeit, Fallkonstellationen		
Eine kurzfristige Beschäftigung wird ausgeübt		**Berufsmäßig aufgrund des Status der Person Ja/Nein**
–	im unmittelbaren oder auch zeitlich versetzten **Anschluss an bereits ausgeübte Beschäftigungen** mit einem monatlichen Arbeitsentgelt oberhalb der monatlichen Geringfügigkeitsgrenze. Die Addition aller solchen Beschäftigungszeiten im Laufe eines Kalenderjahres beträgt insgesamt mehr als 3 Monate oder 70 Arbeitstage (Zeiträume vor dem Ausscheiden aus dem Berufsleben werden nicht berücksichtigt). Bei der Prüfung der Berufsmäßigkeit stehen Zeiten der Meldung als Ausbildung- oder Arbeitsuchender bei der Agentur für Arbeit (mit oder ohne Leistungsbezug) den Beschäftigungszeiten gleich.	Ja
–	während der **Elternzeit**, unabhängig davon, bei welchem Arbeitgeber die Beschäftigung ausgeübt wird.	Ja
–	während eines **unbezahlten Urlaubs**, unabhängig davon, bei welchem Arbeitgeber die Beschäftigung ausgeübt wird.	Ja
–	während eines **bezahlten Erholungsurlaubs** bei einem anderen Arbeitgeber.	Nein
–	von Personen, die für eine mehr als kurzfristige Beschäftigung als **Ausbildung- oder Arbeitsuchende gemeldet** sind und/oder **Leistungen der Agentur für Arbeit beziehen**.	Ja
–	von Personen, die Hilfen zum Lebensunterhalt beziehen.	Ja
–	während des **Bezugs von Vorruhestandsgeld** (i. S. d. § 3 Satz 1 Nr. 4 SGB VI).	Nein
–	während der Ableistung eines **freiwilligen Wehrdienstes**.	Nein
–	zwischen **Beendigung des freiwilligen Wehrdienstes** und dem **Beginn des Studiums**.	Nein[1]

[1] Mit Einschränkung, s. GeringfRL: Abschn. 2.3.3.3.

Berufsmäßigkeit, Fallkonstellationen		
Eine kurzfristige Beschäftigung wird ausgeübt		**Berufsmäßig aufgrund des Status der Person Ja/Nein**
–	während des **vollzeitlichen Besuchs einer allgemeinbildenden Schule** (z. B. Haupt- oder Realschule oder Gymnasium).	Nein
–	zwischen **Schulentlassung und freiwilligem Wehrdienst**.	Ja
–	zwischen **Schulentlassung** und Beginn eines **freiwilligen sozialen oder ökologischen Jahres**. Dies gilt auch dann, wenn nach der Ableistung des freiwilligen Jahres voraussichtlich ein Studium aufgenommen wird.	Ja
–	zwischen **Schulentlassung und Beginn eines Bundesfreiwilligendienstes**. Dies gilt auch dann, wenn nach der Ableistung des freiwilligen Jahres voraussichtlich ein Studium aufgenommen wird.	Ja
–	während eines **freiwilligen sozialen oder ökologischen Jahres**.	Nein
–	während der **Teilnahme am Bundesfreiwilligendienst**.	Nein
–	zwischen **Schulabschluss** und der **ersten Aufnahme eines Ausbildungsverhältnisses oder anderweitigen Dauerarbeitsverhältnisses**.	Ja
–	zwischen **Schulentlassung** und Beginn eines **Dienstverhältnisses als Beamter**.	Ja
–	zwischen einer (nach dem Abitur ausgeübten) **Berufsausbildung und dem Beginn des Studiums**. Bei welchem Arbeitgeber der befristete Job ausgeübt wird, ist für die Beurteilung unbeachtlich.	Nein
–	zwischen **Schulentlassung** und der **Aufnahme eines praxisintegrierten dualen Studiums**.	Ja
–	zwischen **Schulabschluss** und **beabsichtigter Fachschulausbildung bzw. beabsichtigtem Studium**.	Nein

Berufsmäßigkeit, Fallkonstellationen		
Eine kurzfristige Beschäftigung wird ausgeübt		**Berufsmäßig aufgrund des Status der Person Ja/Nein**
–	**zwischen Schulabschluss und freiwilligem Wehrdienst**, auch wenn danach nicht die Aufnahme einer Beschäftigung, sondern die **Aufnahme eines Studiums** beabsichtigt ist.	Ja
–	zwischen **Schulentlassung und Beginn des Dienstverhältnisses als Soldat auf Zeit**, auch wenn danach die **Aufnahme eines Studiums** beabsichtigt ist.	Ja
–	während der **Praktikumszeit von Schülern einer Fachoberschule**.	Nein
–	während des **Studiums**.	Nein
–	zwischen dem **Abschluss eines Studiums** und **Aufnahme einer Beschäftigung**.	Ja
–	von Personen, die **aus dem Erwerbsleben ausgeschieden** sind (Rentner, Pensionäre, Hausfrauen).	Nein
–	von **Erntehelfern aus dem Ausland – außerhalb der EU**, welche im Bereich der Landwirtschaft (z. B. im Obst-, Gemüse- und Weinbau) saisonal und zeitlich begrenzt beschäftigt werden.	– Nein, wenn der Erntehelfer beim Arbeitgeber in seinem Herkunftsland (außerhalb der EU) bezahlten Erholungsurlaub genommen hat, oder wenn er dort Schüler, Hausfrau oder selbstständig Tätiger ist. – Ja, wenn der ausländische Erntehelfer beim Arbeitgeber in seinem Heimatland (außerhalb der EU) für die Zeit seiner Erntehelfertätigkeit in Deutschland unbezahlten Urlaub genommen hat.

Berufsmäßigkeit, Fallkonstellationen		
Eine kurzfristige Beschäftigung wird ausgeübt		**Berufsmäßig aufgrund des Status der Person Ja/Nein**
–	von **Erntehelfern aus dem Ausland – innerhalb der EU**, welche im Bereich der Landwirtschaft (z. B. im Obst-, Gemüse- und Weinbau) saisonal und zeitlich begrenzt beschäftigt werden.	– Nein, wenn der Erntehelfer in seinem **EU-Heimatland** weder als Arbeitnehmer beschäftigt noch selbstständig tätig ist (Hausfrauen, Studenten). Deutsches Sozialversicherungsrecht ist nur unter dieser Voraussetzung für diese ausländischen Erntehelfer aus EU-Herkunftsländern relevant. Eine geringfügige kurzfristige Beschäftigung nach deutschem Recht kommt nur unter den o. g. Umständen in Betracht. Ist der Erntehelfer im EU-Heimatland als Hausfrau bzw. Student tätig, so kann Berufsmäßigkeit nicht unterstellt werden. – Sofern der Erntehelfer jedoch im **EU-Heimatland** als Arbeitnehmer bzw. als Selbstständiger tätig ist, ist bei zeitlich befristeten Beschäftigungen in Deutschland nicht das deutsche Sozialversicherungsrecht relevant. Es ist allein das Sozialversicherungsrecht des EU-Heimatlands des Erntehelfers relevant (Vorlage der Bescheinigung „A1" bzw. „E101" des Sozialversicherungsträgers des EU-Heimatlands). Eine geringfügige, d. h. auch kurzfristige Beschäftigung kommt hier nicht in Betracht, denn ausländische Staaten haben keine vergleichbaren Regelungen. In diesen Fällen sind vom deutschen Arbeitgeber Beiträge nach dem Recht des EU-Heimatlands des Erntehelfers zu berechnen und an den ausländischen Sozialversicherungsträger abzuführen.

Ausführung der häufigsten Sachverhalte. Weitere sind denkbar.

Lieferkettensorgfaltspflichtengesetz: To-Do's für Unternehmen

Die HR-Abteilung eines Unternehmens und ihr Umgang mit Compliance-Themen kann für die Compliance im Unternehmen eine wichtige Rolle einnehmen. Beispielsweise kann diese in die Ausarbeitung und Einführung von Verhaltensrichtlinien und Arbeitsanweisungen, ebenso wie bei der Gestaltung der Compliance-Kultur im Unternehmen, eingebunden werden. Themen wie Einstellungen, Zuständigkeiten, Personalentwicklung, Schulungen und Beförderungen, aber auch Fehlverhalten von Mitarbeitern und Hinweisgebersysteme führen zu regelmäßigen Berührungspunkten mit der Belegschaft.

Des Weiteren sind einige der Verpflichtungen nach dem LkSG – je nach Aufbau des Unternehmens – sinnvollerweise ebenfalls direkt bei der HR zu verorten.

Mitarbeiter der HR in nach dem LkSG verpflichteten Unternehmen sollten somit sicherstellen, die gesetzlichen und bußgeldbewehrten Verpflichtungen rechtzeitig umzusetzen und dies zu dokumentieren. Dies gilt, obwohl die derzeitigen gesetzlichen Regelungen teilweise noch offene Punkte hinsichtlich der konkreten und praktikablen Ausgestaltung der entsprechenden Verpflichtungen entlang der Lieferkette enthalten.

Vor diesem Hintergrund sollte sichergestellt werden, dass – falls möglich – insbesondere die folgenden Maßnahmen getroffen werden:

[ ] **Bestandsaufnahme** LkSG-relevanter Themenbereiche

[ ] Klares und ggf. öffentliches **Bekenntnis der Unternehmensleitung**, Umweltschutz und Menschenrechte im eigenen Geschäftsbereich einzuhalten und dies auch von den Zulieferern zu erwarten. Publikationsort kann und sollte unter Umständen neben der unternehmensinternen Infrastruktur Intranet, Code of Conduct, Richtlinien etc. bspw. auch die Website des Unternehmens sein.

[ ] Festlegung **betriebsinterner Verantwortlichkeiten und Zuständigkeiten** sowie entsprechende Auswahl **und Benennung des/der Verantwortlichen**, bspw. eines Menschenrechtsbeauftragten, sowie der entsprechenden Vertreter

Tipp: In Bezug auf diesen Verantwortlichen müssen Vorgaben zur konkreten Eingliederung in die Betriebsorganisation gemacht und Zuständigkeiten verankert werden. Detaillierte Stellenbeschreibungen sowie entsprechende Schulungen sind zudem sinnvoll. Dem/den Verantwortlichen müssen die für die Tätigkeit erforderlichen Mittel zur Verfügung gestellt und die Verpflichtung zur Erfüllung der Berichtspflichten klar definiert werden. Eine externe Auslagerung der Position ist nach dem Gesetzeswortlaut nicht möglich!

[ ] Etablierung und Dokumentation eines **Lieferketten-Risikomanagementsystems**, inklusive:

[ ] Entwicklung von **Risikoanalyseverfahren** Festlegung Analysekriterien und Durchführung **regelmäßiger Risikoanalysen**

Hinweis: Insoweit kann die im August 2022 erschienene Handreichung des BAFA „zur Umsetzung einer Risikoanalyse nach den Vorgaben des Lieferkettensorgfaltspflichtengesetzes" zu Rate gezogen werden.

[ ] Einführung von **Präventionsmaßnahmen** im eigenen Betrieb sowie gegenüber den unmittelbaren Zulieferern, beispielsweise durch
- Erlass bzw. Anpassung unternehmensinterner Regelungen, bspw. Code of Conduct, interne Verhaltens-Richtlinien zur Lieferantenauswahl o. Ä.
- Kontroll- und Zustimmungsmechanismen in Form von Lieferantenfragebögen, Modifizierung AGB in Lieferantenrahmenverträgen oder aber die Verankerung in Lieferantenkodizes

Tipp: Unternehmen, die bereits Lieferantenrahmenvereinbarungen vorsehen oder ihre Lieferanten zur Unterzeichnung ihres Supplier Code of Conduct verpflichtet haben, sollten prüfen, ob diese noch, gemessen an den Vorschriften des LkSG, lege artis sind. Dies gilt nicht nur für die Verpflichtung neuer Zulieferer, sondern vielmehr auch hinsichtlich der bereits verpflichteten Bestandszulieferer.

- Due Diligence entlang der Lieferkette
- Audits in der Lieferkette oder Anforderung von Zertifizierungen
- Etablierung von Kontrollmaßnahmen

[ ] Ggf. Ergreifen von unverzüglichen **Abhilfemaßnahmen**, ggf. eines **Abhilfekonzepts**, soweit Pflichtverletzungen eingetreten sind oder kurz bevorstehen. Zudem im Falle von – ggf. bußgeldbewehrten – Verstößen frühzeitige unternehmensinterne Aufklärung des Sachverhalts, ggf. unter Einbindung von Spezialisten insbesondere im Hinblick auf Kommunikation mit Behörden, um die Gefahr weiterer Schäden und behördlicher Verfahren sowie Bußgelder frühestmöglich abzuwenden bzw. zu verringern.

[ ] Ggf. **Grundsatzerklärung** über die Menschenrechtsstrategie des Unternehmens

[ ] Erfüllung von **Dokumentations- und Berichtspflichten** auch zu Arbeitsbedingungen entlang der gesamten Lieferkette:

Tipp: Unternehmen, die bereits ab dem 1.1.2023 verpflichtet sind, müssen ab diesem Zeitpunkt die Dokumentationspflicht des LkSG erfüllen! Unternehmen mit einer größeren Anzahl von Zulieferern können zu diesem Zweck ein professionelles Dokumentenmanagement- und Datenbanksystem für die Archivierung sowie die Aktualisierung der entsprechenden Dokumente, insbesondere von Nachweisen zur Erfüllung der Sorgfaltspflichten, einführen.

[ ] Angemessenes und gut zugängliches **Beschwerdeverfahren nebst öffentlich zugänglicher Verfahrensordnung**

Tipp: Das Beschwerdeverfahren kann mit einem eingerichteten Hinweisgebersystem kombiniert werden, um Risiken, Missstände und Verstöße im Unternehmen selbst sowie in der Lieferkette – im Interesse des Unternehmens sowie aller Mitarbeiter – frühestmöglich aufzudecken und abstellen zu können. Im Rahmen der Etablierung des Hinweisgebersystems sind bei verpflichteten Unternehmen allerdings die besonderen Voraussetzungen an das Beschwerdeverfahren zu berücksichtigen, die das LkSG an verpflichtete Unternehmen in der Lieferkette stellt.

Hinweis: Insoweit kann die im Oktober erschienene Handreichung des BAFA „Beschwerdeverfahren nach dem Lieferkettensorgfaltspflichtengesetz" zu Rate gezogen werden.

[ ] Implementierung einer **unternehmensinternen Infrastruktur**, die u. a. regelmäßige und anlassbezogene **Schulungen** aller betroffenen Mitarbeiter, entsprechende **Richtlinien und Guidelines** sowie **Kontrollmechanismen** enthält. Die Verhaltensregelungen und -erwartungen bedürfen zu ihrer Verbindlichkeit gegenüber den Mitarbeitern zudem der Implementierung in das Arbeitsverhältnis.

Tipp: Vorgehalten sollte neben der Grundsatzerklärung und der Verfahrensordnung zum Beschwerdeverfahren auch ein Verhaltenskodex, ggf. ein Lieferantenkodex, Richtlinien zur Beschaffung und Auswahl von Lieferanten sowie dem entsprechenden Freigabeprozess, Fragebögen für die Lieferanten zu Lieferketten- und Compliance-bezogenen Themen, Schulungskonzepte und ggf. Checklisten zu den Lieferketten-Sorgfaltspflichten für die jeweils verantwortlichen Mitarbeiter.

[ ] Laufendes **Monitoring** der Gesetzesentwicklung im Hinblick auf die Lieferkette sowie deren Auswirkungen auf das Unternehmen und Anpassung der internen Maßnahmen und Regelungen.

Bei der Etablierung und Durchführung all dieser Maßnahmen ist zudem darauf zu achten, bei mitbestimmungspflichtigen Angelegenheiten den Betriebsrat einzubinden.

Die anfängliche Einbindung der HR dürfte je nach Unternehmensstruktur aus den genannten Gründen zweckmäßig sein.

Lohn- und einkommensteuerliche Werte

Für die laufende Lohnabrechnung ist es hilfreich, immer die aktuellen Höchst-, Frei- und Pauschbeträge im Blick zu haben. Sortiert nach dem Alphabet enthält die Tabelle alle wichtigen Zahlen und Beträge zur Lohn- und Einkommensteuer. Zur besseren Vergleichbarkeit werden zusätzlich zu den aktuellen Werten auch die Vorjahreswerte dargestellt und Änderungen zum Vorjahr sind gefettet.

	Rechtsgrundlage	**2023 EUR**	**2022 EUR**
Altersentlastungsbetrag	§ 24a EStG		
– Höchstbetrag		**646**	684
– Prozentsatz		**13,6 %**	14,4 %
Antragsgrenze für Eintragung eines Freibetrags in den ELStAM	§ 39a Abs. 2 EStG		600
Arbeitnehmer-Pauschbetrag			
– Aktivbezüge	§ 9a Nr. 1a EStG	**1.230**[1]	1.200
– Versorgungsbezüge	§ 9a Nr. 1b EStG	102	102
Aufmerksamkeit	R 19.6 LStR	60	60
Ausbildungsfreibetrag für Kinder ab 18 Jahren bei auswärtiger Unterbringung	§ 33a Abs. 2 EStG	**1.200**[1]	924
(bAV) Betriebliche Altersversorgung			
Beiträge des Arbeitgebers aus dem ersten Dienstverhältnis an einen Pensionsfonds, eine Pensionskasse oder für eine Direktversicherung			
– steuerfrei bis jährlich 8 % der BBG/West	§ 3 Nr. 63 EStG	**7.008**	6.768
– Höchstbetrag bei Beendigung des Dienstverhältnisses (Vervielfältigungsregelung): max. 4 % der BBG/West × Dienstjahre, max. 10 Jahre	§ 3 Nr. 63 Satz 3 EStG	**35.040**	33.840
– Höchstbetrag bei Nachzahlungen (Nachholung): max. 8 % der BBG/West × Dienstjahre, max. 10 Jahre	§ 3 Nr. 63 Satz 4 EStG	**70.080**	67.680

[1] Lt. Entwurf eines Jahressteuergesetzes 2022, Gesetzgebungsverfahren zum Redaktionsschluss noch nicht abgeschlossen.

	Rechtsgrundlage	2023 EUR	2022 EUR
Beiträge des Arbeitgebers aus dem ersten Dienstverhältnis an eine nicht kapitalgedeckte Pensionskasse			
– steuerfrei bis jährlich 3 % der BBG/West	§ 3 Nr. 56 EStG	**2.628**	2.538
BAV-Förderbetrag (Fördersatz 30 %)	§ 100 EStG		
– Förder-Höchstbetrag		288	288
– Mindestanlagebetrag		240	240
– Arbeitgeberbeitrag steuerfrei bis		960	960
Arbeitslohn des Arbeitnehmers max.			
– jährlich		30.900	30.900
– monatlich		2.575	2.575
– wöchentlich		600,84	600,84
– täglich		85,84	85,84
Behinderten-Pauschbetrag	§ 33b Abs. 3 EStG		
Grad der Behinderung von mind.			
– 20		384	384
– 30		620	620
– 40		860	860
– 50		1.140	1.140
– 60		1.440	1.440
– 70		1.780	1.780
– 80		2.120	2.120
– 90		2.460	2.460
– 100		2.840	2.840
Behinderten-Pauschbetrag für Blinde, Taubblinde und Menschen, die hilflos sind (Merkzeichen „Bl“, „TBl“ und „H“)		7.400	7.400
Behinderungsbedingte Fahrtkosten-Pauschale	§33b Abs. 2a EStG		
– für Menschen mit einem Grad der Behinderung von mind. 80 oder mit einem von mind. 70 und dem Merkzeichen „G“		900	900

	Rechtsgrundlage	2023 EUR	2022 EUR
– für Menschen mit dem Merkzeichen „aG“, „Bl“, „TBl“ oder „H“		4.500	4.500
Beihilfen und Unterstützungen in Notfällen, steuerfrei bis	R 3.11 Abs. 2 LStR	600	600
Berufsausbildungskosten als Sonderausgaben	§ 10 Abs. 1 Nr. 7 EStG	6.000	6.000
Betriebsveranstaltung (Freibetrag je Arbeitnehmer einschl. USt)	§ 19 Abs. 1 Satz 1 Nr. 1a EStG	110	110
Betriebsfeiern für einzelne Arbeitnehmer, z. B. Diensteinführung, Amts- oder Funktionswechsel, Verabschiedung, rundes Arbeitnehmerjubiläum (*Freigrenze* für Sachleistungen je Teilnehmer einschl. USt)	§ 19 EStG, R 19.3 Abs. 2 Nr. 3 LStR	110	110
Betreuungsleistungen zur besseren Vereinbarkeit von Familie und Beruf	§ 3 Nr. 34a EStG		
– Zahlungen des Arbeitgebers an ein Dienstleistungsunternehmen, das einen Mitarbeiter hinsichtlich der Betreuung von Kindern oder von pflegebedürftigen Angehörigen berät oder hierfür Betreuungspersonen vermittelt	Buchst. a)	Leistungen in tatsächlicher Höhe (unbegrenzt)	Leistungen in tatsächlicher Höhe (unbegrenzt)
– Zahlungen an den Arbeitnehmer zur kurzfristigen Betreuung von Kindern und pflegebedürftigen Angehörigen, wenn diese Aufwendungen aus zwingenden und beruflich veranlassten Gründen entstanden sind (Höchstbetragsgrenze)	Buchst. b)	600	600
Doppelte Haushaltsführung	§ 9 Abs. 1 Nr. 5 EStG, R 9.11 Abs. 5–10 LStR		
Fahrtkosten (Pkw)			
– erste und letzte Fahrt je gefahrenen Kilometer		0,30	0,30
– eine Heimfahrt wöchentlich bis zum 20. Entfernungskilometer		0,30	0,30
– eine Heimfahrt wöchentlich ab dem 21. Entfernungskilometer		0,38	0,38

	Rechtsgrundlage	2023 EUR	2022 EUR
Verpflegungsmehraufwendungen für die ersten 3 Monate (nur pauschal, kein Einzelnachweis möglich)			
– Abwesenheit mehr als 8 Stunden		14	14
– An- und Abreisetag[2]		14	14
– Abwesenheit 24 Stunden		28	28
Übernachtungspauschale je Übernachtung (nur Arbeitgeberersatz)			
– 1. bis 3. Monat		20	20
– ab dem 4. Monat		5	5
– monatliche Obergrenze bei Erstattung der tatsächlichen, nachgewiesenen Übernachtungskosten		1.000	1.000
Pauschale bei Berufskraftfahrern		8	8
Elektro-Dienstwagen: Pauschaler Auslagenersatz für das Aufladen eines E-Dienstwagens (nur Pkw) beim Arbeitnehmer zu Hause	BMF, Schreiben v. 29.9.2020, IV C 5 – S 2334/19/10009 :004, BStBl 2020 I S. 972, Rz. 23 und 24		
mit zusätzlicher Lademöglichkeit beim Arbeitgeber			
– für Elektrofahrzeuge		30	30
– für Hybridelektrofahrzeuge		15	15
ohne Lademöglichkeit beim Arbeitgeber			
– für Elektrofahrzeuge		70	70
– für Hybridelektrofahrzeuge		35	35
Entfernungspauschale	§ 9 Abs. 1 Nr. 4 EStG		
– bis zum 20. Entfernungskilometer		0,30	0,30
– ab dem 21. Entfernungskilometer		0,38	0,38
– Höchstbetrag[3]		4.500	4.500

[2] An- und Abreisetag setzen eine Übernachtung voraus und sind daher nur bei mehrtägigen Auswärtstätigkeiten möglich.

[3] Gilt nicht bei Nutzung eines Pkw, bei tatsächlichen ÖPV-Kosten über 4.500 EUR pro Jahr sowie für Menschen mit Behinderung i. S. v. § 9 Abs. 2 EStG.

	Rechtsgrundlage	2023 EUR	2022 EUR
Entlastungsbetrag für Alleinerziehende	§ 24b EStG		
– (Grund-)Entlastungsbetrag für das 1. Kind		**4.260**[5]	4.008
– Erhöhungsbetrag für das 2. und jedes weitere Kind[4]		240	240
Fehlgeldentschädigung	R 19.3 Abs. 1 Nr. 4 LStR	16	16
Geringwertige Wirtschaftsgüter (Anschaffungskosten ohne USt)	§ 9 Abs. 1 Satz 3 Nr. 7 EStG i. V. m. § 6 Abs. 2 Satz 1 EStG	**1.000**[5]	800
Geschenk			
– an Arbeitnehmer	19.6 LStR	60	60
– an Geschäftsfreunde	§ 4 Abs. 5 Satz 1 Nr. 1 EStG	35	35
Gesundheitsförderung, betriebliche (Freibetrag für Arbeitgeberleistungen)	§ 3 Nr. 34 EStG	600	600
Grundfreibetrag	§ 32a EStG	**10.908**	10.347
Haushaltsnahe Beschäftigungsverhältnisse: Aufwendungen für die Inanspruchnahme haushaltsnaher Dienstleistungen und Handwerkerleistungen (Steuerermäßigung)	§ 35a EStG		
– 20 % der Aufwendungen bei geringfügiger Beschäftigung im Sinne des § 8a SGB IV bis höchstens		510	510
– 20 % der Aufwendungen bei sozialversicherungspflichtigen Beschäftigungsverhältnissen in privaten Haushalten und bei der Inanspruchnahme haushaltsnaher Dienstleistungen bis höchstens		4.000	4.000
– 20 % der Aufwendungen bei Handwerkerleistungen in und um die zu Wohnzwecken genutzte Wohnung bis höchstens		1.200	1.200

[4] Der Erhöhungsbetrag ist i. R. d. Lohnsteuer-Ermäßigungsverfahrens vom Arbeitnehmer beim Wohnsitzfinanzamt zu beantragen.

[5] Lt. Entwurf eines Jahressteuergesetzes 2022, Gesetzgebungsverfahren zum Redaktionsschluss noch nicht abgeschlossen.

	Rechtsgrundlage	2023 EUR	2022 EUR
Hinterbliebenen-Pauschbetrag	§ 33b Abs. 4 EStG	370	370
Kinderbetreuungskosten je Kind unter 14 Jahren ohne weitere Voraussetzungen (Höchstbetrag)	§ 10 Abs. 1 Nr. 5 EStG	2/3 der Aufwendungen, max. 4.000	2/3 der Aufwendungen, max. 4.000
Kinderfreibeträge Freibetrag für den Betreuungs- und Erziehungs- oder Ausbildungsbedarf (sog. BEA-Freibetrag)	§ 32 Abs. 6 EStG		
– je Kind, für das ein Kinderfreibetrag zusteht		1.464	1.464
– je Kind bei Zusammenveranlagung		2.928	2.928
Kinderfreibetrag			
– je Kind		**3.012**	2.810[6]
– je Kind bei Zusammenveranlagung		**6.024**	5.620[5]
= Gesamter Freibetrag für Kinder			
– je Kind bei Einzelveranlagung		**4.476**	4.274[5]
– je Kind bei Zusammenveranlagung		**8.952**	8.548[5]
Kindergeld	§ 66 Abs. 1 EStG		
– für das 1. und 2. Kind		**250**	219
– für das 3. Kind		**250**	225
– für das 4. und jedes weitere Kind		**250**	250
– Einmaliger Kinderbonus		–	100[7]
Kundenbindungsprogramme, Sachprämien steuerfrei bis	§ 3 Nr. 38 EStG	1.080	1.080

[6] Rückwirkende Anhebung zum 1.1.2022 lt. Inflationsausgleichsgesetz v. 25.11.2022.

[7] Auszahlung im Juli, um Belastungen durch steigende Energiepreise abzufedern.

	Rechtsgrundlage	**2023 EUR**	**2022 EUR**
Lohnsteuer-Anmeldungszeitraum	§ 41a Abs. 2 EStG		
– monatliche Abgabe, wenn abzuführende Lohnsteuer des Vorjahres über		5.000	5.000
– vierteljährliche Abgabe, wenn abzuführende Lohnsteuer des Vorjahres über		1.080	1.080
– jährliche Abgabe, wenn abzuführende Lohnsteuer des Vorjahres nicht mehr als		1.080	1.080
Nebenberufliche Tätigkeit			
– als Übungsleiter, Ausbilder, Erzieher, Betreuer u. ä. (Freibetrag)	§ 3 Nr. 26 EStG	3.000	3.000
– im gemeinnützigen, mildtätigen kirchlichen Bereich (Freibetrag)	§ 3 Nr. 26a EStG	840	840
Pauschalierung bei Aushilfskräften in der Land- und Forstwirtschaft (Stundenlohngrenze)	§ 40a Abs. 3 EStG	**19**[8]	15
Pauschalierung bei Direktversicherungen und Pensionskassen	§ 40b Abs. 2 EStG, § 40b Abs. 2 EStG a. F.		
– Höchstbetrag im Kalenderjahr je Arbeitnehmer		1.752	1.752
– Durchschnittsberechnung möglich bis zu (je Arbeitnehmer)		2.148	2.148
Pauschalierung der Einkommensteuer für bestimmte Sachzuwendungen an Arbeitnehmer und Nichtarbeitnehmer (Pauschalierungsgrenze)	§ 37b EStG	10.000	10.000
Pauschalierung bei kurzfristig Beschäftigten (Dauer: 18 Tage)	§ 40a Abs. 1 EStG		
– Arbeitslohn je Kalendertag (Ausnahme: Beschäftigung zu einem unvorhergesehenen Zeitpunkt)		**150**[8]	120
– Stundenlohngrenze		**19**[8]	15

[8] Lt. Entwurf eines Jahressteuergesetzes 2022, Gesetzgebungsverfahren zum Redaktionsschluss noch nicht abgeschlossen.

	Rechtsgrundlage	2023 EUR	2022 EUR
Pauschalierung bei geringfügig Beschäftigten (Arbeitslohn im Monat)	§ 40a Abs. 2, 2a EStG	520	Bis 30.9.: 450 Ab 1.10.: 520
Pauschalierung bei Erholungsbeihilfen (Höchstbetrag)	§ 40 Abs. 2 Nr. 3 EStG		
– für den Arbeitnehmer		156	156
– für den Ehegatten		104	104
– je Kind		52	52
Pauschalierung von Fahrtkostenzuschüssen bei Fahrten zwischen Wohnung und erster Tätigkeitsstätte mit dem eigenen Pkw des Arbeitnehmers	§ 40 Abs. 2 Satz 2 EStG		
– bis zum 20. Entfernungskilometer		0,30	0,30
– ab dem 21. Entfernungskilometer		0,38	0,38
Pauschalierung bei Gruppenunfallversicherungen (durchschnittliche Höchstgrenze im Kalenderjahr je Arbeitnehmer)	§ 40b Abs. 3 EStG	100	100
Pauschalierung von sonstigen Bezügen je Arbeitnehmer höchstens	§ 40 Abs. 1 EStG	1.000	1.000
Pflege-Pauschbetrag	§ 33b Abs. 6 EStG		
– bei Pflegegrad 2		600	600
– bei Pflegegrad 3		1.100	1.100
– bei Pflegegrad 4 und 5		1.800	1.800
– bei Blinden und Menschen, die hilflos sind		1.800	1.800
Reisekosten			
Fahrtkosten je gefahrenem Kilometer	R 9.5 LStR		
– mit PKW		0,30	0,30
– mit Motorrad/Motorroller		0,20	0,20
– mit Moped/Mofa		0,20	0,20
– Mitnahmeentschädigung		0,00	0,00

	Rechtsgrundlage	2023 EUR	2022 EUR
Monatspauschale für Fahrrad	§ 5 Abs. 3 BRKG i. V. m. der Allgemeinen Verwaltungsvorschrift zum BRKG	**5**	5[9]
Verpflegungsmehraufwendungen (nur pauschal, kein Einzelnachweis möglich)	§ 9 Abs. 4a EStG; R 9.6 LStR		
– Abwesenheit mehr als 8 Stunden		14	14
– An- und Abreisetag[10]		14	14
– Abwesenheit 24 Stunden		28	28
Kürzung bei Mahlzeitengestellung			
– für ein Frühstück		5,60	5,60
– für ein Mittag-/Abendessen		11,20	11,20
Übernachtungspauschale im Inland je Übernachtung (nur für Arbeitgeberersatz)	R 9.7 LStR	20	20
Übernachtungspauschale für Berufskraftfahrer	§ 9 Abs. 1 Satz 3 Nr. 5b EStG	8	8
Riester-Förderung	§ 10a ff. EStG, §79 ff. EStG		
– Grundzulage		175	175
– Kinderzulage für ab dem 1.1.2008 geborenen Kinder		300	300
– Kinderzulage für vor dem 1.1.2008 geborenen Kinder		185	185
– Sonderausgabenabzug pro Jahr höchstens		2.100	2.100
Sachbezugswerte	§ 8 Abs. 2 EStG, § 2 SvEV		
– Unterkunft (pro Monat)		**265**	241
Mahlzeiten (pro Tag)			
– Frühstück		**2,00**	1,87
– Mittag-/Abendessen		**3,80**	3,57

9 Kostenersatz wurde im Laufe des Jahres 2022 im öffentlichen Dienst eingeführt und gilt aufgrund gesetzlichen Verweises auch für die lohnsteuerlichen Reisekosten.

10 An- und Abreisetag setzen eine Übernachtung voraus und sind daher nur bei mehrtägigen Auswärtstätigkeiten möglich.

	Rechtsgrundlage	2023 EUR	2022 EUR
Solidaritätszuschlag (Nullzone) Steuerklasse I, II, IV, V und VI	§ 3 Abs. 2a Satz 1 SolzG 1995		
– jährlich		**17.543**	16.956
– monatlich		**1.461,92**	1.413
– täglich		**48,73**	47,10
Steuerklasse III			
– jährlich		**35.086**	33.912
– monatlich		**2.923,83**	2.826
– täglich		**97,46**	94,20
Sonderausgaben-Pauschbetrag	§ 10c Abs. 1 EStG		
– Alleinstehende		36	36
– Verheiratete		72	72
Vermögensbeteiligung (Mitarbeiterkapitalbeteiligung) steuerfrei bis jährlich	§ 3 Nr. 39 EStG	1.440	1.440
Vermögensbildung (Sparzulage)			
Einkommensgrenze bei Bausparverträgen	§ 13 Abs. 1 5. VermBG		
– Alleinstehende		17.900	17.900
– Verheiratete		35.800	35.800
Einkommensgrenze bei Vermögensbeteiligungen	§ 13 Abs. 1 Nr. 1 5. VermBG		
– Alleinstehende		20.000	20.000
– Verheiratete		40.000	40.000
geförderter Höchstbetrag	§ 13 Abs. 2 5. VermBG		
– für Bausparbeiträge, Aufwendungen für den Wohnungsbau		470	470
– für in Vermögensbeteiligungen angelegte vermögenswirksame Leistungen		400	400

	Rechtsgrundlage	2023 EUR	2022 EUR
Veranlagungspflichtgrenze bei Eintragung eines Freibetrags in den ELStAM	§ 46 Abs. 2 Nr. 4 EStG		
– bei Einzelveranlagung		**12.174**[11]	13.150
– bei Zusammenveranlagung		**23.118**[12]	24.950
Versorgungsfreibetrag[13]	§ 19 Abs. 2 Satz 3 EStG	**1.020**	1.080
– in % der Versorgungsbezüge		**13,6 %**	14,4 %
– Zuschlag zum Versorgungsfreibetrag		**306**	324
Zinsersparnis bei Arbeitgeberdarlehen	§ 8 Abs. 2 EStG	2.600	2.600

[11] Summe aus Grundfreibetrag, Arbeitnehmer-Pauschbetrag und Sonderausgaben-Pauschbetrag. Arbeitnehmer-Pauschbetrag lt. Entwurf eines Jahressteuergesetzes 2022, Gesetzgebungsverfahren zum Redaktionsschluss noch nicht abgeschlossen.

[12] Summe aus doppeltem Grundfreibetrag, Arbeitnehmer-Pauschbetrag und doppeltem Sonderausgaben-Pauschbetrag. Arbeitnehmer-Pauschbetrag lt. Entwurf eines Jahressteuergesetzes 2022, Gesetzgebungsverfahren zum Redaktionsschluss noch nicht abgeschlossen.

[13] Anteilig 1/12 für jeden Monat.

Lohnsteueranmeldung: Abgabe- und Zahlungsfristen

Der Arbeitgeber muss dem Betriebsstättenfinanzamt sowohl die von ihm einbehaltene als auch die zu seinen Lasten pauschal erhobene Lohnsteuer anmelden. Die Lohnsteuer-Anmeldung muss spätestens am 10. Tag nach Ablauf des Lohnsteuer-Anmeldezeitraums abgegeben werden. Die Tabelle enthält alle Fristen zur Abgabe der Lohnsteuer-Anmeldung für das aktuelle Jahr.

Monatliche Abgabe		
Anmeldezeitraum	**Anmeldefrist**	**Dreitägige Zahlungsschonfrist** (bei Überweisung oder Zahlungsanweisung; § 240 Abs. 3 AO)
Dezember (Vorjahr)	**Di., 10.1.2023**	**Fr. 13.1.2023**
Januar	Fr., 10.2.2023	Mo., 13.2.2023
Februar	Fr., 10.3.2023	Mo., 13.3.2023
März	**Di., 11.4.2023**[1]	**Fr., 14.4.2023**
April	Mi., 10.5.2023	Mo., 15.5.2023[1]

[1] Verschoben wegen Fristende Samstag, Sonntag oder Feiertag.

Monatliche Abgabe		
Mai	Mo., 12.6.2023[1]	Do., 15.6.2023
Juni	**Mo., 10.7.2023**	**Do., 13.7.2023**
Juli	Do., 10.8.2023	Mo., 14.8.2023[1]
August	Mo., 11.9.2023[1]	Do., 14.9.2023
September	**Di., 10.10.2023**	**Fr., 13.10.2023**
Oktober	Fr., 10.11.2023	Mo., 13.11.2023
November	Mo., 11.12.2023[1]	Do., 14.12.2023
Dezember	**Mi., 10.1.2024**	**Mo., 15.1.2024**[1]

Bei einem **vierteljährlichen** Anmeldezeitraum gelten die **fett** hervorgehobenen Steuertermine. Bei **jährlicher** Abgabe gilt der **Dezember**-Termin.

Meldesachverhalte und Meldefristen

Im Meldeverfahren zur Sozialversicherung gibt es zahlreiche Sachverhalte, die mit unterschiedlichen Abgabegründen innerhalb bestimmter Fristen zu melden sind. Diese Meldesachverhalte, die entsprechenden Meldungen, Abgabegründe und Fristen werden hier übersichtlich dargestellt.

Anmeldungen			
Meldesachverhalt	**Art der Meldung**	**Abgabegrund**	**Frist**
Beginn der versicherungspflichtigen Beschäftigung	Anmeldung	10	Mit der ersten folgenden Entgeltabrechnung, spätestens innerhalb von 6 Wochen nach Beschäftigungsbeginn
Wechsel der Krankenkasse bei fortbestehendem Beschäftigungsverhältnis	Anmeldung (bei der neuen Krankenkasse)	11	Mit der ersten folgenden Entgeltabrechnung, spätestens innerhalb von 6 Wochen nach Krankenkassenwechsel
Wechsel der Beitragsgruppe bei fortbestehendem Beschäftigungsverhältnis	Anmeldung	12	Mit der ersten folgenden Entgeltabrechnung, spätestens innerhalb von 6 Wochen nach Beitragsgruppenwechsel
Sonstige Gründe/Änderungen im Beschäftigungsverhältnis	Anmeldung	13	Mit der ersten folgenden Entgeltabrechnung, spätestens innerhalb von 6 Wochen

Anmeldungen			
Meldesachverhalt	**Art der Meldung**	**Abgabegrund**	**Frist**
Aufnahme einer Beschäftigung in bestimmten Wirtschaftsbereichen/-zweigen	Sofortmeldung	20	Spätestens am Tag der Beschäftigungsaufnahme

Abmeldungen			
Meldesachverhalt	**Art der Meldung**	**Abgabegrund**	**Frist**
Ende der versicherungspflichtigen Beschäftigung	Abmeldung	30	Mit der nächsten folgenden Entgeltabrechnung, spätestens innerhalb von 6 Wochen nach Beschäftigungsende
Wechsel der Krankenkasse bei fortbestehendem Beschäftigungsverhältnis	Abmeldung (bei der bisherigen Krankenkasse)	31	Mit der nächsten folgenden Entgeltabrechnung, spätestens innerhalb von 6 Wochen nach Krankenkassenwechsel
Wechsel der Beitragsgruppe bei fortbestehendem Beschäftigungsverhältnis	Abmeldung	32	Mit der nächsten folgenden Entgeltabrechnung, spätestens innerhalb von 6 Wochen nach Beitragsgruppenwechsel
Sonstige Gründe/Änderungen im Beschäftigungsverhältnis	Abmeldung	33	Mit der nächsten folgenden Entgeltabrechnung, spätestens innerhalb von 6 Wochen nach der Änderung
Ende der Beschäftigung nach Unterbrechung ohne Fortzahlung des Arbeitsentgelts nach § 7 Abs. 3 Satz 1 SGB IV (z. B. unbezahlter Urlaub von mehr als einem Monat)	Abmeldung	34	Mit der nächsten folgenden Entgeltabrechnung, spätestens innerhalb von 6 Wochen nach Beschäftigungsende
Ende der Beschäftigung bei Unterbrechung wegen Arbeitskampf von mehr als einem Monat	Abmeldung	35	Mit der nächsten folgenden Entgeltabrechnung, spätestens innerhalb von 6 Wochen nach Beschäftigungsende
Wechsel des Entgeltabrechnungssystems (optional)	Abmeldung	36	Mit der nächsten folgenden Entgeltabrechnung, spätestens innerhalb von 6 Wochen nach dem Wechsel

Abmeldungen			
Meldesachverhalt	**Art der Meldung**	**Abgabe-grund**	**Frist**
Ende der Beschäftigung wegen Todes	Abmeldung	49	Mit der nächsten folgenden Entgeltabrechnung, spätestens innerhalb von 6 Wochen nach dem Todesfall

An-/Abmeldungen			
Meldesachverhalt	**Art der Meldung**	**Abgabe-grund**	**Frist**
Beginn und Ende der versicherungspflichtigen Beschäftigung	Gleichzeitige An-/Abmeldung	40	Mit der ersten folgenden Entgeltabrechnung, spätestens innerhalb von 6 Wochen

Jahresmeldungen/Entgeltmeldungen			
Meldesachverhalt	**Art der Meldung**	**Abgabe-grund**	**Frist**
Beschäftigungszeit und Arbeitsentgelt für jeden am 31.12. eines Jahres versicherungspflichtig Beschäftigten	Jahresmeldung	50	Mit der ersten folgenden Entgeltabrechnung, spätestens bis zum 15.2. des Folgejahres
UV-beitragspflichtiges Arbeitsentgelt für jeden am 31.12. eines Jahres Beschäftigten	UV-Jahres-meldung	92	Spätestens bis zum 16.2. des Folgejahres

Meldungen wegen Unterbrechung der Beschäftigung			
Meldesachverhalt	**Art der Meldung**	**Abgabe-grund**	**Frist**
Unterbrechung der Beschäftigung ohne Fortzahlung des Arbeitsentgelts von weniger als einem Monat (z. B. unbezahlter Urlaub, Krankengeldbezug)	keine Meldung		

Meldungen wegen Unterbrechung der Beschäftigung			
Meldesachverhalt	**Art der Meldung**	**Abgabegrund**	**Frist**
Unterbrechung der Beschäftigung ohne Fortzahlung des Arbeitsentgelts für mindestens einen Kalendermonat, ohne dass die Mitgliedschaft in der Kranken-/Pflegeversicherung davon berührt wird (z. B. Krankengeldbezug)	Unterbrechungsmeldung	51	2 Wochen nach Ablauf des ersten Kalendermonats der Unterbrechung
Unterbrechung der Beschäftigung wegen Elternzeit für mindestens einen Kalendermonat	Unterbrechungsmeldung	52	2 Wochen nach Ablauf des ersten Kalendermonats der Unterbrechung
Unterbrechung der Beschäftigung wegen Ableistung gesetzlicher Dienstpflicht oder freiwilligem Wehrdienst für mindestens einen Kalendermonat	Unterbrechungsmeldung	53	2 Wochen nach Ablauf des ersten Kalendermonats der Unterbrechung

Änderungsmeldungen			
Meldesachverhalt	**Art der Meldung**	**Abgabegrund**	**Frist**
Änderung des Namens eines Beschäftigten	Namensänderung	60	Mit der nächsten folgenden Entgeltabrechnung, spätestens innerhalb von 6 Wochen nach der Änderung
Änderung der Anschrift eines Beschäftigten	Anschriftenänderung	61	Mit der nächsten folgenden Entgeltabrechnung, spätestens innerhalb von 6 Wochen nach der Änderung
Änderung des Aktenzeichens/der Personalnummer eines Beschäftigten	Änderungsmeldung	62	Mit der nächsten folgenden Entgeltabrechnung, spätestens innerhalb von 6 Wochen nach der Änderung
Änderung der Staatsangehörigkeit	Änderungsmeldung	63	Mit der nächsten folgenden Entgeltabrechnung, spätestens innerhalb von 6 Wochen nach der Änderung

Meldungen in Insolvenzfällen			
Meldesachverhalt	**Art der Meldung**	**Abgabe-grund**	**Frist**
Weiterbeschäftigung nach Eröffnung des Insolvenzverfahrens oder Nichteröffnung mangels Masse	Anmeldung	10	Mit der ersten folgenden Entgeltabrechnung, spätestens innerhalb von 6 Wochen nach Insolvenztag
Abmeldung weiterbeschäftigter Arbeitnehmer	Abmeldung	30	Mit der nächsten folgenden Entgeltabrechnung, spätestens innerhalb von 6 Wochen nach Beschäftigungsende
Freistellung von der Beschäftigung bei Eröffnung des Insolvenzverfahrens oder Nichteröffnung mangels Masse	Abmeldung zum Tag vor dem Insolvenztag	71	Mit der nächsten folgenden Entgeltabrechnung, spätestens innerhalb von 6 Wochen nach Insolvenztag
Rechtliches Ende der Beschäftigung während des Insolvenzverfahrens bei freigestellten Arbeitnehmern	Abmeldung (ohne erneute Anmeldung)	72	Mit der nächsten folgenden Entgeltabrechnung, spätestens innerhalb von 6 Wochen nach rechtlichem Ende
Jahresmeldung für freigestellte Arbeitnehmer während des Insolvenzverfahrens	Jahresmeldung	70	Mit der ersten folgenden Entgeltabrechnung, spätestens bis zum 15.2. des Folgejahres

Meldungen für geringfügig Beschäftigte			
Meldesachverhalt	**Art der Meldung**	**Abgabe-grund**	**Frist**
Beginn einer geringfügigen Beschäftigung	Anmeldung	10	Mit der ersten folgenden Entgeltabrechnung, spätestens innerhalb von 6 Wochen nach Beschäftigungsbeginn
Ende einer geringfügigen Beschäftigung	Abmeldung	30	Mit der nächsten folgenden Entgeltabrechnung, spätestens innerhalb von 6 Wochen nach Beschäftigungsende
Wechsel in der Art der geringfügigen Beschäftigung (§ 8 Abs. 1 Nr. 1 SGB IV nach § 8 Abs. 1 Nr. 2 SGB IV oder umgekehrt) beim selben Arbeitgeber	1. Meldung: Abmeldung	32	Mit der ersten bzw. nächsten folgenden Entgeltabrechnung, spätestens innerhalb von 6 Wochen nach der Änderung der Beschäftigung
	2. Meldung: Anmeldung	12	

Meldungen für geringfügig Beschäftigte			
Meldesachverhalt	**Art der Meldung**	**Abgabegrund**	**Frist**
Befreiung von der Rentenversicherungspflicht im laufenden Beschäftigungsverhältnis	1. Meldung: Abmeldung (BGR RV: 1)	32	Mit der ersten bzw. nächsten folgenden Entgeltabrechnung, spätestens innerhalb von 6 Wochen Wechsel der Beitragsgruppe
	2. Meldung: Anmeldung (BGR RV: 5)	12	
Beginn und Ende einer geringfügigen Beschäftigung	Gleichzeitige An-/Abmeldung	40	Mit der ersten folgenden Entgeltabrechnung, spätestens innerhalb von 6 Wochen

Weitere Meldungen			
Meldesachverhalt	**Art der Meldung**	**Abgabegrund**	**Frist**
Einmalig gezahltes Arbeitsentgelt (z. B. in beitragsfreien Zeiten)	Sondermeldung	54	Mit der ersten folgenden Entgeltabrechnung, spätestens innerhalb von 6 Wochen nach der Auszahlung
Meldung von nicht vereinbarungsgemäß verwendetem Wertguthaben (Störfall) im Rahmen flexibler Arbeitszeitregelungen	Sondermeldung	55	Mit der ersten folgenden Entgeltabrechnung, spätestens innerhalb von 6 Wochen nach dem Störfall
Meldung des Unterschiedsbetrags bei Entgeltersatzleistungen während Altersteilzeitarbeit	Sondermeldung	56	Mit der nächsten folgenden Entgeltabrechnung, spätestens innerhalb von 6 Wochen
Gesonderte Meldung über die beitragspflichtigen Einnahmen vor Rentenbeginn (§ 194 SGB VI) bei Rentenantragstellung	Sondermeldung	57	Mit der nächsten folgenden Entgeltabrechnung nach Antrag des Arbeitnehmers, frühestens 3 Monate vor Rentenbeginn

Weitere Meldungen			
Meldesachverhalt	**Art der Meldung**	**Abgabegrund**	**Frist**
Meldung von Arbeitsentgelten bei Mehrfachbeschäftigung mit vermuteter Überschreitung der Beitragsbemessungsgrenze auf Anforderung der Krankenkasse (GKV-Monatsmeldung)	Sondermeldung	58	Mit der ersten folgenden Entgeltabrechnung, spätestens innerhalb von 6 Wochen nach Anforderung der Krankenkasse

Meldeverfahren (DEUV): Abgabegründe und Beitragsgruppen (Schlüsselzahlen)

Die Tabelle gibt einen Überblick über die Meldetatbestände und die Schlüsselzahlen der Abgabegründe (Meldegründe), wie sie sich aufgrund der Datenerfassungs- und übermittlungsverordnung (DEÜV) ergeben. Ferner ist eine Übersicht der Schlüsselzahlen für die Beitragsgruppen nach der DEÜV enthalten.

Der Inhalt dieser Tabelle ist die Anlage 1 (Stand: 24.6.2021) des GR v. 29.6.2016 zum Meldeverfahren zur Sozialversicherung.

Teil 1: Abgabegründe – Meldungen der Arbeitgeber	
Anmeldungen	
10	Anmeldung wegen Beginn einer Beschäftigung
11	Anmeldung wegen Krankenkassenwechsel
12	Anmeldung wegen Beitragsgruppenwechsel
13	Anmeldung wegen sonstiger Gründe/Änderungen im Beschäftigungsverhältnis z. B. – Anmeldung nach unbezahltem Urlaub oder Streik von mehr als einem Monat nach § 7 Abs. 3 Satz 1 SGB IV – Anmeldung wegen Rechtskreiswechsel ohne Krankenkassenwechsel – Anmeldung wegen Wechsel des Entgeltabrechnungssystems (optional) – Anmeldung wegen Änderung des Personengruppenschlüssels ohne Beitragsgruppenwechsel – Anmeldung wegen Währungsumstellung während eines Kalenderjahres
20	Sofortmeldung bei Aufnahme einer Beschäftigung nach § 28a Abs. 4 SGB IV

Abmeldungen	
30	Abmeldung wegen Ende einer Beschäftigung
31	Abmeldung wegen Krankenkassenwechsel
32	Abmeldung wegen Beitragsgruppenwechsel
33	Abmeldung wegen sonstiger Gründe/Änderungen im Beschäftigungsverhältnis
34	Abmeldung wegen Ende des Fortbestehens eines sozialversicherungsrechtlichen Beschäftigungsverhältnisses nach § 7 Abs. 3 Satz 1 SGB IV
35	Abmeldung wegen Arbeitskampf von länger als einem Monat
36	Abmeldung wegen – Wechsel des Entgeltabrechnungssystems (optional) – Währungsumstellung während eines Kalenderjahres
40	Gleichzeitige An- und Abmeldung wegen Ende der Beschäftigung
49	Abmeldung wegen Tod

Jahresmeldungen/Unterbrechungsmeldungen/sonstige Entgeltmeldungen	
50	Jahresmeldung
51	Unterbrechungsmeldung wegen Bezug von bzw. Anspruch auf Entgeltersatzleistungen
52	Unterbrechungsmeldung wegen Elternzeit
53	Unterbrechungsmeldung wegen gesetzlicher Dienstpflicht oder freiwilligem Wehrdienst
54	Meldung von einmalig gezahltem Arbeitsentgelt (Sondermeldung)
55	Meldung von nicht vereinbarungsgemäß verwendetem Wertguthaben (Störfall)
56	Meldung des Unterschiedsbetrags bei Entgeltersatzleistungen während Altersteilzeitarbeit
57	Gesonderte Meldung nach § 194 Abs. 1 SGB VI
58	GKV-Monatsmeldung
92	UV-Jahresmeldung

Änderungsmeldungen	
62	Änderung des Aktenzeichens/der Personalnummer des Beschäftigten (optional)
63	Änderung der Staatsangehörigkeit

Meldungen in Insolvenzfällen	
70	Jahresmeldung für freigestellte Arbeitnehmer
71	Meldung des Vortages der Insolvenz/der Freistellung
72	Entgeltmeldung zum rechtlichen Ende der Beschäftigung

Meldungen der Einzugsstellen/Rentenversicherungsträger	
Jahresmeldungen/Unterbrechungsmeldungen/sonstige Entgeltmeldungen	
59	Entgeltmeldung für unständig Beschäftigte[1]

Überschneidungsmeldungen der Rentenversicherungsträger an die Einzugsstellen nach der Anlage 14	
80	Rückmeldung an die Minijob-Zentrale bei Überschneidungen mit geringfügigen Beschäftigungen

Sonstige Meldungen	
90	Anforderung eines Sozialversicherungsausweises
94	Jahresmeldung bei Schließung der Mitgliedschaft durch die Krankenkasse
95	Abmeldung wegen Schließung der Mitgliedschaft durch die Krankenkasse
99	Vergabe oder Rückmeldung einer Versicherungsnummer

Teil 2: Beitragsgruppen		
Die Beitragsgruppen sind so zu verschlüsseln, dass für jeden Beschäftigten in der Reihenfolge Kranken-, Renten-, Arbeitslosen- und Pflegeversicherung, die jeweils zutreffende Ziffer anzugeben ist.		
Beitrag zur Krankenversicherung		
–	kein Beitrag	0
–	allgemeiner Beitrag	1
–	erhöhter Beitrag (zulässig nur für Meldezeiträume bis 31.12.2008)	2
–	ermäßigter Beitrag	3
–	Beitrag zur landwirtschaftlichen Krankenversicherung	4
–	Arbeitgeberbeitrag zur landwirtschaftlichen Krankenversicherung	5
–	Pauschalbeitrag für geringfügig Beschäftigte	6

Beitrag zur freiwilligen Krankenversicherung		
–	Firmenzahler	9

Beitrag zur Rentenversicherung (Meldezeiträume bis 31.12.2004)		
–	kein Beitrag	0
–	voller Beitrag zur Arbeiterrentenversicherung	1
–	voller Beitrag zur Angestelltenrentenversicherung	2
–	halber Beitrag zur Arbeiterrentenversicherung	3
–	halber Beitrag zur Angestelltenrentenversicherung	4

[1] Nur noch für Meldezeiträume vor dem 1.1.2011 zulässig.

Beitrag zur Rentenversicherung (Meldezeiträume bis 31.12.2004)		
–	Pauschalbeitrag zur Arbeiterrentenversicherung für geringfügig Beschäftigte	5
–	Pauschalbeitrag zur Angestelltenrentenversicherung für geringfügig Beschäftigte	6

Beitrag zur Rentenversicherung (Meldezeiträume ab 1.1.2005)		
–	kein Beitrag	0
–	voller Beitrag	1
–	halber Beitrag	3
–	Pauschalbeitrag für geringfügig Beschäftigte	5

Beitrag zur Arbeitslosenversicherung		
–	kein Beitrag	0
–	voller Beitrag	1
–	halber Beitrag	2

Beitrag zur Pflegeversicherung[2]		
–	kein Beitrag	0
–	voller Beitrag	1
–	halber Beitrag	2

[2] Bei freiwillig in der gesetzlichen Krankenversicherung versicherten Personen ist die Pflegeversicherung – unabhängig davon, ob für die Krankenversicherung der Schlüssel „0“ oder „9“ verwendet wird – stets mit „1“ oder „2“ zu verschlüsseln, wenn Versicherungspflicht in der sozialen Pflegeversicherung besteht. Der Schlüssel „0“ für die Pflegeversicherung kommt nur für solche Personen in Betracht, die in der privaten Pflegeversicherung versichert oder die geringfügig beschäftigt sind. Entsprechendes gilt für Personen, die weder in der sozialen noch in der privaten Pflegeversicherung versichert sind.

Pauschalierungsfähige Arbeitslohnbestandteile

Die Besteuerung des Arbeitslohns richtet sich grundsätzlich nach den persönlichen Lohnsteuerabzugsmerkmalen des Arbeitnehmers. Für bestimmte Teile des Arbeitslohns kann die Lohnsteuer pauschaliert werden.

Arbeitslohnbestandteil	Rechtsgrundlage	Steuersatz
A		
Auszahlung tarifvertraglicher Ansprüche durch Dritte als sonstiger Bezug	§§ 39c Abs. 5, 38 Abs. 3a Satz 1 EStG	20 %

Arbeitslohnbestandteil	Rechtsgrundlage	Steuersatz
B		
Betriebsveranstaltung – Steuerpflichtige Zuwendungen können pauschal versteuert werden	§ 40 Abs. 2 Satz 1 Nr. 2 EStG	25 %
Betriebliche Altersversorgung – Sonderzahlungen an umlagefinanzierte Pensionskassen	§ 40b Abs. 4 EStG	15 %
D		
Datenverarbeitungsgeräte – Schenkung von Datenverarbeitungsgeräten (z. B. PC, Smartphone, Tablet etc.) und Internet-Zuschüsse – Aus Vereinfachungsgründen kann der Arbeitgeber den vom Arbeitnehmer angegebenen Betrag für die laufende Internetnutzung ohne weitere Prüfung pauschal besteuern, soweit dieser 50 EUR monatlich nicht übersteigt	§ 40 Abs. 2 Satz 1 Nr. 5 EStG	25 %
Dienstrad Übereignung eines Dienstrads zusätzlich zum ohnehin geschuldeten Arbeitslohn.	§ 40 Abs. 2 Satz 1 Nr. 7 EStG	25 %
Direktversicherung – Alt-Zusage vor 2005	§ 40b EStG a. F.	20 %
E		
Elektrofahrzeuge – Schenkung einer Ladevorrichtung/-station für (Hybrid-)Elektrofahrzeuge und Zuschüsse für den Betrieb der Station; bei Entgeltumwandlung ist die Pauschalierung ausgeschlossen – Übereignung eines betrieblichen E-Bikes, das kein Kfz ist, zusätzlich zum ohnehin geschuldeten Arbeitslohn	§ 40 Abs. 2 Satz 1 Nr. 6 EStG § 40 Abs. 2 Satz 1 Nr. 7 EStG	25 %

Arbeitslohnbestandteil	Rechtsgrundlage	Steuersatz
Erholungsbeihilfen – Steuerpflichtige Erholungsbeihilfen können pauschal besteuert werden, wenn sie bestimmte Freigrenzen nicht übersteigen: – für den Arbeitnehmer 156 EUR; – für den Ehe-/Lebenspartner 104 EUR; – für jedes Kind 52 EUR.	§ 40 Abs. 2 Satz 1 Nr. 3 EStG	25 %
Essenmarken	§ 40 Abs. 2 Satz 1 Nr. 1 EStG	25 %
F		
Fahrtkostenzuschüsse für Fahrten zwischen Wohnung und erster Tätigkeitsstätte		
– bei Anrechnung auf Entfernungspauschale	§ 40 Abs. 2 Satz 2 EStG	15 %
– ohne Anrechnung auf Entfernungspauschale	§ 40 Abs. 2 Satz 3 EStG	25 %
Firmenwagen – Sachbezug aufgrund der Nutzung des Fahrzeugs für Fahrten zwischen Wohnung und Arbeitsstätte	§ 40 Abs. 2 Satz 2 EStG	15 %
G		
Geringfügige Beschäftigung		
– mit pauschaler Rentenversicherung	§ 40a Abs. 2 EStG	2 %[1]
– ohne pauschale Rentenversicherung	§ 40a Abs. 2a EStG	20 %
Gruppenunfallversicherung	§ 40b Abs. 3 EStG	20 %
I		
Incentivereisen bis 10.000 EUR	§ 37b EStG	30 %
Internetnutzung Zuschüsse zu den Aufwendungen des Arbeitnehmers für die Internetnutzung	§ 40 Abs. 2 Nr. 5 Satz 2 EStG	25 %

[1] Inkl. Solidaritätszuschlag und Kirchensteuer.

Arbeitslohnbestandteil	Rechtsgrundlage	Steuersatz
J		
Jobtickets		
– ohne Anrechnung auf Entfernungspauschale	§ 40 Abs. 2 Satz 3 EStG	25 %
– bei Entgeltumwandlung mit Anrechnung auf Entfernungspauschale	§ 40 Abs. 2 Satz 2 EStG	15 %
K		
Kurzfristig Beschäftigte		
– Aushilfskräfte (i. S. d. Lohnsteuer)	§ 40a Abs. 1 EStG	25 %
– Aushilfskräfte in der Land- und Forstwirtschaft	§ 40a Abs. 3 EStG	5 %
– und beschränkt steuerpflichtige Arbeitnehmer[2]	§ 40a Abs. 7 EStG	30 %
M		
Mahlzeiten		
– Kostenlose oder verbilligte arbeitstägliche Mahlzeiten	§ 40 Abs. 2 Satz 1 Nr. 1 EStG	25 %
– Gestellung bei Auswärtstätigkeit	§ 40 Abs. 2 Satz 1 Nr. 1a EStG	25 %
N		
Nachholung bzw. Nacherhebung von Lohnsteuer	§ 40 Abs. 1 Satz 1 Nr. 2 EStG	Durchschnittlicher Steuersatz
P		
Pensionskasse		
– Alt-Zusage vor 2005 mit Kapitaldeckung	§ 40b EStG a. F.	20 %
– Laufende Zuwendungen mit Umlageverfahren	§ 40b EStG	20 %
S		
Sachprämien aus Kundenbindungsprogrammen	§ 37a Abs. 1 EStG	2,25 %
Sachzuwendungen an Dritte und deren Arbeitnehmer bis 10.000 EUR (unter weiteren Voraussetzungen)	§ 37b Abs. 1 EStG	30 %

[2] Betrifft nur Arbeitnehmer, die einer ausländischen Betriebsstätte zugeordnet sind.

Arbeitslohnbestandteil	Rechtsgrundlage	Steuersatz
Sachzuwendungen an eigene Arbeitnehmer bis 10.000 EUR (unter weiteren Voraussetzungen)	§ 37b Abs. 2 EStG	30 %
Sonderzahlungen des Arbeitgebers an Pensionskassen mit Umlageverfahren	§ 40b Abs. 4 EStG	15 %
Sonstige Bezüge bis 1.000 EUR je Arbeitnehmer und Kalenderjahr	§ 40 Abs. 1 Satz 1 Nr. 1 EStG	Durchschnittlicher Steuersatz
V		
Verpflegungsmehraufwendungen Vergütungen für Verpflegungsmehraufwendungen soweit sie die steuerfreien Pauschalen um nicht mehr als 100 % übersteigen	§ 40 Abs. 2 Satz 1 Nr. 4 EStG	25 %

Personengruppenschlüssel (DEUV-Meldeverfahren)

Die DEÜV schreibt 3-stellige Personengruppenschlüssel in Meldungen zur Sozialversicherung vor. Diese Schlüssel dienen der Krankenkasse als Identifikationsmerkmal, um welche Art von Arbeitnehmer bzw. Beschäftigung es sich bei dem gemeldeten Beschäftigungsverhältnis handelt.

Meldungen der Arbeitgeber		
Schlüsselzahl	**Personenkreis**	**Beschreibung der Personengruppe**
101	Sozialversicherungspflichtig Beschäftigte ohne besondere Merkmale	Beschäftigte, die kranken-, pflege-, renten- oder arbeitslosenversicherungspflichtig sind sowie Beschäftigte, für die Beitragsanteile zur Renten- oder Arbeitslosenversicherung zu zahlen sind, sofern sie nicht den nachfolgenden Personengruppen zugeordnet werden können.
102	Auszubildende ohne besondere Merkmale	Auszubildende sind Personen, die aufgrund eines Ausbildungsvertrages nach dem BBiG eine betriebliche Berufsausbildung in einem anerkannten Ausbildungsberuf durchlaufen. Berufsausbildung ist die Ausbildung im Rahmen rechtsverbindlicher Ausbildungsrichtlinien für einen staatlich anerkannten Ausbildungsberuf. Darüber hinaus ist Berufsausbildung auch die Ausbildung für einen Beruf, für den es zwar noch keine rechtsverbindlichen Ausbildungs-

Meldungen der Arbeitgeber		
Schlüsselzahl	**Personenkreis**	**Beschreibung der Personengruppe**
		richtlinien gibt, die vorgesehene Ausbildung jedoch üblich und allgemein anerkannt ist. Sind für die Ausbildung Ausbildungsverträge abgeschlossen und von der zuständigen Stelle oder der Handwerkskammer in das Verzeichnis der Ausbildungsverhältnisse eingetragen worden, ist von einer Berufsausbildung auszugehen. Ist ein schriftlicher Ausbildungsvertrag nicht abgeschlossen, kommt es auf die tatsächliche Gestaltung des Ausbildungsverhältnisses und die Umstände des Einzelfalles an. Unbeachtlich für die Annahme einer Berufsausbildung ist, ob die Ausbildung abgeschlossen bzw. ein formeller Abschluss überhaupt vorgesehen ist. Rentenversicherungspflichtige Praktikanten sind mit dem Personengruppenschlüssel 105 zu melden. Auszubildende, deren Arbeitsentgelt die Geringverdienergrenze nach § 20 Abs. 3 Satz 1 Nr. 1 SGB IV nicht übersteigt, sind mit dem Personengruppenschlüssel 121 zu melden. Dies gilt nicht für Auszubildende ohne Arbeitsentgelt. Auszubildende in einer außerbetrieblichen Einrichtung sind mit dem Personengruppenschlüssel 122 zu melden. Bei Meldungen für [akt.] Menschen mit Behinderungen, die in einer anerkannten Werkstatt für Menschen mit Behinderungen im Eingangsverfahren oder im Berufsbildungsbereich tätig sind, ist der Personengruppenschlüssel 107 zu verwenden.
103	Beschäftigte in Altersteilzeit	Beschäftigter in Altersteilzeit ist, wer das 55. Lebensjahr vollendet hat, nach dem 14.2.1996 aufgrund einer Vereinbarung mit seinem Arbeitgeber, die sich zumindest auf die Zeit bis zu einem Altersrentenanspruch erstrecken muss, seine Arbeitszeit auf die Hälfte der bisherigen wöchentlichen Arbeitszeit vermindert hat und versicherungspflichtig i. S. d. SGB III ist (Altersteilzeitarbeit) und innerhalb der letzten 5 Jahre vor Beginn der Altersteilzeitarbeit mindestens 1.080 Kalendertage in einer die Beitragspflicht begründenden Beschäftigung i. S. d. § 25 SGB III gestanden hat bzw. Anspruch auf Arbeitslosengeld, *Arbeitslosenhilfe*, Arbeitslosengeld II hatte bzw. Versicherungspflicht nach § 26 Abs. 2 SGB III vorlag. Außerdem muss der Arbeitgeber das Arbeitsentgelt für die Altersteilzeitarbeit um mindestens 20 % dieses Arbeitsentgelts, jedoch mindestens auf 70 % des um die bei dem Arbeitnehmer gewöhn-

Meldungen der Arbeitgeber		
Schlüssel-zahl	**Personenkreis**	**Beschreibung der Personengruppe**
		lich anfallenden gesetzlichen Abzüge verminderten bisherigen Arbeitsentgelts aufstocken und für den Arbeitnehmer zusätzlich Beiträge zur gesetzlichen Rentenversicherung mindestens in Höhe des Beitrags zahlen, der auf den Unterschiedsbetrag zwischen 90 % des Vollzeitarbeitsentgelts und dem Arbeitsentgelt aus der Altersteilzeitarbeit entfällt (§§ 2 und 3 AltersTZG). Bei Beginn der Altersteilzeitarbeit seit dem 1.7.2004 muss der Arbeitgeber das Arbeitsentgelt für die Altersteilzeitarbeit um mindestens 20 % des Regelarbeitsentgelts aufstocken und für den Arbeitnehmer zusätzliche Beiträge zur gesetzlichen Rentenversicherung mindestens in Höhe des Betrags zahlen, der sich aus 80 % des Regelarbeitsentgelts, begrenzt auf 90 % der Beitragsbemessungsgrenze, ergibt.
104	Hausgewerbe-treibende	Hausgewerbetreibender ist, wer in eigener Arbeitsstätte im Auftrag und für Rechnung von Gewerbetreibenden, gemeinnützigen Unternehmen oder öffentlich-rechtlichen Körperschaften arbeitet, auch wenn er Roh- oder Hilfsstoffe selbst beschafft oder vorübergehend für eigene Rechnung tätig ist (§ 12 Abs. 1 SGB IV).
105	Praktikanten	Praktikanten sind Personen, die eine in Studien- oder Prüfungsordnungen vorgeschriebene berufspraktische Tätigkeit im Rahmen eines rentenversicherungspflichtigen Vor- oder Nachpraktikums verrichten. Praktikanten, deren Arbeitsentgelt die Geringverdienergrenze nach § 20 Abs. 3 Satz 1 Nr. 1 SGB IV nicht übersteigt, sind mit dem Personengruppenschlüssel 121 zu melden. Praktikanten, die ein vorgeschriebenes Zwischenpraktikum absolvieren, sind ausschließlich in der Unfallversicherung versicherungspflichtig und daher mit dem Personengruppenschlüssel 190 zu melden.
106	Werkstudenten	Werkstudenten sind Personen, die in der vorlesungsfreien Zeit und/oder der Vorlesungszeit eine Beschäftigung ausüben und darin in der Kranken-, Pflege- und Arbeitslosenversicherung versicherungsfrei, jedoch in der Rentenversicherung versicherungspflichtig sind.

Meldungen der Arbeitgeber		
Schlüsselzahl	**Personenkreis**	**Beschreibung der Personengruppe**
107	[akt.] Menschen mit Behinderungen in anerkannten Werkstätten [Anstalten, Heimen] oder gleichartigen Einrichtungen	– Menschen mit körperlichen, geistigen oder seelischen Behinderungen, die in nach dem SGB IX anerkannten Werkstätten für Menschen mit Behinderungen oder in [akt.] Blindenwerkstätten i. S. d. § 226 SGB IX oder für diese Einrichtungen in Heimarbeit tätig sind (§ 1 Satz 1 Nr. 2 Buchst. a SGB VI, § 5 Abs. 1 Nr. 7 SGB V, § 20 Abs. 1 Satz 2 Nr. 7 i. V. m. Satz 1 SGB XI) und – Menschen mit körperlichen, geistigen oder seelischen Behinderungen, die in Anstalten, Heimen oder gleichartigen Einrichtungen tätig sind (§ 1 Satz 1 Nr. 2 Buchst. b SGB VI, § 5 Abs. 1 Nr. 8 SGB V, § 20 Abs. 1 Satz 2 Nr. 8 i. V. m. Satz 1 SGB XI). Der Personengruppenschlüssel 107 ist auch bei Meldungen für [akt.] Menschen mit Behinderungen zu verwenden, die in einer anerkannten Werkstatt für Menschen mit Behinderungen im Eingangsverfahren oder im Berufsbildungsbereich tätig sind.
108	Bezieher von Vorruhestandsgeld	Vorruhestandsgeldbezieher unterliegen dann der Kranken-, Pflege- und Rentenversicherungspflicht, wenn nach dem übereinstimmenden Willen der Vertragspartner mit der Vorruhestandsvereinbarung das Ausscheiden des Arbeitnehmers aus dem Erwerbsleben erfolgt, d. h. die Parteien darüber einig sind, dass das bisherige Arbeitsverhältnis beendet und kein neues Arbeitsverhältnis (bei einem anderen Arbeitgeber) aufgenommen wird. Im Übrigen wird für die Versicherungspflicht vorausgesetzt, dass das Vorruhestandsgeld bis zum frühestmöglichen Beginn der Altersrente oder ähnlicher Bezüge öffentlich-rechtlicher Art oder, wenn keine dieser Leistungen beansprucht werden kann, bis zum Ablauf des Kalendermonats gewährt wird, in dem der ausgeschiedene Arbeitnehmer das 65. Lebensjahr vollendet (§ 5 Abs. 3 SGB V, § 3 Satz 1 Nr. 4 SGB VI).
109	Geringfügig entlohnte Beschäftigte nach § 8 Abs. 1 Nr. 1 SGB IV	Eine geringfügig entlohnte Beschäftigung liegt vor, wenn das Arbeitsentgelt regelmäßig im Monat einen Betrag von [akt.] 520 EUR (bis 31.12.2012: 400 EUR; vom 1.1.2013 bis 30.9.2022: 450,00 EUR) nicht übersteigt (§ 8 Abs. 1 Nr. 1 SGB IV). Wird die Arbeitsentgeltgrenze durch die Zusammenrechnung mehrerer geringfügig entlohnter Beschäftigungen beziehungsweise mehr als einer geringfügig entlohnten Beschäftigung mit einer nicht

Meldungen der Arbeitgeber		
Schlüssel-zahl	**Personenkreis**	**Beschreibung der Personengruppe**
		geringfügigen Beschäftigung überschritten, liegt keine geringfügige Beschäftigung mehr vor, sodass grundsätzlich der Personengruppenschlüssel 101 zu verwenden ist. Beschäftigungen, die vor dem 1.1.2013 mit einem Arbeitsentgelt von 400,01 bis 450 EUR aufgenommen wurden, bleiben bis zum 31.12.2014 grundsätzlich versicherungspflichtig und sind mit Personengruppenschlüssel 101 zu melden. Ab dem 1.1.2015 entfällt diese Übergangsregelung. Bei geringfügigen Beschäftigungen, die vor dem 1.1.2013 aufgenommen wurden, ist auch bei Verzicht auf die Rentenversicherungsfreiheit der Personengruppenschlüssel 109 zu verwenden. Für Auszubildende und Personen, die ein freiwilliges soziales, ein freiwilliges ökologisches Jahr oder einen Bundesfreiwilligendienst leisten, gelten die besonderen Vorschriften für geringfügig Beschäftigte nicht. Darüber hinausgehende Besonderheiten, die im Rahmen des Meldeverfahrens zu berücksichtigen sind, können den Richtlinien für die versicherungsrechtliche Beurteilung von geringfügigen Beschäftigungen (GeringfügRL) in der jeweils gültigen Fassung entnommen werden.
110	Kurzfristig Beschäftigte nach § 8 Abs. 1 Nr. 2 SGB IV	Eine kurzfristige Beschäftigung liegt vor, wenn die Beschäftigung innerhalb eines Kalenderjahres auf längstens drei Monate oder 70 Arbeitstage nach ihrer Eigenart begrenzt zu sein pflegt oder im Voraus vertraglich begrenzt ist, es sei denn, dass die Beschäftigung berufsmäßig ausgeübt wird und ihr Entgelt [akt.] 520 EUR im Monat übersteigt (§ 8 Abs. 1 Nr. 2 SGB IV). Eine kurzfristige Beschäftigung liegt auch dann vor, wenn gleichzeitig die Kriterien einer geringfügig entlohnten Beschäftigung erfüllt sind.
111	Personen in Einrichtungen der Jugendhilfe, Berufsbildungswerken oder ähnlichen Einrichtungen für [akt.] Menschen mit Behinderungen	– Personen, die in Einrichtungen der Jugendhilfe für eine Erwerbstätigkeit befähigt werden sollen (§ 1 Satz 1 Nr. 3 SGB VI, § 26 Abs. 1 Nr. 1 SGB III, § 5 Abs. 1 Nr. 5 SGB V, § 20 Abs. 1 Satz 2 Nr. 5 i. V. m. Satz 1 SGB XI) und – Personen, die in Berufsbildungswerken oder ähnlichen Einrichtungen für [akt.] Menschen mit Behinderungen ([akt.] § 51 SGB IX) für eine Erwerbstätigkeit befähigt werden sollen (§ 1 Satz 1 Nr. 3 SGB VI, § 26 Abs. 1 Nr. 1 SGB III) Für Personen, die in Berufsbildungswerken oder

Meldungen der Arbeitgeber		
Schlüssel-zahl	**Personenkreis**	**Beschreibung der Personengruppe**
		ähnlichen Einrichtungen für [akt.] Menschen mit Behinderungen (§ 51 SGB IX) für eine Erwerbstätigkeit befähigt werden sollen, besteht Kranken- und Pflegeversicherungspflicht nur, wenn die Befähigung im Rahmen einer Leistung zur Teilhabe am Arbeitsleben durch einen Rehabilitationsträger i. S. d. § 6 Abs. 1 SGB IX erfolgt. In diesen Fällen ist der Personengruppenschlüssel 204 zu verwenden. Bedient sich der Rehabilitationsträger für die Durchführung der Leistung zur Teilhabe am Arbeitsleben der Einrichtung (Berufsbildungswerk oder ähnliche Einrichtung für [akt.] Menschen mit Behinderungen), erfolgt die Meldung durch den Träger der Einrichtung mit Personengruppenschlüssel 111.
112	Mitarbeitende Familienangehörige in der Landwirtschaft	Mitarbeitende Familienangehörige in der Landwirtschaft sind Verwandte bis zum dritten Grad und Verschwägerte bis zum zweiten Grad sowie Pflegekinder eines landwirtschaftlichen Unternehmers oder seines Ehegatten [akt.] oder Lebenspartners. Der in einem abhängigen Beschäftigungsverhältnis stehende Ehegatte [akt.] oder Lebenspartner eines landwirtschaftlichen Unternehmers gilt als mitarbeitender Familienangehöriger (ohne Auszubildende).
113	Nebenerwerbslandwirte	Nebenerwerbslandwirte sind Personen, die ein landwirtschaftliches Unternehmen bewirtschaften und daneben in einer abhängigen Dauerbeschäftigung (nicht saisonal) außerhalb der Landwirtschaft stehen.
114	Nebenerwerbslandwirte – saisonal beschäftigt	Es handelt sich um landwirtschaftliche Unternehmer, die entsprechend ihrem Erscheinungsbild bei der LKK versichert sind und daneben eine befristete Beschäftigung ausüben, deren Dauer voraussichtlich 26 Wochen nicht überschreitet.
116	Ausgleichsgeldempfänger nach dem FELEG	Es handelt sich um ehemalige landwirtschaftliche Arbeitnehmer und rentenversicherungspflichtige mitarbeitende Familienangehörige in der Landwirtschaft.
117	Nicht berufsmäßig unständig Beschäftigte	Es handelt sich um Personen, die einer unständigen Beschäftigung nicht berufsmäßig nachgehen, in der sie versicherungspflichtig sind. Unständig ist die Beschäftigung, die auf weniger als eine Woche entweder nach der Natur der Sache befristet zu sein pflegt oder im Voraus durch den Arbeitsvertrag befristet ist.

Meldungen der Arbeitgeber		
Schlüsselzahl	**Personenkreis**	**Beschreibung der Personengruppe**
118	Berufsmäßig unständig Beschäftigte	Es handelt sich um Personen, die einer unständigen Beschäftigung berufsmäßig nachgehen, in der sie versicherungspflichtig sind. Unständig ist die Beschäftigung, die auf weniger als eine Woche entweder nach der Natur der Sache befristet zu sein pflegt oder im Voraus durch den Arbeitsvertrag befristet ist.
119	Versicherungsfreie Altersvollrentner und Versorgungsbezieher wegen Alters	Es handelt sich um Personen, die nach Erreichen der Regelaltersgrenze eine Vollrente wegen Alters aus der gesetzlichen Rentenversicherung oder eine entsprechende Versorgung von einer berufsständischen Versorgungseinrichtung oder eine Versorgung nach beamtenrechtlichen Vorschriften oder Grundsätzen wegen Erreichens einer Altersgrenze beziehen (§ 5 Abs. 4 Nr. 1 und 2 SGB VI) oder vor Erreichen der Regelaltersgrenze eine Vollrente wegen Alters aus der gesetzlichen Rentenversicherung beziehen und aufgrund des Bestandsschutzes versicherungsfrei bleiben (§ 230 Abs. 9 Satz 1 SGB VI).
120[1]	Versicherungspflichtige Altersvollrentner und Versorgungsbezieher wegen Alters	Es handelt sich um Personen, – die vor Erreichen der Regelaltersgrenze eine Vollrente wegen Alters aus der gesetzlichen Rentenversicherung beziehen oder – nach Erreichen der Regelaltersgrenze eine Vollrente wegen Alters aus der gesetzlichen Rentenversicherung oder nach beamtenrechtlichen Vorschriften oder entsprechenden kirchenrechtlichen Regelungen oder nach den Regelungen einer berufsständischen Versorgungseinrichtung eine Versorgung wegen Erreichens einer Altersgrenze beziehen und auf die Rentenversicherungsfreiheit nach § 5 Abs. 4 Satz 2 SGB VI verzichten oder – vor Erreichen der Regelaltersgrenze eine Vollrente wegen Alters aus der gesetzlichen Rentenversicherung beziehen und in einer vor dem 1.1.2017 aufgenommenen Beschäftigung auf die weiterbestehende Versicherungsfreiheit nach § 230 Abs. 9 Satz 2 SGB VI (Bestandsschutzregelung) verzichten.

[1] Nur für Meldezeiträume ab 1.1.2017.

Meldungen der Arbeitgeber		
Schlüssel-zahl	**Personenkreis**	**Beschreibung der Personengruppe**
121	Auszubildende, deren Arbeitsentgelt die Geringverdienergrenze nach § 20 Abs. 3 Satz 1 Nr. 1 SGB IV nicht übersteigt	Es handelt sich um die zu ihrer Berufsausbildung beschäftigten Personen, für die ihr Arbeitgeber wegen der niedrigen Höhe des Arbeitsentgelts (auf den Monat bezogen bis zu 325 EUR) verpflichtet ist, den Gesamtsozialversicherungsbeitrag allein zu tragen (§ 20 Abs. 3 Satz 1 Nr. 1 SGB IV). Der Personengruppenschlüssel ist selbst dann anzuwenden, wenn die Geringverdienergrenze infolge einmalig gezahlten Arbeitsentgelts überschritten wird. Auszubildende ohne Arbeitsentgelt sind mit dem Personengruppenschlüssel 102 zu melden.
122	Auszubildende in einer außerbetrieblichen Einrichtung	Eine außerbetriebliche Berufsausbildung liegt vor, wenn die Ausbildung von verselbstständigten, nicht einem Betrieb angegliederten Bildungseinrichtungen durchgeführt wird. Auszubildende, die im Rahmen eines Ausbildungsvertrages nach dem BBiG in einer außerbetrieblichen Einrichtung ausgebildet werden, stehen nach § 5 Abs. 4a SGB V, § 1 Satz 1 Nr. 3a SGB VI und § 25 Abs. 1 Satz 2 SGB III den Beschäftigten zur Berufsausbildung gleich.
123	Personen, die ein freiwilliges soziales, ein freiwilliges ökologisches Jahr oder einen Bundesfreiwilligendienst leisten	Es handelt sich um die Personen, die ein freiwilliges soziales oder ökologisches Jahr i. S. d. JFDG leisten und für die ihr Arbeitgeber verpflichtet ist, den Gesamtsozialversicherungsbeitrag allein zu tragen (§ 20 Abs. 3 Satz 1 Nr. 2 SGB IV). Personen, die einen Bundesfreiwilligendienst leisten, sind sozialversicherungsrechtlich dem Personenkreis der Teilnehmer an einem freiwilligen sozialen oder freiwilligen ökologischen Jahr gleichgestellt (§ 13 Abs. 2 Satz 1 BFDG).
124	Heimarbeiter ohne Anspruch auf Entgeltfortzahlung im Krankheitsfall	Es handelt sich um Erwerbstätige mit selbst gewählter Arbeitsstätte ohne unmittelbare Weisungsgebundenheit und ohne Eingliederung in den Betrieb, die im Auftrag und für Rechnung von Gewerbetreibenden, gemeinnützigen Unternehmen oder öffentlich-rechtlichen Körperschaften arbeiten; aufgrund ihrer wirtschaftlichen Abhängigkeit zum Auftraggeber gelten sie als abhängig Beschäftigte (§ 12 Abs. 2 SGB IV). Die Meldungen sind entweder vom Arbeitgeber oder, sofern der Heimarbeiter seinen Gesamtsozialversicherungsbeitrag zahlt, vom Heimarbeiter zu erstellen (§ 28m Abs. 2 und 3 SGB IV).

Meldungen der Arbeitgeber		
Schlüsselzahl	**Personenkreis**	**Beschreibung der Personengruppe**
		Soweit Heimarbeiter aufgrund tarifvertraglicher Regelungen einen Anspruch auf Entgeltfortzahlung im Krankheitsfall haben (§ 10 Abs. 4 EFZG), ist der Personengruppenschlüssel 124 nicht anzuwenden. Heimarbeiter, die in der Kranken-, Pflege-, Renten-, und Arbeitslosenversicherung aufgrund einer geringfügigen Beschäftigung nach § 8 Abs. 1 Nr. 1 SGB IV versicherungsfrei sind, werden mit dem Personengruppenschlüssel 109 gemeldet.
127	Menschen mit Behinderungen, die im Anschluss an eine Beschäftigung in einer anerkannten Werkstatt in einem Integrationsprojekt beschäftigt sind	Es handelt sich um Menschen mit körperlichen, geistigen oder seelischen Behinderungen, die im Anschluss an eine Beschäftigung in einer nach dem SGB IX anerkannten Werkstatt für Menschen mit Behinderungen (§ 1 Satz 1 Nr. 2 Buchst. a SGB VI, § 5 Abs. 1 Nr. 7 SGB V, § 20 Abs. 1 Satz 2 Nr. 7 i. V. m. Satz 1 SGB XI) in einem Integrationsprojekt tätig sind. Integrationsprojekte können sein ...: – Integrationsunternehmen (rechtlich und wirtschaftlich selbstständige Unternehmen), – Integrationsbetriebe (unternehmensinterne oder von öffentlichen Arbeitgebern geführte Betriebe), – Integrationsabteilungen (Abteilungen zur Beschäftigung schwerbehinderter Menschen auf dem allgemeinen Arbeitsmarkt).
190	Beschäftigte, die ausschließlich in der gesetzlichen Unfallversicherung versichert sind	Es handelt sich um versicherte Beschäftigte nach § 2 Abs. 1 Nr. 1 SGB VII mit beitragspflichtigem Entgelt.

Meldungen für die See-Sozialversicherung		
Schlüsselzahl	**Personenkreis**	**Beschreibung der Personengruppe**
140	Seeleute	Seeleute sind Kapitäne und Besatzungsmitglieder von Seeschiffen sowie sonstige Arbeitnehmer, die an Bord von Seeschiffen während der Reise im Rahmen des Schiffsbetriebs beschäftigt sind, mit Ausnahme der Lotsen (§ 13 Abs. 1 und 2 SGB IV).

Meldungen für die See-Sozialversicherung		
Schlüssel-zahl	**Personenkreis**	**Beschreibung der Personengruppe**
141	Auszubildende in der Seefahrt ohne besondere Merkmale	Vergleiche Beschreibung zu Personengruppenschlüssel 102 und 140.
142	Seeleute in Altersteilzeit	Vergleiche Beschreibung zu Personengruppenschlüssel 103 und 140.
143	Seelotsen	Seelotsen sind rentenversicherungspflichtige Selbstständige, für die Meldungen nach § 28a SGB IV zu erstatten sind (§ 191 SGB VI).
144	Auszubildende in der Seefahrt, deren Arbeitsentgelt die Geringverdienergrenze nach § 20 Abs. 3 Satz 1 Nr. 1 SGB IV nicht übersteigt	Es handelt sich um die zu ihrer Berufsausbildung beschäftigten Personen, für die ihr Arbeitgeber wegen der niedrigen Höhe des Arbeitsentgelts (auf den Monat bezogen bis zu 325 EUR) verpflichtet ist, den Gesamtsozialversicherungsbeitrag allein zu tragen (§ 20 Abs. 3 Satz 1 Nr. 1 SGB IV). Der Personengruppenschlüssel ist selbst dann anzuwenden, wenn die Geringverdienergrenze infolge einmalig gezahlten Arbeitsentgelts überschritten wird.
149	In der Seefahrt beschäftigte versicherungsfreie Altersvollrentner und Versorgungsbezieher wegen Alters	Vergleiche Beschreibung zu Personengruppenschlüssel 119 und 140.
150[2]	In der Seefahrt beschäftigte versicherungspflichtige Altersvollrentner und Versorgungsbezieher wegen Alters	Vergleiche Beschreibung zu Personengruppenschlüssel 120 und 140.

Schlüssel-zahl	**Personenkreis**	**Beschreibung der Personengruppe**
203	Versicherungspflichtige Künstler und Publizisten	Künstler und Publizisten, die nach näherer Bestimmung des KSVG versicherungspflichtig sind. Die Meldungen werden von der Künstlersozialkasse erstattet.

[2] Nur für Meldezeiträume ab 1.1.2017.

Schlüssel-zahl	Personenkreis	Beschreibung der Personengruppe
204	Teilnehmer an Leistungen zur Teilhabe am Arbeitsleben	Teilnehmer an Leistungen zur Teilhabe am Arbeitsleben sowie an Abklärung der beruflichen Eignung oder Arbeitserprobung, wenn die Maßnahme von einem Rehabilitationsträger i. S. d. § 6 Abs. 1 SGB IX (Versorgungsverwaltung ausgenommen) erbracht wird (§ 5 Abs. 1 Nr. 6 SGB V, § 20 Abs. 1 Satz 2 Nr. 6 i. V. m. Satz 1 SGB XI); hiervon erfasst sind nur Meldungen zur Kranken- und Pflegeversicherung.
205[3]	Unständig Beschäftigte	Zusammengefasste Meldungen für unständig Beschäftigte.
207	Pflegepersonen i. S. d. § 19 SGB XI ohne Beihilfe-berechtigung des Pflegebedürftigen	Personen, die eine oder mehrere pflegebedürftige Personen ohne Beihilfeberechtigung mit mindestens Pflegegrad 2 wenigstens zehn Stunden wöchentlich, verteilt auf regelmäßig mindestens zwei Tage in der Woche, in ihrer häuslichen Umgebung nicht erwerbsmäßig pflegen (nicht erwerbsmäßig tätige Pflegepersonen), wenn der Pflegebedürftige Anspruch auf Leistungen aus der sozialen oder einer privaten Pflegekasse hat (§ 3 Satz 1 Nr. 1a SGB VI).
208	Pflegepersonen i. S. d. § 19 SGB XI mit Beihilfeberechtigung des Pflegebedürftigen	Personen, die eine oder mehrere pflegebedürftige Personen mit Beihilfeberechtigung mit mindestens Pflegegrad 2 wenigstens zehn Stunden wöchentlich, verteilt auf regelmäßig mindestens zwei Tage in der Woche, in ihrer häuslichen Umgebung nicht erwerbsmäßig pflegen (nicht erwerbsmäßig tätige Pflegepersonen), wenn der Pflegebedürftige Anspruch auf Leistungen aus der sozialen oder einer privaten Pflegekasse hat (§ 3 Satz 1 Nr. 1a SGB VI).
209	Mit Haushalts-scheckverfahren gemeldete geringfügig entlohnte Beschäftigte	Im Privathaushalt geringfügig entlohnte Beschäftigte, die mit dem Haushaltsscheckverfahren gemeldet werden (§ 8a Abs. 7 SGB IV).
210	Mit Haushalts-scheckverfahren gemeldete kurzfristig Beschäftigte	Im Privathaushalt kurzfristig Beschäftigte, die mit dem Haushaltsscheckverfahren gemeldet werden (§ 28a Abs. 7 SGB IV).

[3] Nur noch für Meldezeiträume vor dem 1.1.2011 zulässig.

Schlüsselzahl	Personenkreis	Beschreibung der Personengruppe
301	Grundwehrdienstleistende und Ableistende des freiwilligen Wehrdienstes	Personen, die aufgrund gesetzlicher Pflicht Grundwehrdienst oder den freiwilligen Wehrdienst ableisten (§ 3 Satz 1 Nr. 2 SGB VI).
302	Wehrübungsleistende	Personen, die aufgrund gesetzlicher Pflicht oder freiwilliger Verpflichtung Wehrdienst leisten (§ 3 Satz 1 Nr. 2 SGB VI). Für Zeiträume mit einem Bis-Datum < 30.4.2005 lag Versicherungspflicht nur für Wehrübungen von mehr als drei Tagen vor.
303	Zivildienstleistende	Personen, die aufgrund gesetzlicher Pflicht Zivildienst leisten (§ 3 Satz 1 Nr. 2 SGB VI).
304	Ableistende eines freiwilligen sozialen bzw. ökologischen Jahres	Personen, die gemäß § 14c ZDG als anerkannter Kriegsdienstverweigerer ein freiwilliges soziales bzw. ökologisches Jahr anstelle des Zivildienstes leisten.
305	Wehrdienstleistende besonderer Art	Personen, die sich in einem Wehrdienstverhältnis besonderer Art befinden (§ 3 Satz 1 Nr. 2a SGB VI)
306	Personen im Rahmen einer besonderen Auslandsverwendung	Personen, die aufgrund einer besonderen Auslandsverwendung nach § 63c Abs. 1 SVG oder § 31a Abs. 1 BeamtVG Zuschläge an Entgeltpunkte i. S. d. § 76e Abs. 1 SGB VI erhalten.
307	Bezieher von Übergangsgebührnissen	Personen, die als ehemalige Soldaten auf Zeit Übergangsgebührnisse beziehen (§ 3 Satz 1 Nr. 2b SGB VI)

Praktikant: Sozialversicherungsrechtliche Beurteilung einer Beschäftigung

Bei der sozialversicherungsrechtlichen Beurteilung von Praktikanten müssen verschiedene Aspekte berücksichtigt werden. Die Versicherungspflicht hängt u. a. davon ab, um was für ein Praktikum es sich handelt, ob dieses in der Studien- oder Prüfungsordnung vorgeschrieben ist und ob der Arbeitgeber dafür ein Entgelt zahlt. Ein schneller Überblick wird hier vermittelt.

Sachverhalt Beschäftigung von Arbeitnehmern im			**KV und PV**		**ALV und RV**		**UV**	**Insolvenzgeldumlage**	**U1/ U2[1]**
Vor- oder Nachpraktikum außerhalb der Einschreibung als Student	**vorgeschrieben**	**ohne** Entgelt	**frei**[2]	Keine Beiträge durch den Arbeitgeber	**pflichtig**	Beiträge aus 1 % der mtl. Bezugsgröße	ja	nein	nein[3]
		mit Entgelt	**pflichtig**[4]	Beiträge wie Auszubildende, Geringverdienergrenze 325 EUR beachten, kein Übergangsbereich, keine Geringfügigkeit bzw. keine Pauschalbeiträge.	**pflichtig**	Beiträge wie Auszubildende, Geringverdienergrenze 325 EUR beachten, kein Übergangsbereich, keine Geringfügigkeit.	ja	ja	ja[3]
	nicht vorgeschrieben[5]	**ohne** Entgelt	**frei**	Keine Beiträge durch den Arbeitgeber	**frei**	Keine Beiträge durch den Arbeitgeber	nein	nein	nein

[1] Die Angabe bezieht sich auf die Umlagepflicht des Entgelts und nicht auf die Zählung der im Betrieb beschäftigten Arbeitnehmer für die Teilnahme am U1-Verfahren.

[2] Aber: Versicherungspflicht als Praktikant, soweit kein Anspruch auf eine Familienversicherung besteht.

[3] Keine Berücksichtigung bei der Prüfung, ob ein Arbeitgeber nicht mehr als 30 Arbeitnehmer beschäftigt, da als Beschäftigung zur Berufsausbildung anzusehen § 1 Abs. 1 AAG.

[4] Die Vorschriften über die Versicherungsfreiheit geringfügig Beschäftigter dürfen nicht angewendet werden § 7 Abs. 1 Satz 1 Nr. 1 SGB V; § 5 Abs. 2 Satz 3 SGB VI; § 27 Abs. 2 Satz 2 Nr. 1 SGB III; § 20 Abs. 1 Satz 1 SGB XI.

[5] Die Teilnehmer gelten nicht als Auszubildende.

Sachverhalt Beschäftigung von Arbeitnehmern im			**KV und PV**		**ALV und RV**		**UV**	**Insolvenzgeldumlage**	**U1/U2[1]**
		mit Entgelt **bis** 520 EUR	**frei**	Pauschalbeiträge zur KV[6]	**ALV: frei RV: pflichtig[7]**	ALV: Keine Beiträge durch den Arbeitgeber RV: Pflichtbeiträge[8], bei Befreiung von der RV-Pflicht Pauschalbeiträge	ja	ja	ja
		mit Entgelt **über** 520 EUR	**pflichtig**	Beiträge wie Arbeitnehmer, Übergangsbereich bei Entgelt bis 2.000 EUR beachten	**pflichtig**	Beiträge wie Arbeitnehmer, Übergangsbereich bei Entgelt bis 2.000 EUR beachten	ja	ja	ja
Zwischenpraktikum während der Einschreibung als Student	**vorgeschrieben**	**ohne** Entgelt	**frei[9]**	Keine Beiträge durch den Arbeitgeber	**frei**	Keine Beiträge durch den Arbeitgeber	ja	nein	nein[3]
		mit Entgelt	**frei**	Keine Beiträge durch den Arbeitgeber	**frei**	Keine Beiträge durch den Arbeitgeber	ja	ja	ja[3]

---

[6] Sofern der Praktikant gesetzlich krankenversichert ist. Bei einer kurzfristigen Beschäftigung besteht Versicherungsfreiheit und es sind keine Sozialversicherungsbeiträge zu entrichten.

[7] Geringfügig entlohnt Beschäftigte sind rentenversicherungspflichtig. Der Praktikant kann sich jedoch von der RV-Pflicht befreien lassen § 6 Abs. 1b SGB VI.

[8] Der Beitragsanteil des Arbeitgebers beträgt 15 %. Der Arbeitnehmer trägt den Unterschiedsbetrag von 3,6 % zum vollen RV-Beitrag 18,6 %.

[9] In den meisten Fällen besteht eine Versicherungspflicht zur Kranken- und Pflegeversicherung der Studenten, soweit kein Anspruch auf eine Familienversicherung besteht.

Sachverhalt Beschäftigung von Arbeitnehmern im			**KV und PV**		**ALV und RV**		**UV**	**Insolvenzgeldumlage**	**U1/ U2[1]**
	nicht vorgeschrieben	**ohne** Entgelt	**frei**	Keine Beiträge durch den Arbeitgeber	**frei**	Keine Beiträge durch den Arbeitgeber	nein	nein	nein
		mit Entgelt **bis** 520 EUR, **bis zu** 20 Std./ Woche	**frei**	Pauschalbeiträge zur KV[6]	**ALV: frei RV: pflichtig[7]**	ALV: Keine Beiträge durch den Arbeitgeber RV: Pflichtbeiträge[8], bei Befreiung von der RV-Pflicht keine Pauschalbeiträge zur RV[10]	ja	ja	ja
		mit Entgelt **bis** 520 EUR, **mehr als** 20 Std./ Woche	**frei**	Pauschalbeiträge zur KV[6]	**ALV: frei RV: pflichtig[7]**	ALV: Keine Beiträge durch den Arbeitgeber RV: Pflichtbeiträge[8], bei Befreiung von der RV-Pflicht keine Pauschalbeiträge zur RV[10]	ja	ja	ja

10 § 172 Abs. 3 Satz 2 SGB VI.

Sachverhalt Beschäftigung von Arbeitnehmern im			KV und PV		ALV und RV		UV	Insolvenzgeldumlage	U1/ U2[1]
		mit Entgelt **über** 520 EUR, **bis zu** 20 Std./ Woche	**frei**	Keine Beiträge durch den Arbeitgeber, auch keine Pauschalbeiträge. zur KV	**ALV: frei RV: pflichtig**	ALV: keine Beiträge durch den Arbeitgeber RV: Beiträge wie Arbeitnehmer, Übergangsbereich bei Entgelt bis 2.000 EUR beachten	ja	ja	ja
		mit Entgelt **über** 520 EUR, **mehr als** 20 Std./ Woche	**pflichtig**	Beiträge wie Arbeitnehmer, Übergangsbereich bei Entgelt bis 2.000 EUR beachten	**pflichtig**	Beiträge wie Arbeitnehmer, Übergangsbereich bei Entgelt bis 2.000 EUR beachten	ja	ja	ja

Reisekosten: Auslandsreisepauschalen

Die Tabelle zeigt die Pauschbeträge für Verpflegungsmehraufwendungen und Übernachtungen für beruflich und betrieblich veranlasste Auslandsreisen.

Die für Reisetage in den einzelnen Ländern geltenden Auslandsreisepauschalen[1] können Sie dieser Tabelle entnehmen. **Fettgedruckte Zahlenwerte kennzeichnen Änderungen** gegenüber dem Vorjahr. Soweit einzelne Länder in dieser Tabelle nicht genannt sind, ist der für Luxemburg geltende Pausch- und Höchstbetrag anzusetzen. Sind Übersee- und Außengebiete eines Landes nicht gesondert aufgeführt, gilt der für das Mutterland maßgebliche Pausch- und Höchstbetrag.

Bei **eintägigen Reisen** ins Ausland ist der entsprechende Pauschbetrag des letzten Tätigkeitsortes im Ausland maßgebend.

[1] Für 2023 s. BMF, Schreiben v. 23.11.2022, IV C 5 – S 2353/19/10010 :004.

Bei **mehrtägigen Reisen** in verschiedenen Staaten gilt für die Ermittlung der Verpflegungspauschalen am An- und Abreisetag sowie an den Zwischentagen (Tagen mit 24 Stunden Abwesenheit) insbesondere Folgendes:

- Bei der **Anreise** vom Inland in das Ausland oder vom Ausland ins Inland jeweils ohne Tätigwerden ist der entsprechende Pauschbetrag des Ortes maßgebend, der vor 24 Uhr Ortszeit erreicht wird.
- Bei der **Abreise** vom Ausland ins Inland oder vom Inland ins Ausland ist der entsprechende Pauschbetrag des letzten Tätigkeitsortes maßgebend
- Für die **Zwischentage** ist in der Regel der entsprechende Pauschbetrag des Ortes maßgebend, den der Arbeitnehmer vor 24 Uhr Ortszeit erreicht.

Die Pauschbeträge für **Übernachtungskosten** sind ausschließlich in den Fällen der Arbeitgebererstattung anwendbar. Für den Werbungskostenabzug sind nur die tatsächlichen Übernachtungskosten maßgebend.

Diese Ausführungen gelten entsprechend für **doppelte Haushaltsführungen** im Ausland.

Pauschbeträge 2023 für Verpflegungsmehraufwendungen und Übernachtungskosten im Ausland

Quelle: BMF, Schreiben v. 23.11.2022, IV C 5 – S 2353/19/10010 :004

Land	Pauschbeträge für Verpflegungsmehraufwendungen bei einer Abwesenheitsdauer je Kalendertag von			Pauschbetrag für Übernachtungskosten
	mindestens 24 Std.	weniger als 24 Std., aber mehr als 8 Std.	An- und Abreisetage[2]	
	EUR	EUR	EUR	EUR
Afghanistan	30	20	20	95
Ägypten	**50**	**33**	**33**	**112**
Äthiopien	39	26	26	130
Äquatorialguinea	36	24	24	166
Albanien	27	18	18	112
Algerien	**47**	**32**	**32**	**120**
Andorra	41	28	28	91
Angola	52	35	35	299

[2] An- und Abreisetage setzen eine Übernachtung voraus und sind daher nur bei mehrtägigen Auswärtstätigkeiten möglich. Eine Mindestabwesenheit ist an diesen Tagen nicht erforderlich.

Land	Pauschbeträge für Verpflegungsmehraufwendungen bei einer Abwesenheitsdauer je Kalendertag von			Pauschbetrag für Übernachtungskosten
	mindestens 24 Std.	weniger als 24 Std., aber mehr als 8 Std.	An- und Abreisetage[2]	
	EUR	EUR	EUR	EUR
Argentinien	35	24	24	113
Armenien	24	16	16	59
Aserbaidschan	**44**	**29**	**29**	**88**
Australien				
– Canberra	51	34	34	158
– Sydney	68	45	45	184
– im Übrigen	51	34	34	158
Bahrain	**48**	**32**	**32**	**153**
Bangladesch	50	33	33	165
Barbados	52	35	35	165
Belgien	**59**	**40**	**40**	**141**
Benin	52	35	35	115
Bolivien	**46**	**31**	**31**	**108**
Bosnien und Herzegowina	23	16	16	75
Botsuana	46	31	31	176
Brasilien				
– Brasilia	57	38	38	127
– Rio de Janeiro	57	38	38	145
– Sao Paulo	53	36	36	132
– im Übrigen	51	34	34	84
Brunei	52	35	35	106
Bulgarien	22	15	15	115
Burkina Faso	38	25	25	174
Burundi	36	24	24	138
Chile	44	29	29	154

Land	Pauschbeträge für Verpflegungsmehraufwendungen bei einer Abwesenheitsdauer je Kalendertag von			Pauschbetrag für Übernachtungskosten
	mindestens 24 Std.	weniger als 24 Std., aber mehr als 8 Std.	An- und Abreisetage[2]	
	EUR	EUR	EUR	EUR
China				
– Chengdu	41	28	28	131
– Hongkong	74	49	49	145
– Kanton	36	24	24	150
– Peking	30	20	20	185
– Shanghai	58	39	39	217
– im Übrigen	48	32	32	112
Costa Rica	47	32	32	93
Côte d'Ivoire	59	40	40	166
Dänemark	**75**	**50**	**50**	**183**
Dominikanische Republik	45	30	30	147
Dschibuti	65	44	44	305
Ecuador	**27**	**18**	**18**	**103**
El Salvador	**65**	**44**	**44**	**161**
Eritrea	50	33	33	91
Estland	29	20	20	85
Fidschi	34	23	23	69
Finnland	50	33	33	136
Frankreich				
– Paris[3]	58	39	39	**159**
– im Übrigen	**53**	**36**	**36**	**105**
Gabun	52	35	35	183
Gambia	40	27	27	161
Georgien	35	24	24	88
Ghana	46	31	31	148

[3] Sowie die Departements 77, 78, 91 bis 95.

Land	Pauschbeträge für Verpflegungsmehraufwendungen bei einer Abwesenheitsdauer je Kalendertag von			Pauschbetrag für Übernachtungskosten
	mindestens 24 Std.	weniger als 24 Std., aber mehr als 8 Std.	An- und Abreisetage[2]	
	EUR	EUR	EUR	EUR
Griechenland				
– Athen	**40**	**27**	**27**	**139**
– im Übrigen	36	24	24	**150**
Guatemala	34	23	23	90
Guinea	46	31	31	118
Guinea-Bissau	**32**	**21**	**21**	**113**
Haiti	58	39	39	130
Honduras	**57**	**38**	**38**	**198**
Indien				
– Bangalore	42	28	28	155
– Chennai	32	21	21	85
– Kalkutta	35	24	24	145
– Mumbai	50	33	33	146
– Neu Delhi	38	25	25	185
– im Übrigen	32	21	21	85
Indonesien	36	24	24	134
Iran	33	22	22	196
Irland	58	39	39	129
Island	**62**	**41**	**41**	**187**
Israel	66	44	44	190
Italien				
– Mailand	45	30	30	158
– Rom	40	27	27	135
– im Übrigen	40	27	27	135
Jamaika	57	38	38	138
Japan				
– Tokio	66	44	44	233
– im Übrigen	52	35	35	190
Jemen	24	16	16	95

Land	Pauschbeträge für Verpflegungsmehraufwendungen bei einer Abwesenheitsdauer je Kalendertag von			Pauschbetrag für Übernachtungskosten
	mindestens 24 Std.	weniger als 24 Std., aber mehr als 8 Std.	An- und Abreisetage[2]	
	EUR	EUR	EUR	EUR
Jordanien	**57**	**38**	**38**	**134**
Kambodscha	38	25	25	94
Kamerun	50	33	33	180
Kanada				
– Ottawa	47	32	32	142
– Toronto	51	34	34	161
– Vancouver	50	33	33	140
– im Übrigen	47	32	32	134
Kap Verde	30	20	20	105
Kasachstan	45	30	30	111
Katar	56	37	37	149
Kenia	51	34	34	219
Kirgisistan	27	18	18	74
Kolumbien	46	31	31	115
Kongo, Republik	62	41	41	215
Kongo, Demokratische Republik	70	47	47	190
Korea, Demokratische Volksrepublik	28	19	19	92
Korea, Republik	48	32	32	108
Kosovo	**24**	16	16	**71**
Kroatien	35	24	24	107
Kuba	46	31	31	228
Kuwait	56	37	37	241
Laos	33	22	22	96
Lesotho	**28**	**19**	**19**	**104**
Lettland	35	24	24	76
Libanon	59	40	40	123
Libyen	63	42	42	135

Land	Pauschbeträge für Verpflegungsmehraufwendungen bei einer Abwesenheitsdauer je Kalendertag von			Pauschbetrag für Übernachtungskosten
	mindestens 24 Std.	weniger als 24 Std., aber mehr als 8 Std.	An- und Abreisetage[2]	
	EUR	EUR	EUR	EUR
Liechtenstein	56	37	37	190
Litauen	26	17	17	109
Luxemburg	**63**	**42**	**42**	**139**
Madagaskar	34	23	23	87
Malawi	**41**	**28**	**28**	**109**
Malaysia	**36**	**24**	**24**	**86**
Malediven	52	35	35	170
Mali	38	25	25	120
Malta	46	31	31	114
Marokko	42	28	28	129
Marshall Inseln	63	42	42	102
Mauretanien	**35**	**24**	**24**	**86**
Mauritius	54	36	36	220
Mazedonien	29	20	20	95
Mexiko	48	32	32	177
Moldau, Republik	**26**	**17**	**17**	**73**
Monaco	**52**	**35**	**35**	**187**
Mongolei	27	18	18	92
Montenegro	**32**	**21**	**21**	**85**
Mosambik	38	25	25	146
Myanmar	35	24	24	155
Namibia	30	20	20	112
Nepal	36	24	24	126
Neuseeland	56	37	37	153
Nicaragua	**46**	**31**	**31**	**105**
Niederlande	47	32	32	122
Niger	42	28	28	131
Nigeria	46	31	31	182

Land	Pauschbeträge für Verpflegungsmehraufwendungen bei einer Abwesenheitsdauer je Kalendertag von			Pauschbetrag für Übernachtungskosten
	mindestens 24 Std.	weniger als 24 Std., aber mehr als 8 Std.	An- und Abreisetage[2]	
	EUR	EUR	EUR	EUR
Nordmazedonien	**27**	**18**	**18**	**89**
Norwegen	80	53	53	182
Österreich	40	27	27	108
Oman	**64**	**43**	**43**	**141**
Pakistan				
– Islamabad	23	16	16	238
– im Übrigen	34	23	23	122
Palau	51	34	34	179
Panama	**41**	**28**	**28**	**82**
Papua-Neuguinea	**59**	40	40	**159**
Paraguay	38	25	25	108
Peru	34	23	23	143
Philippinen	33	22	22	116
Polen				
– Breslau	33	22	22	117
– Danzig	30	20	20	84
– Krakau	27	18	18	86
– Warschau	29	20	20	109
– im Übrigen	29	20	20	60
Portugal	**32**	**21**	**21**	**111**
Ruanda	**44**	**29**	**29**	**117**
Rumänien				
– Bukarest	32	21	21	**92**
– im Übrigen	27	18	18	89
Russische Föderation				
– Jekatarinenburg	28	19	19	84
– Moskau	30	20	20	110
– St. Petersburg	26	17	17	114
– im Übrigen	24	16	16	58

Land	Pauschbeträge für Verpflegungsmehraufwendungen bei einer Abwesenheitsdauer je Kalendertag von			Pauschbetrag für Übernachtungskosten
	mindestens 24 Std.	weniger als 24 Std., aber mehr als 8 Std.	An- und Abreisetage[2]	
	EUR	EUR	EUR	EUR
Sambia	**38**	**25**	**25**	**105**
Samoa	**39**	**26**	**26**	**105**
San Marino	34	23	23	**79**
São Tomé – Principe	47	32	32	80
Saudi-Arabien				
– Djidda	**57**	**38**	**38**	**181**
– Riad	**56**	**37**	**37**	**186**
– im Übrigen	**56**	**37**	**37**	**181**
Schweden	**66**	**44**	**44**	**140**
Schweiz				
– Genf	66	44	44	186
– im Übrigen	64	43	43	180
Senegal	42	28	28	190
Serbien	**27**	**18**	**18**	**97**
Sierra Leone	48	32	32	161
Simbabwe	45	30	30	140
Singapur	54	36	36	197
Slowakische Republik	**33**	**22**	**22**	**121**
Slowenien	**38**	**25**	**25**	**126**
Spanien				
– Barcelona	34	23	23	118
– Kanarische Inseln	40	27	27	115
– Madrid	40	27	27	118
– Palma de Mallorca	35	24	24	121
– im Übrigen	34	23	23	115
Sri Lanka	42	28	28	100
Sudan	33	22	22	195

Land	Pauschbeträge für Verpflegungsmehraufwendungen bei einer Abwesenheitsdauer je Kalendertag von			Pauschbetrag für Übernachtungskosten
	mindestens 24 Std.	weniger als 24 Std., aber mehr als 8 Std.	An- und Abreisetage[2]	
	EUR	EUR	EUR	EUR
Südafrika				
– Kapstadt	**33**	**22**	**22**	**130**
– Johannisburg	**36**	**24**	**24**	**129**
– im Übrigen	**29**	**20**	**20**	**109**
Südsudan	34	23	23	150
Syrien	38	25	25	140
Tadschikistan	27	18	18	118
Taiwan	46	31	31	143
Tansania	**44**	**29**	**29**	**97**
Thailand	38	25	25	110
Togo	39	26	26	118
Tonga	39	26	26	94
Trinidad und Tobago	45	30	30	177
Tschad	64	43	43	163
Tschechische Republik	**32**	**21**	**21**	**77**
Türkei				
– Istanbul	26	17	17	120
– Izmir	29	20	20	55
– im Übrigen	17	12	12	95
Tunesien	40	27	27	115
Turkmenistan	33	22	22	108
Uganda	41	28	28	143
Ukraine	26	17	17	98
Ungarn	**32**	**21**	**21**	**85**
Uruguay	48	32	32	90
Usbekistan	34	23	23	104
Vatikanstaat	52	35	35	160
Venezuela	45	30	30	127
Vereinigte Arabische Emirate	65	44	44	156

Land	Pauschbeträge für Verpflegungsmehraufwendungen bei einer Abwesenheitsdauer je Kalendertag von			Pauschbetrag für Übernachtungskosten
	mindestens 24 Std.	weniger als 24 Std., aber mehr als 8 Std.	An- und Abreisetage[2]	
	EUR	EUR	EUR	EUR
Vereinigte Staaten von Amerika				
– Atlanta	77	52	52	182
– Boston	63	42	42	333
– Chicago	65	44	44	233
– Houston	62	41	41	204
– Los Angeles	64	43	43	262
– Miami	65	44	44	256
– New York City	66	44	44	308
– San Francisco	59	40	40	327
– Washington, D.C.	66	44	44	203
– im Übrigen	59	40	40	182
Vereinigtes Königreich von Großbritannien und Nordirland				
– London	66	44	44	163
– im Übrigen	52	35	35	99
Vietnam	41	28	28	86
Weißrussland	20	13	13	98
Zentralafrikanische Republik	46	31	31	74
Zypern	42	28	28	125

Reisekosten: Inlandsreisepauschalen

Die Tabelle enthält die aktuellen steuerfreien inländischen Reisekostensätze für Verpflegungs- und Übernachtungskosten. Außerdem werden die Kürzungsbeträge bei Mahlzeitengestellung auf Dienstreisen durch den Arbeitgeber aufgeführt.

Verpflegungsmehraufwand	Pauschbetrag (in EUR)
Eintägige vorübergehende Auswärtstätigkeit[1]	
– Abwesenheit mindestens 24 Stunden	28
– Abwesenheit mehr als 8 Stunden	14
– Abwesenheit bis 8 Stunden	–
Mehrtägige vorübergehende Auswärtstätigkeit	
– An- und Abreisetag je (keine Mindestabwesenheit)[2]	14
– Zwischentag/e (= Abwesenheit mindestens 24 Stunden)	28[3]
Tätigkeit an wechselnden Einsatzstellen	
– Abwesenheit[4] mindestens 24 Stunden[3]	28
– Abwesenheit mehr als 8 Stunden	14
– An- und Abreisetag[2] je	–
Tätigkeit auf Fahrzeugen	
– Abwesenheit[4] mindestens 24 Stunden[3]	28
– Abwesenheit mehr als 8 Stunden	14
– An- und Abreisetag[2] je	–
Kürzung bei Mahlzeitengestellung	
– Frühstück	5,60
– Mittag- und Abendessen je	11,20

---

[1] Eine berufliche Auswärtstätigkeit liegt vor, wenn ein Arbeitnehmer vorübergehend außerhalb seiner Wohnung und seiner ersten Tätigkeitsstätte beruflich tätig wird. Auch Arbeitnehmer, die bei ihrer individuellen beruflichen Tätigkeit typischerweise nur an ständig wechselnden **Einsatzstellen** oder auf einem **Fahrzeug** tätig werden, fallen unter die reisekostenrechtlich relevante Auswärtstätigkeit.
Der Reisekostenbegriff *berufliche Auswärtstätigkeit* umfasst auch Arbeitnehmer **ohne** erste Tätigkeitsstätte, die weder durch das Aufsuchen des Arbeitgebers mit einer gewissen Nachhaltigkeit noch aufgrund des Umfangs der dort verrichteten Arbeiten eine ortsfeste Tätigkeit begründen.

[2] An- und Abreisetag setzen eine Übernachtung voraus und sind daher nur bei **mehrtägigen** Auswärtstätigkeiten möglich. Eine Mindestabwesenheit ist an diesen Tagen nicht erforderlich.

[3] Die Pauschale von 28 EUR gilt dem Grundsatz nach auch für eintägige Reisen; wegen der zeitlichen Grenze beschränkt sich ihre praktische Bedeutung allerdings auf mehrtägige Reisen.

[4] Die Abwesenheitsdauer berechnet sich in Bezug auf die Wohnung und erste Tätigkeitsstätte, bei Tätigkeit an wechselnden Einsatzstellen oder auf Fahrzeugen nur in Bezug auf die Wohnung.

Verpflegungsmehraufwand	Pauschbetrag (in EUR)
Übernachtungskosten bei Auswärtstätigkeiten	
– Pauschbetrag je Übernachtung[5]	20
– Übernachtungspauschale für Berufskraftfahrer[6]	8

[5] Die Übernachtungspauschale gilt nur für steuerfreie Erstattungen durch den **Arbeitgeber**. Der Arbeitnehmer muss dagegen für den Werbungskostenabzug seine Übernachtungskosten durch Rechnungsbelege nachweisen. Das Gleiche gilt für Übernachtungen eines Selbstständigen.

[6] Zum 1.1.2020 eingeführt mit dem Gesetz zur weiteren steuerlichen Förderung der Elektromobilität und zur Änderung weiterer steuerlicher Vorschriften.

Sachbezugswerte

Die Übersichten enthalten die Sachbezugswerte für 2023. Abzulesen sind die monatlichen oder kalendertäglichen Werte für freie Unterkunft und/oder Verpflegung.

Freie Verpflegung					
Personenkreis		**Frühstück**	**Mittagessen**	**Abendessen**	**Verpflegung insgesamt**
		EUR	**EUR**	**EUR**	**EUR**
volljährige Arbeitnehmer	mtl.	60,00	114,00	114,00	288,00
	ktgl.	2,00	3,80	3,80	9,60
Jugendliche und Auszubildende	mtl.	60,00	114,00	114,00	288,00
	ktgl.	2,00	3,80	3,80	9,60
volljährige Familienangehörige	mtl.	60,00	114,00	114,00	288,00
	ktgl.	2,00	3,80	3,80	9,60
Familienangehörige vor Vollendung des 18. Lebensjahres	mtl.	48,00	91,20	91,20	230,40
	ktgl.	1,60	3,04	3,04	7,68
Familienangehörige vor Vollendung des 14. Lebensjahres	mtl.	24,00	45,60	45,60	115,20
	ktgl.	0,80	1,52	1,52	3,84
Familienangehörige vor Vollendung des 7. Lebensjahres	mtl.	18,00	34,20	34,20	86,40
	ktgl.	0,60	1,14	1,14	2,88

Wert der an Familienangehörige abgegebenen Sachbezüge: Anzusetzen sind ausschließlich die o. g. Beträge für Angehörige. Es erfolgt keine Addition mit dem Sachbezugswert für Beschäftigte. Lediglich für unmittelbar dem Arbeitnehmer selbst zur Verfügung gestellte Verpflegung werden die Sachbezugswerte „volljährige Arbeitnehmer“ bzw. „Jugendliche und Auszubildende“ angesetzt.

Freie Unterkunft				
Sachverhalt			Unterkunft allgemein	Aufnahme im Arbeitgeberhaushalt / Gemeinschaftsunterkunft
Unterkunft belegt mit			EUR	EUR
A[1]	1 Beschäftigtem	mtl.	265,00	225,25
		ktgl.	8,83	7,51
	2 Beschäftigten	mtl.	159,00	119,25
		ktgl.	5,30	3,97
	3 Beschäftigten	mtl.	132,50	92,75
		ktgl.	4,42	3,09
	mehr als 3 Beschäftigten	mtl.	106,00	66,25
		ktgl.	3,53	2,21
B[2]	1 Beschäftigtem	mtl.	225,25	185,50
		ktgl.	7,51	6,18
	2 Beschäftigten	mtl.	119,25	79,50
		ktgl.	3,97	2,65
	3 Beschäftigten	mtl.	92,75	53,00
		ktgl.	3,09	1,77
	mehr als 3 Beschäftigten	mtl.	66,25	26,50
		ktgl.	2,21	0,88

Erläuterungen

Sachbezüge im Teilmonat

Wird der anzusetzende Sachbezugswert für einen Teil-Entgeltabrechnungszeitraum ermittelt, sind die jeweiligen Tagesbeträge mit der Anzahl der Kalendertage zu multiplizieren.

[1] A = Volljährige Arbeitnehmer.

[2] B = Jugendliche und Auszubildende.

Beispiel

Ein Arbeitnehmer (19 Jahre) nimmt am 15.1. eine Beschäftigung in den alten Bundesländern auf und wird bei freier Verpflegung und freier Unterkunft in den Arbeitgeberhaushalt aufgenommen.

Verpflegung	9,60 × 17 Tage =	163,20 EUR
Unterkunft	7,51 × 17 Tage =	127,67 EUR
Sachbezugswert insgesamt		290,87 EUR

Besonderheiten bei freier Unterkunft

Wäre es nach Lage des Einzelfalls unbillig, den Wert der Unterkunft nach den Tabellenwerten zu bestimmen, kann die Unterkunft nach § 2 Abs. 3 SvEV mit dem ortsüblichen Mietpreis bewertet werden.

Der Wert der Unterkunft wird für das gesamte Bundesgebiet einheitlich festgelegt.

Eine **Aufnahme in den Arbeitgeberhaushalt** liegt vor, wenn der Arbeitnehmer sowohl in die Wohnungs- als auch in die Verpflegungsgemeinschaft des Arbeitgebers aufgenommen wird. Wird ausschließlich die Unterkunft zur Verfügung gestellt, liegt dagegen keine „Aufnahme" in den Arbeitgeberhaushalt vor und der ungekürzte Unterkunftswert ist anzusetzen.

Eine **Gemeinschaftsunterkunft** stellen z. B. Lehrlingswohnheime, Schwesternwohnheime, Kasernen etc. dar. Charakteristisch für Gemeinschaftsunterkünfte sind gemeinschaftlich zu nutzende Wasch- bzw. Duschräume, Toiletten und eine Gemeinschaftsküche oder Kantine. Allein eine Mehrfachbelegung einer Unterkunft hat dagegen nicht die Bewertung als Gemeinschaftsunterkunft zur Folge; vielmehr wird der Mehrfachbelegung bereits durch gesonderte Abschläge Rechnung getragen.

Abgrenzung Unterkunft und Wohnung

Eine Wohnung ist im Gegensatz zur Unterkunft eine in sich geschlossene Einheit von Räumen, in denen ein selbstständiger Haushalt geführt werden kann. Es muss eine Wasserversorgung und -entsorgung, eine Kochgelegenheit, vergleichbar einer Küche, sowie eine Toilette vorhanden sein. Ein 1-Zimmer-Appartement mit Küchenzeile und WC als Nebenraum stellt somit eine Wohnung dar, während bei Mitbenutzung von Bad, Toilette und Küche lediglich eine Unterkunft vorliegt. Können mehrere Arbeitnehmer eine

Wohnung zur gemeinsam nutzen (Wohngemeinschaft), stellt dies keine freie Wohnung, sondern lediglich freie Unterkunft dar.

Ortsüblicher Mietpreis oder Quadratmeterpauschale

Für eine freie Wohnung ist kein amtlicher Sachbezugswert festgesetzt – es ist grundsätzlich der ortsübliche Mietpreis anzusetzen. Es unterbleibt ein Sachbezugsansatz, wenn die genaue Miete inkl. Nebenkosten mindestens 2/3 der ortsüblichen Miete und dieser nicht mehr als 25 EUR/qm ohne umlagefähige Betriebskosten beträgt.

Ist die Feststellung des ortsüblichen Mietpreises mit außerordentlichen Schwierigkeiten verbunden, kann im Jahr 2023 die Wohnung mit 4,66 EUR monatlich je Quadratmeter bzw. bei einfacher Ausstattung (ohne Sammelheizung oder ohne Bad oder Dusche) mit 3,81 EUR monatlich je Quadratmeter bewertet werden.

Betriebsverpflegung

Bei der Gewährung von unentgeltlichen oder verbilligten Mahlzeiten im Betrieb[1] sind sowohl für volljährige Arbeitnehmer als auch für Jugendliche und Auszubildende nachstehende Beträge anzusetzen:

Frühstück	2,00 EUR
Mittag-/Abendessen	3,80 EUR

[1] § 40 Abs. 2 Satz 1 Nr. 1 EStG.

Schüler/Schulentlassene: Versicherungsrechtliche Beurteilung

Hier werden unterschiedliche Konstellationen einer Beschäftigung von Schülern bzw. Schulentlassenen aufgelistet. Je nach Ausgestaltung der Beschäftigung hat dies unterschiedliche sozialversicherungsrechtliche Konsequenzen.

Schüler: Versicherungsrechtliche Beurteilung der ausgeübten Beschäftigung		
Personenkreis	**Bedingung/Voraussetzung**	**Beurteilung**
Schüler von allgemeinbildenden Schulen (Haupt-, Realschulen, Gymnasien)[1,2]	Das Beschäftigungsverhältnis wird **unbefristet** (bzw. länger als auf 3 Monate oder 70 Arbeitstage im Kalenderjahr befristet) ausgeübt, das monatliche Entgelt beträgt regelmäßig **mehr als 520 EUR** (bis 30.9.2022: 450 EUR)[3].	**Versicherungspflicht** zur – KV – PV – RV **Versicherungsfreiheit** zur – ALV
	Die Beschäftigungsdauer ist innerhalb eines Kalenderjahres auf längstens 3 Monate oder 70 Arbeitstage **befristet**. Die Höhe des Entgelts ist in diesem Fall unbedeutend.	**Versicherungsfreiheit** zur – KV – PV – RV – ALV
	Das monatliche Entgelt beträgt regelmäßig **nicht mehr als 520 EUR** (bis 30.9.2022: 450 EUR).[5]	**Versicherungsfreiheit** zur – KV – PV – ALV **Versicherungspflicht** zur – RV[4]

---

1 Hiermit ist der vollzeitliche Besuch einer gewöhnlichen Schule (mit Unterrichtszeit während der allgemein üblichen Arbeitszeiten) gemeint.

2 Zu den allgemeinbildenden (öffentlichen oder privaten) Schulen gehören (in der Mehrzahl der Länder): Hauptschule, Realschule, Gymnasium, Gesamtschule (in einzelnen Ländern), Förderstufe (Hessen), Orientierungsstufe (Niedersachsen), Schulzentrum (Bayern), Mittelschule (Sachsen), Regelschule (Thüringen), Erweiterte Realschule (Saarland), Sekundarschule (Sachsen-Anhalt), Integrierte Haupt- und Realschule (Hamburg), Verbundene Haupt- und Realschule (Hessen, Mecklenburg-Vorpommern), Regionale Schule (Rheinland-Pfalz). Zudem gehören dazu in allen Ländern: Sonderschule, Schule für Behinderte, Förderschule.

3 Wird die Beschäftigung für einen kürzeren Zeitraum als einen Monat ausgeübt, ist im jeweiligen Monat dennoch keine anteilige Entgeltgrenze, sondern die monatliche Geringfügigkeitsgrenze anzusetzen.

4 Der Arbeitnehmer kann sich von der Rentenversicherungspflicht befreien lassen.

5 Hier geht es nicht um die Tätigkeit als Praktikant im Rahmen der Ausbildung, sondern um eine daneben ausgeübte, weitere Beschäftigung.

Schüler: Versicherungsrechtliche Beurteilung der ausgeübten Beschäftigung		
Personenkreis	**Bedingung/Voraussetzung**	**Beurteilung**
Schüler von Fachoberschulen[5]	Das Beschäftigungsverhältnis wird **unbefristet** (bzw. länger als auf 3 Monate befristet) ausgeübt, das monatliche Entgelt beträgt regelmäßig **mehr als 520 EUR** (bis 30.9.2022: 450 EUR).	**Versicherungspflicht** zur – KV – PV – RV – ALV
	Die Beschäftigung ist innerhalb eines Kalenderjahres seit ihrem Beginn auf längstens 3 Monate oder 70 Arbeitstage **befristet.** Die Höhe des Entgelts ist in diesem Fall unbedeutend, denn die Versicherungsfreiheit tritt im Rahmen der Kurzfristigkeit ein.	**Versicherungsfreiheit** zur – KV – PV – RV – ALV
	Das monatliche Entgelt beträgt regelmäßig **nicht mehr als 520 EUR** (bis 30.9.2022: 450 EUR).[5]	**Versicherungsfreiheit** zur – KV – PV – ALV **Versicherungspflicht** zur – RV[6]
Personen, die sich außerhalb der üblichen Arbeitszeit an einer allgemeinbildenden Schule fortbilden (Abendschüler)	Das monatliche Entgelt beträgt regelmäßig **mehr als 520 EUR** (bis 30.9.2022: 450 EUR).	**Versicherungspflicht** zur – KV – PV – RV – ALV
	Das monatliche Entgelt beträgt regelmäßig **nicht mehr als 520 EUR** (bis 30.9.2022: 450 EUR).[5]	**Versicherungsfreiheit** zur – KV – PV – ALV **Versicherungspflicht** zur – RV[6]

[6] Berufsmäßigkeit ist auch dann anzunehmen, wenn nach Ableistung der freiwilligen Dienste ein Studium aufgenommen wird.

Schüler: Versicherungsrechtliche Beurteilung der ausgeübten Beschäftigung		
Personenkreis	**Bedingung/Voraussetzung**	**Beurteilung**
	Die Beschäftigung ist innerhalb eines Kalenderjahres auf längstens 3 Monate oder 70 Arbeitstage **befristet**. Die Höhe des Entgelts ist in diesem Fall unbedeutend, denn die Versicherungsfreiheit tritt im Rahmen der Kurzfristigkeit ein.	**Versicherungsfreiheit** zur – KV – PV – RV – ALV

Schulentlassene: Versicherungsrechtliche Beurteilung der ausgeübten Beschäftigung		
Zeitpunkt und Merkmal der Beschäftigung	**Bedingung/Voraussetzung**	**Beurteilung**
Befristete Beschäftigung zwischen der Schulentlassung und dem Beginn – der Berufsausbildung – der Ableistung eines freiwilligen sozialen, diakonischen oder ökologischen Jahres oder eines vergleichbaren Freiwilligendienstes – der Teilnahme an einem Bundesfreiwilligendienst – des freiwilligen Wehrdienstes	Das monatliche Entgelt beträgt regelmäßig **mehr als 520 EUR** (bis 30.9.2022: 450 EUR). Die evtl. Befristung der Beschäftigungsdauer ist hier völlig unbedeutend: Für diesen Personenkreis ist es nicht möglich, infolge der Ausübung einer kurzfristigen Beschäftigung Versicherungsfreiheit zu erlangen, da für ihn stets die **berufsmäßige** Ausübung solcher Beschäftigungen unterstellt wird.[6]	**Versicherungspflicht** zur – KV – PV – RV – ALV
– ersten Aufnahme einer Dauerbeschäftigung oder eines Dienstverhältnisses als Beamter	Das monatliche Entgelt beträgt regelmäßig **nicht mehr als 520 EUR** (bis 30.9.2022: 450 EUR).[5]	**Versicherungsfreiheit** zur – KV – PV – RV (nur bei kurzfristiger Beschäftigung, sonst pflichtig) – ALV
Befristete oder unbefristete Beschäftigung während/neben – der Ableistung eines freiwilligen sozialen, diakonischen oder ökologischen Jahres oder eines vergleichbaren Freiwilligendienstes	Das monatliche Entgelt beträgt regelmäßig **nicht mehr als 520 EUR** (bis 30.9.2022: 450 EUR).[5]	**Versicherungsfreiheit** zur – KV – PV – RV (nur bei kurzfristiger Beschäftigung,

Schulentlassene: Versicherungsrechtliche Beurteilung der ausgeübten Beschäftigung		
Zeitpunkt und Merkmal der Beschäftigung	**Bedingung/Voraussetzung**	**Beurteilung**
– der Teilnahme an einem Bundesfreiwilligendienst – dem freiwilligen Wehrdienst		sonst pflichtig) – ALV
Befristete Beschäftigung während/neben – der Ableistung eines freiwilligen sozialen, diakonischen oder ökologischen Jahres oder eines vergleichbaren Freiwilligendienstes – der Teilnahme an einem Bundesfreiwilligendienst – dem freiwilligen Wehrdienst	Das monatliche Entgelt beträgt regelmäßig **mehr als 520 EUR** (bis 30.9.2022: 450 EUR).[5] Allerdings ist die Beschäftigung innerhalb eines Kalenderjahres auf längstens 3 Monate oder 70 Arbeitstage befristet und ist damit **kurzfristig.** Diese Personen sind dem Status grundsätzlich Beschäftigte im sozialversicherungsrechtlichen Sinne. Daher ist bei einer kurzfristigen Nebenbeschäftigung nicht von Berufsmäßigkeit auszugehen.[7]	**Versicherungsfreiheit** zur – KV – PV – RV – ALV
Beschäftigung zwischen Abitur und Studium	Das Beschäftigungsverhältnis wird **unbefristet** (bzw. länger als auf 3 Monate befristet) ausgeübt. Das monatliche Entgelt beträgt regelmäßig **mehr als 520 EUR** (bis 30.9.2022: 450 EUR).	**Versicherungspflicht** zur – KV – PV – RV – ALV
	Das Beschäftigungsverhältnis wird unbefristet (bzw. länger als auf 3 Monate oder 70 Arbeitstage im Kalenderjahr befristet) ausgeübt. Das monatliche Entgelt beträgt regelmäßig **nicht mehr als 520 EUR** (bis 30.9.2022: 450 EUR).[5]	**Versicherungsfreiheit** zur – KV – PV – ALV **Versicherungspflicht** zur – RV – RV[6]
	Die Beschäftigung ist innerhalb eines Kalenderjahres auf längstens 3 Monate oder 70 Arbeitstage befristet. Die Höhe des Entgelts ist in diesem Fall unbedeutend. Berufsmäßigkeit liegt nicht vor.	**Versicherungsfreiheit** zur – KV – PV – RV – ALV

[7] Geringfügigkeits-Richtlinien (Abschn. B 2.3.3.1).

Schwerbehindertenvertretung

Die Tabelle gibt einen Überblick über die Voraussetzungen für die Wahlvorschriften einer Schwerbehindertenvertretung entsprechend der Anzahl der schwerbehinderten (einschließlich der gleichgestellten Arbeitnehmer) im Betrieb tätigen Menschen.

Voraussetzungen	
wenigstens 5 schwerbehinderte Menschen	Es werden eine Vertrauensperson und wenigstens eine stellvertretende Person gewählt, die die Vertrauensperson im Falle der Verhinderung vertritt (§ 177 Abs. 1 Satz 1 SGB IX).
bei jedem Überschreiten des Schwellenwerts von 100 weiteren schwerbehinderten Menschen	Ein weiteres stellvertretendes Mitglied kann zur Entlastung der Vertrauensperson herangezogen werden (§ 178 Abs. 1 Satz 5 SGB IX).
wenigstens 100 schwerbehinderte Menschen	Die Vertrauensperson wird auf ihren Wunsch von der Arbeit freigestellt (§ 179 Abs. 4 Satz 2 SGB IX).
Ist für mehrere Betriebe eines Arbeitgebers ein Gesamtbetriebsrat oder für den Geschäftsbereich mehrerer Dienststellen ein Gesamtpersonalrat errichtet, so wählen die Schwerbehindertenvertretungen der einzelnen Betriebe oder Dienststellen eine Gesamtschwerbehindertenvertretung (§ 180 Abs. 1 SGB IX). In Großunternehmen, in denen ein Konzernbetriebsrat errichtet ist, ist die Schaffung einer Konzernschwerbehindertenvertretung vorgesehen (§ 180 Abs. 2 SGB IX).	
Wahlverfahren	
weniger als 50 wahlberechtigte schwerbehinderte Menschen	Es findet ein vereinfachtes Wahlverfahren statt (§ 177 Abs. 6 Satz 3 SGB IX).
mindestens 3 wahlberechtigte schwerbehinderte Arbeitnehmer	Die Wahl der Vertrauensperson kann angefochten werden (§ 177 Abs. 6 Satz 2 SGB IX i. V. m. § 19 Abs. 2 BetrVG).
Wahlvorstand	
Wahlvorstand aus 3 volljährigen im Betrieb Beschäftigten und einer von ihnen als Vorsitzender	Zusammensetzung des Wahlvorstands (§ 1 Abs. 1 Wahlordnung Schwerbehindertenvertretung – SchwbVWO).
3 schwerbehinderte und diesen gleichgestellten behinderten Menschen	Können zu einer Versammlung einladen, auf der ein Wahlvorstand gewählt wird, wenn eine Schwerbehindertenvertretung nicht vorhanden ist (§ 1 Abs. 2 SchwbVWO).
Übergangsmandat der Schwerbehindertenvertretung	
Die Regelungen des § 21a BetrVG gelten entsprechend mit der Folge, dass die Schwerbehindertenvertretung ein Übergangsmandat ausüben kann.	

Inklusionsbeauftragter
Der Arbeitgeber bestellt einen Inklusionsbeauftragten, der ihn in Angelegenheiten schwerbehinderter Menschen verantwortlich vertritt; falls erforderlich, können mehrere Inklusionsbeauftragte bestellt werden (§ 181 SGB IX).

Bergmannsversorgungsscheininhaber

Wegen der besonderen Belastungen, die der bergmännische Beruf mit sich bringt, besteht in den Ländern Nordrhein-Westfalen und Saarland für Bergleute ein besonderer Schutz. Diesem Schutz dienen die Regelungen über einen Bergmannsversorgungsschein im Land Nordrhein-Westfalen, im Saarland und in Niedersachsen. In Nordrhein-Westfalen und im Saarland sind mit der Anzahl der Arbeitsplätze Beschäftigungspflichten verbunden:

ab 50 Arbeitsplätze	Die Landesregierung kann durch Rechtsverordnung bestimmen, dass Arbeitgeber 2 vom Hundert der Arbeitsplätze mit Inhabern von Bergmannsversorgungsscheinen zu besetzen haben (§ 5 BVSG Saarland).
ab 100 Arbeitsplätze	Pflicht des Arbeitgebers, 1 vom Hundert der Arbeitsplätze mit Inhabern von Bergmannsversorgungsscheinen zu besetzen (§ 5 BVSG NRW).

Werkstätten für behinderte Menschen

Eine Werkstatt für behinderte Menschen ist eine Einrichtung zur Eingliederung von Menschen mit Behinderung in das Arbeitsleben. Die Werkstattbeschäftigten haben gesetzlich vorgeschriebene Mitwirkungsrechte. In allen Werkstätten werden Werkstatträte gewählt, die als Interessenvertretung der Beschäftigten fungieren und ihre Anliegen mit der Werkstattleitung beraten.

Größe des Werkstattrats	
bis 200 Wahlberechtigte	Der Werkstattrat besteht aus mindestens 3 Mitgliedern (§ 3 Abs. 1 Nr. 1 MWVO).
201 – 400 Wahlberechtigte	Der Werkstattrat besteht aus 5 Mitgliedern (§ 3 Abs. 1 Nr. 2 MWVO).
401 – 700 Wahlberechtigte	Der Werkstattrat besteht aus 7 Mitgliedern (§ 3 Abs. 1 Nr. 3 MWVO).
701 – 1000 Wahlberechtigte	Der Werkstattrat besteht aus 9 Mitgliedern (§ 3 Abs. 1 Nr. 4 MWVO).
1001 – 1500 Wahlberechtigte	Der Werkstattrat besteht aus 11 Mitgliedern (§ 3 Abs. 1 Nr. 5 MWVO).

Größe des Werkstattrats	
ab 1501 Wahlberechtigte	Der Werkstattrat besteht aus 13 Mitgliedern (§ 3 Abs. 1 Nr. 6 MWVO).
Wahlvorstand	
3 Wahlberechtigte oder sonstige der Werkstatt angehörige Personen	Zusammensetzung des Wahlvorstands (§ 13 Abs. 1 MWVO)
3 Wahlberechtigte	3 Wahlberechtigte können zu einer Versammlung der Wahlberechtigten einladen, die zum Ziel hat, den Wahlvorstand zu wählen (§ 13 Abs. 2 MWVO).
Wahlanfechtung	
3 Wahlberechtigte	die Wahl kann angefochten werden (§ 27 MWVO)

Sozialversicherungswerte: Versicherungs- und Beitragsrecht

Diese Übersicht enthält alle Rechengrößen, Grenzwerte, Beitragssätze und Bezugsgrößen im Versicherungs- und Beitragsrecht der Sozialversicherung. Die Sozialversicherungswerte sind für Arbeitgeber und Versicherte (Arbeitnehmer) gleichermaßen relevant, da sie z. B. über die Versicherungspflicht entscheiden sowie die Höhe der zu zahlenden Beiträge beeinflussen.

Versicherungs- und Beitragsrecht: Werte für das Kalenderjahr 2023			
		West	**Ost**
Beitragsbemessungsgrenzen			
– Kranken- und Pflegeversicherung	jährlich	59.850,00 EUR	59.850,00 EUR
	monatlich	4.987,50 EUR	4.987,50 EUR
– Rentenversicherung (allgemein)	jährlich	87.600,00 EUR	85.200,00 EUR
	monatlich	7.300,00 EUR	7.100,00 EUR
– Knappschaftliche Rentenversicherung	jährlich	107.400,00 EUR	104.400,00 EUR
	monatlich	8.950,00 EUR	8.700,00 EUR
– Arbeitslosenversicherung	jährlich	87.600,00 EUR	85.200,00 EUR
	monatlich	7.300,00 EUR	7.100,00 EUR

Versicherungs- und Beitragsrecht: Werte für das Kalenderjahr 2023			
		West	**Ost**
Beitragssätze			
– Krankenversicherung			
– Allgemeiner Beitragssatz		14,6 %	
– Ermäßigter Beitragssatz		14,0 %	
– Durchschnittlicher Zusatzbeitrag		1,6 %	
– Pflegeversicherung		3,05 %	
– Beitragszuschlag für Kinderlose		0,35 %	
– Rentenversicherung (allgemein)		18,6 %	
– Knappschaftliche Rentenversicherung		24,7 %	
– Arbeitslosenversicherung		2,6 %	
Gesamtsozialversicherungsbeitrag		40,45 %	
Künstlersozialabgabe		5,0 %	
Umlage U1 und U2		individuell nach Satzung der Kasse/der Minijob-Zentrale	
Insolvenzgeldumlage (U3)		0,06 %	
Beitragszuschüsse (§ 257 SGB V/§ 61 SGB XI)			
Höchstzuschuss zur freiwilligen Krankenversicherung (zzgl. Hälfte des kassenindividuellen Zusatzbeitragssatzes)			
– Personen mit Anspruch auf Krankengeld	monatlich	364,09 EUR	
– Personen ohne Anspruch auf Krankengeld	monatlich	349,13 EUR	
Höchstzuschuss zur Pflegeversicherung			
– bundeseinheitlich (außer Sachsen) nach § 61 Abs. 3 SGB XI (1,525 % der monatlichen Beitragsbemessungsgrenze)	monatlich	76,06 EUR	
– Bundesland Sachsen nach § 61 Abs. 3 SGB XI (1,025 % der monatlichen Beitragsbemessungsgrenze)	monatlich	51,12 EUR	

Versicherungs- und Beitragsrecht: Werte für das Kalenderjahr 2023			
		West	Ost
Höchstzuschuss zur privaten Versicherung			
– Krankenversicherung (inkl. Hälfte des durchschnittlichen Zusatzbeitragssatzes)	monatlich	403,99 EUR	
– Pflegeversicherung	monatlich	76,06 EUR	
– Pflegeversicherung (Sachsen)	monatlich	51,12 EUR	
Bezugsgrößen (Im Bereich der Kranken- und Pflegeversicherung gilt für die neuen Bundesländer stets die Bezugsgröße West)			
– Bezugsgröße	jährlich	40.740,00 EUR	39.480,00 EUR
– Bezugsgröße	monatlich	3.395,00 EUR	3.290,00 EUR
Freiwillige Krankenversicherung			
– Mindestbemessungsgrundlage	monatlich	1.131,67 EUR	
– Regelbemessungsgrundlage hauptberuflich Selbstständige	monatlich	4.987,50 EUR	
Freiwillige Rentenversicherung			
– Mindestbeitrag	monatlich	96,72 EUR	96,72 EUR
– Höchstbeitrag	monatlich	1.357,80 EUR	1.320,60 EUR
Geringfügigkeitsgrenze (Minijob)	monatlich	520,00 EUR	
Geringverdienergrenze (Auszubildende) (Der Arbeitgeber trägt neben seinem eigenen Beitragsanteil auch die Arbeitnehmerbeitragsanteile inkl. Zusatzbeitrag)	monatlich	325,00 EUR	
Übergangsbereich (Midijob)	monatlich	520,01 bis 2.000,00 EUR	
Faktor F		0,6922	
Jahresarbeitsentgeltgrenzen in der Krankenversicherung (Versicherungspflichtgrenzen)			
– Allgemeine Jahresarbeitsentgeltgrenze (§ 6 Abs. 6 SGB V)	jährlich	66.600,00 EUR	
– Besondere Jahresarbeitsentgeltgrenze (Bestandsfälle PKV, § 6 Abs. 7 SGB V)	jährlich	59.850,00 EUR	

Versicherungs- und Beitragsrecht: Werte für das Kalenderjahr 2023			
		West	**Ost**
Höchstbeiträge versicherungspflichtiger Arbeitnehmer			
– Krankenversicherung	monatlich	728,18 EUR	728,18 EUR
– Pflegeversicherung	monatlich	152,12 EUR	152,12 EUR
– Arbeitslosenversicherung	monatlich	189,80 EUR	184,60 EUR
– Rentenversicherung	monatlich	1.357,80 EUR	1.320,60 EUR
Studentenbeitrag			
– Krankenversicherung (ohne Zusatzbeitrag)	monatlich	82,99 EUR	
– Pflegeversicherung	monatlich	24,77 EUR	
– Pflegeversicherung (kinderlos)	monatlich	27,61 EUR	
Selbstständige (Rentenversicherung, versicherungspflichtig)			
– Regelbeitrag	monatlich	631,47 EUR	611,94 EUR
– Mindestbeitrag	monatlich	96,72 EUR	96,72 EUR
– Höchstbeitrag	monatlich	1.357,80 EUR	1.320,60 EUR
Mindestarbeitsentgelte			
– Menschen mit Behinderungen, Kranken- und Pflegeversicherung	monatlich	679,00 EUR	679,00 EUR
– Menschen mit Behinderungen, Rentenversicherung	monatlich	2.716,00 EUR	2.632,00 EUR
– Azubis bzw. Praktikanten ohne Arbeitsentgelt, Renten- und Arbeitslosenversicherung	monatlich	33,95 EUR	32,90 EUR
Mindestbemessungsgrundlage Rentenversicherung für geringfügig Beschäftigte	monatlich	175,00 EUR	
Mindestbeitrag Rentenversicherung für geringfügig Beschäftigte	monatlich	32,55 EUR	
Mindestzahlbetrag für Beiträge aus Versorgungsbezügen in der Kranken- und Pflegeversicherung	monatlich	169,75 EUR	

Studentenjob: Versicherungsrechtliche Beurteilung

Die versicherungsrechtliche Beurteilung von Studentenjobs, Semesterferien- und Werkstudentenjobs bereitet in der Praxis oft Schwierigkeiten. Einen schnellen Überblick verschafft Ihnen diese Arbeitshilfe.

Studenten									
Sachverhalt[1]			**KV und PV**		**ALV und RV**		**UV**[2]	**Insolvenzgeldumlage**	**U1/U2**[3]
Beschäftigung **bis zu** 20 Std./Woche[4]	**Während der Vorlesungszeit**	Entgelt **bis** 520 EUR[5]	**frei**	KV: Minijob-Pauschalbeiträge[6] PV: Keine Beiträge	**ALV: frei** **RV: pflichtig**[7]	ALV: keine Beiträge RV: Minijob-Pflichtbeiträge[8]	ja	ja	ja

---

[1] Sonderfälle wie Fortsetzung einer bereits vor dem Studium bestehenden Beschäftigung o. ä. werden hier nicht dargestellt.

[2] Zur Unfallversicherung ist Entgelt grundsätzlich beitragspflichtig.

[3] Bezieht sich auf die Umlagepflicht der Vergütung, nicht auf die Zählung der im Betrieb beschäftigten Arbeitnehmer für die Teilnahme an der U1.

[4] Auch, wenn mehr als 20 Std./Woche gearbeitet wird, **aber** in den Abend- oder Nachtstunden oder an den Wochenenden und insgesamt nicht mehr als 26 Wochen innerhalb eines Jahres.

[5] Unter Einhaltung des gesetzlichen Mindestlohns. Die Geringfügigkeitsgrenze von 520 EUR legt eine Wochenarbeitszeit von 10 Stunden in Höhe des Mindestlohns von 12 EUR/Std. zugrunde.

[6] Die Pauschalbeiträge von 13 % des Arbeitsentgelts sind nur zu zahlen, wenn der Student gesetzlich krankenversichert ist.

[7] Der Arbeitnehmer kann sich von der RV-Pflicht befreien lassen.

[8] Beitragsanteile: 15 % Arbeitgeber und 3,6 % Arbeitnehmer. Im Falle der Befreiung zahlt nur der Arbeitgeber Pauschalbeiträge von 15 %.

Studenten									
Sachverhalt[1]			**KV und PV**		**ALV und RV**		**UV[2]**	**Insolvenzgeldumlage**	**U1/U2[3]**
Beschäftigung **bis zu** 20 Std./Woche		Entgelt **über** 520 EUR	**frei**	Keine Beiträge durch den Arbeitgeber	**ALV: frei RV: pflichtig[9]**	ALV: keine Beiträge RV: Beiträge wie Arbeitnehmer, Übergangsbereich beachten	ja	ja	ja
	Während der Semesterferien[10]	Entgelt **bis** 520 EUR[5]	**frei**	KV: Minijob-Pauschalbeiträge[6] PV: Keine Beiträge	**ALV: frei RV: pflichtig[7]**	ALV: keine Beiträge RV: Minijob-Pflichtbeiträge[8]	ja	ja	ja
		Entgelt **über** 520 EUR	**frei[11]**	Keine Beiträge durch den Arbeitgeber	**ALV: frei[11] RV: pflichtig**	ALV: keine Beiträge RV: Beiträge wie Arbeitnehmer, Übergangsbereich beachten	ja	ja	ja

[9] In der Rentenversicherung erfolgt die versicherungsrechtliche Beurteilung nach den allgemeinen Grundsätzen. Eine Beschäftigung während des Studiums ist danach grundsätzlich versicherungspflichtig.

[10] Wenn Prüfung ergeben hat, dass keine versicherungsfreie kurzfristige Beschäftigung vorliegt.

[11] Die Studenteneigenschaft und damit die Versicherungsfreiheit in der KV-, PV- und ALV bestehen, wenn der Student im Laufe des Jahres insgesamt nicht mehr als 26 Wochen in einem Umfang von mehr als 20 Stunden wöchentlich beschäftigt ist.

Studenten									
Sachverhalt[1]			**KV und PV**		**ALV und RV**		**UV[2]**	**Insolvenzgeldumlage**	**U1/ U2[3]**
Beschäftigung **über** 20 Std./ Woche	**Während der Vorlesungszeit**	Entgelt **bis** 520 EUR[12]	**frei**	KV: Minijob-Pauschalbeiträge[6] PV: Keine Beiträge	**ALV: frei RV: pflichtig[7]**	ALV: keine Beiträge RV: Minijob-Pflichtbeiträge[8]	ja	ja	ja
		Entgelt **über** 520 EUR	**pflichtig**	Beiträge wie Arbeitnehmer, Übergangsbereich beachten	**pflichtig[9]**	Beiträge wie Arbeitnehmer, Übergangsbereich beachten	ja	ja	ja
	Während der Semesterferien[10]	Entgelt **bis** 520 EUR	**frei**	KV: Minijob-Pauschalbeiträge[6] PV: Keine Beiträge	**ALV: frei RV: pflichtig[7]**	ALV: keine Beiträge RV: Minijob-Pflichtbeiträge[8]	ja	ja	ja
		Entgelt **über** 520 EUR	**frei[11]**	Keine Beiträge durch den Arbeitgeber	**ALV: frei[11] RV: pflichtig**	ALV: keine Beiträge RV: Beiträge wie Arbeitnehmer, Übergangsbereich beachten	ja	ja	ja

[12] Kann nur Beschäftigungen betreffen, für die der gesetzliche Mindestlohn nicht gilt.

Teilzeitarbeit: Berücksichtigung der Betriebsgröße

Arbeitnehmer haben unter bestimmten Voraussetzungen Anspruch auf Verringerung ihrer Arbeitszeit. Diese Tabelle gibt einen Überblick, in welchen Konstellationen dies der Fall ist.

Anspruch auf Teilzeitarbeit	
ab 1 schwerbehinderten Menschen	Anspruch auf Teilzeitarbeit, wenn die kürzere Arbeitszeit wegen der Art der Schwere der Behinderung notwendig ist (§ 164 Abs. 5 SGB IX).
mehr als 15 Arbeitnehmer	Anspruch auf Teilzeitarbeit von 15 bis 32 Stunden/Woche im Monatsdurchschnitt pro Elternteil (§ 15 Abs. 7 BEEG).
mehr als 15 Arbeitnehmer	Anspruch auf Verringerung der Arbeitszeit (§ 8 Abs. 7 TzBfG).
mehr als 15 Arbeitnehmer	Anspruch auf Verringerung der Arbeitszeit zur Pflege eines nahen Angehörigen in häuslicher Umgebung (§ 3 Abs. 1 Satz 2 PflegeZG).
mehr als 25 Arbeitnehmer	Anspruch auf Verringerung der Arbeitszeit zur Inanspruchnahme von Familienpflegezeit (§ 2 Abs. 1 Satz 4 FPfZG).
mehr als 45 Arbeitnehmer	Anspruch auf Verringerung der Arbeitszeit für einen im Voraus zu bestimmenden Zeitraum von 1 Jahr bis zu 5 Jahren (Brückenzeit) (§ 9a TzBfG).
mehr als 45 Arbeitnehmer bis 200 Arbeitnehmer	Es gilt eine Zumutbarkeitsgrenze, wonach ein Anspruch auf Brückenzeit nur pro angefangenen 15 Arbeitnehmern besteht (§ 9a Abs. 2 TzBfG).

Die Tabelle zeigt die Besonderheiten, wann und mit welcher Messzahl Teilzeitbeschäftigte anteilig berücksichtigt werden.

Berücksichtigung Teilzeitbeschäftigter bei der Betriebsgröße			
Gesetz/Vorschrift	**Zahl der Arbeitnehmer**	**Umfang der Teilzeitarbeit**	**Bei der Feststellung der Messzahl zu berücksichtigen**
§ 622 Abs. 5 Satz 3 BGB (kürzere Kündigungsfrist)	nicht mehr als 20 Arbeitnehmer	bis 20 Stunden bis 30 Stunden	0,5 0,75
§ 23 Abs. 1 Satz 2 KSchG (Geltungsbereich)	mehr als 5 Arbeitnehmer[1]	bis 20 Stunden bis 30 Stunden	0,5 0,75
§ 23 Abs. 1 Satz 4 KSchG (Geltungsbereich)	mehr als 10 Arbeitnehmer	bis 20 Stunden bis 30 Stunden	0,5 0,75

[1] Arbeitnehmer, deren Arbeitsverhältnis 2004 und später begonnen hat, werden bei der Feststellung der Zahl der Arbeitnehmer bis zur Beschäftigung von in der Regel 10 Arbeitnehmern nicht berücksichtigt.

Berücksichtigung Teilzeitbeschäftigter bei der Betriebsgröße			
Gesetz/Vorschrift	**Zahl der Arbeitnehmer**	**Umfang der Teilzeitarbeit**	**Bei der Feststellung der Messzahl zu berücksichtigen**
§ 11 ASiG (Sicherheits-ausschuss)	mehr als 20 Beschäftigte	bis 20 Stunden bis 30 Stunden	0,5 0,75
§ 3 Abs. 1 Satz 6 AAG (Feststellung der Umlagepflicht)	nicht mehr als 30 Arbeitnehmer	bis 10 Stunden bis 20 Stunden bis 30 Stunden	0,25 0,5 0,75
§ 158 Abs. 2 SGB IX	1 Arbeitnehmer	Schwerbehinderte Menschen, die in Teilzeitbeschäftigung nicht weniger als 18 Stunden wöchentlich beschäftigt sind, werden auf einen Pflichtarbeitsplatz angerechnet. Bei weniger als 18 Stunden, wenn die Teilzeitbeschäftigung wegen Art oder Schwere der Behinderung notwendig ist.	
§ 159 Abs. 1 SGB IX	1 Arbeitnehmer	Schwerbehinderte Menschen, die in Teilzeit nicht weniger als 18 Stunden wöchentlich beschäftigt sind, können bei Vorliegen der Voraussetzungen auf 2 oder 3 Pflichtarbeitsplätze angerechnet werden.	
DGUV-Vorschrift 2: Betriebsärzte und Fachkräfte für Arbeitssicherheit (Anhang 1 zu § 2)[2]	Bis 10 Beschäftigte (Grundbetreuung und anlassbezogene Betreuung; Betreuung durch Kompetenzzentren)	bis 20 Stunden bis 30 Stunden	0,5 0,75
	10 – 30 Beschäftigte (Grundbetreuung und betriebsspezifische Betreuung; Alternative: bedarfsorientierte Betreuung)	bis 20 Stunden bis 30 Stunden	0,5 0,75

[2] Der Hinweis im nicht rechtsverbindlichen Anhang 1 zu § 2 der Vorschrift, dass zur Feststellung der Zuordnung des Betreuungsmodells Teilzeitbeschðftigte mit einer regelmäßigen wöchentlichen Arbeitszeit von nicht mehr als 20 Stunden mit 0,5 und mit nicht mehr als 30 Stunden mit 0,75 zu veranschlagen sind, wird für die Berechnung der Grundbetreuung von den Unfallversicherungsträgern unterschiedlich ausgelegt. Eine Klärung mit der zuständigen Berufsgenossenschaft oder Unfallkasse ist zu empfehlen.

Urlaub: Gesetzliche Regelung

Diese Tabelle gibt einen Überblick über die wichtigsten gesetzlichen Urlaubsregelungen. Die Mindestbedingungen über den Erholungsurlaub von Arbeitnehmern und seine Voraussetzungen sind im Bundesurlaubsgesetz (BUrlG) geregelt. Hierauf bezieht sich diese Übersicht. Darüber hinaus sind jedoch auch etwaige Regelungen zum Urlaub in anwendbaren Tarifverträgen und in den Arbeitsverträgen zu beachten.

Urlaubsdauer	Nach der gesetzlichen Regelung hat jeder Arbeitnehmer einen Urlaubsanspruch von 24 Werktagen (= Montag bis Samstag) je Urlaubsjahr (**gesetzlicher Urlaub**). In der Regel sehen (zulässigerweise) Tarifverträge, betriebliche Regelungen oder Einzelarbeitsverträge einen längeren Urlaubsanspruch vor und gehen meist von Arbeitstagen (= 5 Tage pro Woche) aus (**vertraglicher Urlaub**).
Wartezeit	Der Arbeitnehmer erwirbt den Anspruch auf den vollen Jahresurlaub nach **6-monatigem Bestehen des Arbeitsverhältnisses**. Beginnt das Arbeitsverhältnis beispielsweise am 1.4. eines Jahres, ist die Wartezeit am 30.9. erfüllt und der volle Jahresurlaub kann ab dem 1.10. beansprucht werden.
Teilurlaub	Teilurlaub (1/12 für jeden vollen Monat des Beschäftigungsverhältnisses) kann der Arbeitnehmer beanspruchen, – wenn er wegen **Beginn des Arbeitsverhältnisses in der 2. Jahreshälfte** die Wartezeit nicht erfüllen kann oder – wenn er **vor Erfüllung der Wartezeit** aus dem Arbeitsverhältnis **ausscheidet** oder – wenn er nach Erfüllung der Wartezeit **in der 1. Jahreshälfte ausscheidet**. Ausnahme: Für einen übergesetzlichen Urlaubsanspruch kann einzelvertraglich, in betrieblichen Regelungen oder in Tarifverträgen auch bei Ausscheiden in der zweiten Jahreshälfte Teilurlaub vereinbart werden.
Krankheit	Erkrankt der Arbeitnehmer während des Urlaubs, werden die durch ärztliche Bescheinigung nachgewiesenen Tage der Arbeitsunfähigkeit **nicht** auf den Urlaub **angerechnet**. Der **Urlaubsanspruch** des Arbeitnehmers **mindert sich nicht** dadurch, dass er infolge Krankheit während des Urlaubsjahres nur teilweise oder überhaupt keine Arbeitsleistung erbringen konnte. Tarifverträge oder betriebliche Regelungen können hier abweichend eine Kürzung des Urlaubsanspruchs vorsehen, der gesetzliche Anspruch darf durch die Kürzung aber nicht unterschritten werden. Auch während einer länger andauernden Arbeitsunfähigkeit des Arbeitnehmers entsteht der Urlaubsanspruch mit der Folge, dass nach ggf. längerer Arbeitsunfähigkeit entstandene Urlaubsansprüche offenstehen können und durch Freistellung zu gewähren sind.

	Nach der Rechtsprechung von EuGH und dann folgend des BAG verfällt der Urlaub nicht, wenn der Arbeitnehmer den Urlaub wegen seiner Krankheit nicht bis zum Ende des Kalenderjahrs und/oder des Übertragungszeitraums nehmen konnte. Vielmehr bleibt dem arbeitsunfähig erkrankten Arbeitnehmer zunächst sein Urlaubsanspruch erhalten. Urlaubsansprüche verfallen aber nach der Rechtsprechung des BAG **15 Monate nach Ablauf des Urlaubsjahres** unabhängig von der Arbeits(un)fähigkeit eines Arbeitnehmers, s. u.
Quarantäne	Wird während des Urlaubs behördlich eine Quarantäne für den Arbeitnehmer angeordnet, werden die Tage der Absonderung/Quarantäne **nicht** auf den Urlaubsanspruch **angerechnet**, d. h. er mindert sich nicht.
Kurzarbeit	Für Zeiträume, in denen Arbeitnehmer wegen sog. Kurzarbeit Null durchgehend nicht gearbeitet haben, entsteht **kein Urlaubsanspruch**. Für diesen Zeitraum kann der Urlaubsanspruch anteilig gekürzt werden.
Übertragung	Der Urlaubsanspruch ist grundsätzlich an das Urlaubsjahr gebunden und muss bis zum Jahresende gewährt und genommen werden. **Ausnahmen:** – bei **dringenden betrieblichen oder in der Person des Arbeitnehmers liegenden Gründen** ist eine Übertragung bis zum 31.3. des Folgejahres möglich – bei Krankheit auch noch darüber hinaus (s. u.). – **Mutterschutz:** Hat die Frau ihren Urlaub vor Beginn der Beschäftigungsverbote noch nicht oder nicht vollständig erhalten, so kann sie nach Ablauf der Fristen den Resturlaub im laufenden oder nächsten Urlaubsjahr beanspruchen. – bei Antritt von **Elternzeit** noch zustehender Erholungsurlaub ist nach Beendigung der Elternzeit im laufenden oder im nächsten Urlaubsjahr zu gewähren. Schließt sich unmittelbar an die erste Elternzeit eine zweite Elternzeit an, wird der Urlaub bis nach der zweiten Elternzeit übertragen. – bei **Arbeitsunfähigkeit** wird der nicht genommene Urlaub dann übertragen, wenn gerade wegen der Arbeitsunfähigkeit der Urlaub bis zum Ende des Kalenderjahres bzw. bis zum Ende des Übertragungszeitraumes (= 31.3. des Folgejahres) nicht genommen werden konnte.
Verfall	Wird der Urlaub durch den Arbeitnehmer innerhalb des Kalenderjahres oder bei Übertragung spätestens innerhalb des Übertragungszeitraumes bis zum 31.3. des Folgejahres nicht genommen, verfällt der Urlaubsanspruch ersatzlos, wenn nicht einer der o. g. Gründe für eine weitere Übertragung vorliegt. Voraussetzung für den Verfall ist laut BAG-Rechtsprechung, dass der Arbeitgeber seine Mitarbeiter zuvor konkret aufgefordert hat, den Urlaub zu nehmen, und sie klar und rechtzeitig darauf hingewiesen hat, dass der

	Urlaub anderenfalls mit Ablauf des Urlaubsjahres oder Übertragungszeitraums erlischt (sog. **Mitwirkungsobliegenheit**). **Ausnahme:** Kann der Beschäftigte den Urlaub auch bis zum Ende des Übertragungszeitraumes nicht nehmen auf Grund einer Arbeitsunfähigkeit, verfällt der Urlaubsanspruch als Freizeitanspruch zunächst nicht. Um dem so ermöglichten unbegrenzten Ansammeln von Urlaubsansprüchen eine Grenze zu setzen, lässt das BAG den Urlaubsanspruch jeweils 15 Monate nach Ablauf des Urlaubsjahres auch bei langjährig arbeitsunfähig erkrankten Arbeitnehmern verfallen. Über diese Begrenzung hinaus ist kein Sammeln möglich.
Abgeltung:	Kann der Urlaub **wegen Beendigung des Arbeitsverhältnisses** ganz oder teilweise nicht mehr gewährt werden, so ist er abzugelten. Die Erben eines verstorbenen Arbeitnehmers können von dessen ehemaligem Arbeitgeber eine finanzielle Vergütung für den von dem Arbeitnehmer nicht genommenen bezahlten Jahresurlaub verlangen.

Urlaub: Verfall und Mitwirkungsobliegenheit des Arbeitgebers

Arbeitnehmer müssen grundsätzlich bis zum Jahresende ihren Urlaub nehmen, ansonsten verfällt er. Der Urlaubsverfall setzt aber voraus, dass der Arbeitgeber seinen Mitwirkungsobliegenheiten nachgekommen ist. Für unterschiedliche Konstellationen, z. B. bei langandauernder Erkrankung oder Elternzeit, sehen das Gesetz und die Rechtsprechung jedoch abweichende Regelungen vor. Diese Übersicht führt die verschiedenen Verfallsfristen und jeweils zu erfüllenden Mitwirkungsobliegenheiten auf.

	Verfallsfrist	Mitwirkungsobliegenheit des Arbeitgebers
Grundfall § 7 Abs. 3 BUrlG	Grundsätzlich muss Urlaub im laufenden Kalenderjahr gewährt werden, also **bis zum 31.12.** Eine **Übertragung** in das darauffolgende Jahr ist möglich, wenn • dringende betriebliche (z. B. saisongebundene Aufträge) oder • in der Person des Arbeitnehmers liegende Gründe (z. B. Arbeitsunfähigkeit des Arbeitnehmers) dies rechtfertigen. In diesem Fall verfällt der Resturlaub aber grund-	Voraussetzung für den Verfall von Urlaubsansprüchen ist, dass der Arbeitgeber seine Mitarbeiter zuvor **konkret aufgefordert** hat, den Urlaub zu nehmen, und sie **klar und rechtzeitig** darauf hingewiesen hat, dass der Urlaub andernfalls erlischt.[1] Abstrakte Angaben, z. B. in Merkblättern oder im Arbeitsvertrag, genügen nicht; sondern der Hinweis muss **auf den einzelnen Arbeitnehmer** und die Anzahl seiner Urlaubstage **bezogen**

[1] BAG, Urteil v. 19.2.2019, 9 AZR 423/16.

	Verfallsfrist	Mitwirkungsobliegenheit des Arbeitgebers
	sätzlich am **31.3.** des Folgejahres. Die Urlaubsübertragung erfolgt automatisch; ein Antrag ist nicht notwendig. **Vertraglich** können für die Übertragungszeiträume abweichende Regelungen getroffen werden.	sein (z. B. auf der Entgeltabrechnung). In der Regel dürfte ein Hinweis **zu Beginn des Jahres** genügen. Der Arbeitgeber muss also dafür Sorge tragen, dass Mitarbeiter ihren Urlaub im laufenden Jahr nehmen. Er muss sie aber **nicht zwingen**, den Anspruch wahrzunehmen.[2] Erfüllt der Arbeitgeber diese Pflicht nicht, verfällt der Urlaub nicht, sondern **tritt zu dem Urlaubsanspruch** hinzu, der am 1.1. **des Folgejahres** neu entsteht. Für diesen Urlaubsanspruch gelten dann wiederum, wie auch für den neu entstandenen Urlaubsanspruch, die normalen gesetzlichen Regelungen des § 7 BUrlG. Der Arbeitgeber kann daher seine Mitwirkungsobliegenheit für den Urlaub aus vergangenen Jahren im aktuellen Urlaubsjahr nachholen und damit das uneingeschränkte Kumulieren von Urlaubsansprüchen aus mehreren Jahren vermeiden. **Hinweis:** Die Mitwirkungsobliegenheit des Arbeitgebers besteht auch während eines Kündigungsschutzprozesses.[3]
Verjährung §§ 194 ff. BGB	Grundsätzlich unterliegen alle Ansprüche einer **Verjährung**, somit auch der Urlaubsanspruch. Ansprüche verjähren grundsätzlich 3 Jahre nach dem Schluss des Jahres, in dem der Anspruch entstanden ist.	Eine Verjährung von Urlaubsansprüchen kommt so lange nicht in Betracht, wie der Arbeitgeber seinen Hinweispflichten im Hinblick auf den Verfall des Urlaubs nicht nachgekommen ist. Eine mögliche Verjährung beginnt erst dann, wenn der betreffende Mitarbeiter „Kenntnis" von seinem Anspruch hat. Von dieser Kenntnis wiederum kann **erst dann** ausgegangen werden, **wenn der**

[2] EuGH, Urteil v. 6.11.2018, C-684/16.
[3] BAG, Urteil v. 19.2.2019, 9 AZR 321/16.

	Verfallsfrist	Mitwirkungsobliegenheit des Arbeitgebers
		Arbeitgeber seiner Hinweispflicht im Hinblick auf den Verfall des Urlaubs **nachgekommen ist.**[4] **Achtung:** Dies gilt nur für Urlaubsansprüche und hier auch nur für den gesetzlichen Urlaub. Urlaubs**abgeltung**sansprüche nach § 7 Abs. 4 BUrlG unterliegen als reine Entgeltansprüche Ausschlussfristen bzw. der gesetzlichen Verjährung.[5] Auch für vertragliche Urlaubsansprüche können gesonderte Regelungen getroffen werden.
Langzeiterkrankung	Kann der Beschäftigte den Urlaub auch bis zum Ende des Übertragungszeitraumes (31.3.) auf Grund einer Arbeitsunfähigkeit nicht nehmen, verfällt der Urlaubsanspruch zunächst nicht. Um dennoch ein unbegrenztes Ansammeln von Urlaubsansprüchen zu verhindern, verfallen sie jeweils **15 Monate nach Ablauf des Urlaubsjahres** (also bis zum 31.3. des übernächsten Jahres).[6]	Ob ein Arbeitgeber auch einen langzeiterkrankten Mitarbeiter auf den Verfall seines Urlaubsanspruchs hinweisen muss, hat die Rechtsprechung in folgenden Situationen unterschiedlich entschieden: Ist der Arbeitnehmer **im Urlaubsjahr durchgehend erkrankt** und kann daher den Urlaub nicht mehr nehmen, verfällt der Urlaub auch nach 15 Monaten, wenn der Arbeitgeber seiner Mitwirkungsobliegenheit nicht nachkommt. Denn auch bei der Erfüllung der Mitwirkungsobliegenheit hätte der Zweck nicht erreicht werden können, dem Arbeitnehmer zu ermöglichen, den Urlaub zu nehmen.[7] Hat der Arbeitnehmer aber noch einen Teil des Jahres gearbeitet und hätte den Urlaub **bis zum Beginn der Arbeitsunfähigkeit daher zumindest noch teilweise nehmen können**, besteht hingegen die Hinweispflicht des Arbeitgebers.[8] Erfüllt der Arbeitgeber

4 EuGH, Urteil v. 22.9.2022, C-120/21.

5 BAG Urteil v. 24.5.2022, 9 AZR 461/21.

6 BAG, Urteil v. 18.9.2012, 9 AZR 623/10.

7 BAG, Urteil v. 7.9.2021, 9 AZR 3/21.

8 EuGH, Urteil v. 22.9.2022, C-518/20, C-727/20.

	Verfallsfrist	Mitwirkungsobliegenheit des Arbeitgebers
		diese nicht ordnungsgemäß, tritt der Urlaub zu dem Urlaubsanspruch hinzu, der am 1.1. des Folgejahres neu entsteht.
Zusatzurlaub für schwerbehinderte Menschen	Der gesetzliche Zusatzurlaub für schwerbehinderte Menschen (§ 208 Abs. 1 SGB IX) teilt grundsätzlich das rechtliche Schicksal des Mindesturlaubs nach dem BUrlG. Für seine Entstehung gelten **dieselben allgemeinen Voraussetzungen** des Mindesturlaubs wie für seine Erteilung, Anrechnung und seinen Wegfall.[9]	Wie beim gesetzlichen Mindesturlaub nach dem BUrlG setzt der Verfall von Zusatzurlaub voraus, dass der Arbeitgeber den Arbeitnehmer durch Erfüllung seiner Hinweisobliegenheiten über den Verfall des Urlaubs belehrt hat. **Achtung:** Hat der Arbeitgeber **keine Kenntnis von der Schwerbehinderung** und ist diese auch **nicht offenkundig**, ist der Urlaubsverfall nicht von der ordnungsgemäßen Erfüllung der Mitwirkungsobliegenheit des Arbeitgebers abhängig.[10] Der Arbeitgeber hat unter diesen Voraussetzungen keinen Anlass, vorsorglich auf einen Zusatzurlaub hinzuweisen und den Arbeitnehmer aufzufordern, diesen in Anspruch zu nehmen. Dies gilt auch, wenn der Arbeitnehmer einen Antrag auf Anerkennung der Eigenschaft als schwerbehinderter Mensch gestellt hat, ohne seinen Arbeitgeber darüber zu unterrichten. Unterrichtet der Arbeitnehmer den Arbeitgeber jedoch über seinen (noch nicht beschiedenen) Antrag auf Anerkennung der Schwerbehinderteneigenschaft, setzt der Verfall des Anspruchs auf Zusatzurlaub die Erfüllung der Hinweisobliegenheiten durch den Arbeitgeber voraus.[11] Er sollte dann für den Fall, dass dem Anerkennungsantrag stattgegeben

[9] BAG, Urteil v. 7.8.2012, 9 AZR 353/10; BAG, Urteil v. 23.3.2010, 9 AZR 128/09.

[10] BAG, Urteil v. 30.11.2021, 9 AZR 143/21.

[11] BAG, Urteil v. 26.4.2022, 9 AZR 367/21.

	Verfallsfrist	Mitwirkungsobliegenheit des Arbeitgebers
		wird, den Arbeitnehmer über den Verfall des Urlaubs am Jahresende belehren.
Elternzeit § 17 Abs. 2 BEEG	Das Gesetz sieht eine von § 7 Abs. 3 BUrlG abweichende Übertragungsregelung für den Urlaub vor, der **vor** dem Beginn der Elternzeit nicht genommen werden konnte (§ 17 Abs. 2 BEEG). Dieser Urlaub überträgt sich ohne besondere Erklärung des Arbeitnehmers auf das Jahr, in dem die Elternzeit beendet wird und das darauffolgende Kalenderjahr (**„erweitertes Urlaubsjahr“**). Der Urlaub kann also nach Rückkehr an den Arbeitsplatz nachgeholt werden. **Achtung:** Die Regelung bezieht sich nicht auf den Urlaub, der **während** der Elternzeit entstanden ist und daher nicht genommen werden konnte. Dieser wird aber in der Regel vom Arbeitgeber gekürzt (§ 17 Abs. 1 BEEG).	Wird Urlaub aus der Zeit vor der Elternzeit an das Ende der Elternzeit übertragen, muss der Arbeitgeber über den geänderten Verfall des Urlaubs **belehren**. Er hat dem Arbeitnehmer mitzuteilen, wie viel Urlaubstage ihm nach Ende der Elternzeit zustehen. Er hat dabei also zu **unterscheiden**: 1. Urlaubstage des Jahres, **in dem die Elternzeit geendet hat**, verfallen am Ende dieses Jahres. 2. Urlaubstage aus der Zeit **vor Beginn der Elternzeit**, die nach § 17 Abs. 2 übertragen werden, verfallen erst am Ende des nächsten Jahres nach der Elternzeit. Erfolgt keine ordnungsgemäße Belehrung, verfällt der Urlaub nicht und wird dem Urlaub des laufenden Urlaubsjahres zugerechnet.
Mutterschutz § 24 Satz 2 MuSchG	Auch für Urlaub vor Beginn eines Beschäftigungsverbotes, der nicht oder nicht vollständig genommen werden konnte, ist ein vom 7 Abs. 3 BUrlG abweichender Übertragungszeitraum vorgesehen. Nach § 24 Satz 2 MuSchG kann die Arbeitnehmerin den Resturlaub nach dem Ende des Beschäftigungsverbots (z. B. Mutterschutz) **im laufenden oder im nächsten Urlaubsjahr beanspruchen.** Die Übertragung des Urlaubs erfolgt automatisch, ein Antrag ist nicht erforderlich.	Auch hier ist Voraussetzung für den Verfall nach dem verlängerten Übertragungszeitraums, dass der Arbeitgeber die Arbeitnehmerin ordnungsgemäß über den Verfall des Urlaubs belehrt hat; andernfalls wird er immer wieder dem Urlaub des laufenden Jahres zugerechnet.

Zuschläge für Sonntags-, Feiertags- und Nachtarbeit

Steuerfrei können folgende Zuschläge zum Grundlohn gezahlt werden. Der Grundlohn darf max. 50 EUR in der Lohnsteuer und 25 EUR in der Sozialversicherung je Stunde nicht übersteigen.

Zuschlagsart	Zuschläge steuerfrei bis
Nachtarbeit	
von 20 Uhr bis 6 Uhr	25 % des Grundlohns
von 0 Uhr bis 4 Uhr, wenn diese vor 0 Uhr aufgenommen wurde	40 % des Grundlohns
Sonntagsarbeit	
von 0 Uhr bis 24 Uhr hier gilt auch die Arbeit am Montag von 0 Uhr bis 4 Uhr, wenn diese vor 0 Uhr aufgenommen wurde	50 % des Grundlohns
gesetzliche Feiertage	
von 0 Uhr bis 24 Uhr hier gilt auch die Arbeit des auf den Feiertag folgenden Tages von 0 Uhr bis 4 Uhr, wenn diese vor 0 Uhr aufgenommen wurde	125 % des Grundlohns
Silvester	
von 14 Uhr bis 24 Uhr	125 % des Grundlohns
Weihnachtsfeiertage	
von 0 Uhr bis 24 Uhr hier gilt auch die Arbeit des auf den Feiertag folgenden Tages von 0 Uhr bis 4 Uhr, wenn diese vor 0 Uhr aufgenommen wurde	150 % des Grundlohns
Heiligabend	
von 14 Uhr bis 24 Uhr	150 % des Grundlohns
1. Mai	
von 0 Uhr bis 24 Uhr hier gilt auch die Arbeit des auf den Feiertag folgenden Tages von 0 Uhr bis 4 Uhr, wenn diese vor 0 Uhr aufgenommen wurde	150 % des Grundlohns